POWER PATATE

W0400133

www.powerpatate.com

© Marabout (Hachette Livre), 2014.

Toute reproduction d'un extrait quelconque de ce livre, par quelque procédé que ce soit, et notamment par photocopie ou microfilm, est interdite sans autorisation de l'éditeur.

FLORENCE SERVAN-SCHREIBER

POWER PATATE

VOUS AVEZ DES SUPER POUVOIRS !
DETECTEZ-LES & UTILISEZ-LES !

MARABOUT

À Alex,
mon Über mari

« On a deux vies, et la seconde commence
quand on se rend compte
qu'on n'en a qu'une. »
Confucius

Sommaire

Introduction

Ma vie a beaucoup changé. Tellement changé. La dernière fois que je me suis assise à cette même table pour écrire un livre, je venais de déménager, j'étais au chômage, mes trois enfants vivaient à la maison, je riais souvent avec mon cousin David[1], et je recevais fréquemment des amis, pour avoir le plaisir, justement, de cuisiner pour eux. Parfois, je m'ennuyais. Aujourd'hui, de ma vie d'avant, je ne retrouve que deux piliers. J'habite au même endroit et je suis mariée au même monsieur. À part ça, tout est différent et en mouvement.

Je peux dater précisément le début de cette transformation. Elle a commencé par un site Internet qui proposait de venir « poster ses kifs », avec cette précision : un kif, c'est court, sinon ça n'est plus un kif[2]. 12 648 kifs ont été postés en un temps record, dans l'espoir de remporter un exemplaire de *3 kifs par jour*[3], paru la veille. Trois semaines plus tard, je descendais les quatre marches qui mènent sur le plateau du Grand Journal de Canal +, pétrifiée et éberluée, m'appliquant pour ne pas tomber. J'étais invitée pour raconter la puis-

---

1. David Servan-Schreiber, psychiatre.
2. Mylittleparis.com
3. *3 kifs par jour et autres rituels recommandés par la science pour cultiver le bonheur*, Marabout, 2011.

sance de la gratitude en deux minutes et quarante secondes. Ce soir-là, mon livre a commencé à se vendre pour de vrai.

Au même moment, l'état de santé de David s'est considérablement détérioré. L'issue de son combat contre la tumeur qui lui grignotait le cerveau ne faisait plus de doute. Il s'est battu contre la maladie comme un diable, et pour la vie comme un cavalier surgi de la nuit. Jusqu'au bout. Veillant, malgré les circonstances très rudes de sa condition physique, à vivre des instants, des relations et des partages de qualité. S'occuper de nous tous, à la pointe de son épée, était plus fort que lui. En vingt ans de maladie, il s'est servi de cet élan pour rester en vie. Sur son vélo, imper au vent, il se prenait pour Zorro, et c'est exactement qui il était.

Au début de l'été suivant, David est mort. Nous avons tous été très ébranlés. Chacun à notre manière. Et nous n'étions pas seuls. Combien de personnes avaient été touchées par un seul homme ? Une tristesse infinie et un manque que rien ne peut combler continuent de rejaillir sans prévenir. Plus de deux ans après sa disparition, j'observe que beaucoup d'entre nous avons enclenché la vitesse supérieure. Je vous parle de ses frères, cousines et cousins, qui avons grandi ensemble. Une bande d'ex-enfants qui a accepté plus encore la responsabilité et le devoir de vivre qui est le sien. Changements de vie, ruptures, constructions, productions, campagnes électorales, nouveaux amours, créations, alliances, bébés, reprises d'entreprises, là aussi, chacun son style, mais tout ce petit monde vit plus fort qu'avant. Plus conscients, plus créatifs, plus audacieux, plus à leur place. Encore un coup de notre Zorro ? Certainement, mais pas uniquement. La fragilité de la vie nous a visiblement recentrés et nous a suggéré de ne plus faire les choses à moitié. D'y aller.

Je suis, pour ma part, devenue professeure de bonheur. Quand je pense au mal que je me suis donné pour exercer d'autres métiers que le partage de connaissances et au tour de manège qui m'a ramenée ici, je me demande s'il n'aurait pas été plus simple d'y rester dès le début. Mais la réponse est clairement non. Le chemin le plus court n'est pas toujours le plus intéressant et certainement pas le plus enrichissant. Les circonvolutions de nos expériences sont la vraie richesse de nos vies, accidents compris.

Ma nature est revenue au galop et, dans le prolongement du livre, j'ai créé un atelier d'inspiration au bonheur[1]. Qu'est-ce que c'est ? C'est une somme d'informations issues de la recherche sur l'épanouissement que je partage avec un groupe de participants. L'occasion d'exercer ce que je fais le mieux : choisir des mots pour vous transmettre ce que j'ai appris un peu avant vous. En échange, chacun apporte son témoignage, et cet ensemble nous permet de voyager dans les fondements de la psychologie positive appliquée à la vie de tous les jours. Si je pouvais vous décrire le plaisir que j'ai à animer ces ateliers, je pense que vous ne me croiriez pas. Pourtant, c'est devenu une partie importante de mon métier.

Quelques mois après le décès de David, je me suis réveillée avec une intuition. Aller voir de plus près l'école de formation, désormais orpheline, qu'il avait créée, pour

---

1. Le calendrier des ateliers d'inspiration au bonheur est disponible sur www.3kifsparjour.com

comprendre comment y associer mon travail sur la psychologie positive. Je n'ai pas réfléchi très longtemps et je l'ai rachetée à ses bébés. En réalité, il s'agissait pour moi de débusquer l'une de mes parties intérieures qui accepterait de devenir chef d'entreprise sans me laisser dévorer par une autre, la peur. Mais aussi de sauter dans un roulis d'eau très froide à laquelle je ne connaissais strictement rien et de me mettre à nager.

Depuis, mes deux aînés sont partis vivre au bout du monde, il m'a fallu cinq mois pour m'y « habituer », je prends tellement souvent le train que la SNCF m'a élue immense voyageuse, je ne vois mes amis plus que rarement, j'ai rencontré au moins mille personnes, je suis l'optimiste en chef d'une petite entreprise et, le lundi, je reste en pyjama pour écrire ici. Souvent, je me sens prise dans le tourbillon d'une machine à laver. Mais je n'échangerais mon baril de lessive contre aucune autre vie.

J'ai la sensation d'avoir changé de texture intérieure. D'être devenue plus élastique et plus ancrée. Plus souple et plus solide. Plus légère et plus forte. Plus joueuse et certainement plus responsable. Parfois plus fatiguée, mais je kiffe tellement.

C'est de cette aventure-là, en partie, que nous allons parler ici. Du risque que nous prenons tous de nous connecter à ce que nous avons de plus puissant à l'intérieur de nous en fonction des situations. Car, lorsqu'on ne sait rien, que l'on fasse les choses par instinct ou par réflexion, on doit bien compter sur quelque chose qui nous portera et nous donnera l'humilité d'apprendre, de nous tromper, mais aussi de réussir des morceaux précieux de nos envies, de nos compétences et des plans qui définissent notre vie. Le choix que j'ai fait est d'oser y aller en inventant au passage ce qui devait l'être. En me concentrant sur ce que je fais avec le plus de plaisir et de passion. J'ai accepté à mon tour d'endosser ma cape et de sauter du haut de ma falaise, pour voir.

Frappée par cette accélération, j'ai eu envie de la comprendre. Dans une période de transformation comme dans l'exercice de nos vies, quelles sont les forces sur lesquelles nous pouvons compter ? Mon nouveau métier me permet de rencontrer, vraiment, des dizaines de personnes et de récits de vie chaque mois. Elles aussi en mouvement – nous le sommes tous. Dans nos échanges, nous sommes francs sur nos doutes et nos difficultés, mais aussi sur nos qualités et nos capacités. Je suis frappée de voir à quel point aucune personne ne ressemble à une autre.

Lorsque nous exprimons notre puissance intérieure, nous dégageons une forme particulière d'énergie, notre Power Patate. Il ne s'agit pas d'une attitude ni d'un cri de guerre, mais de la somme de nos super-pouvoirs en action, la flamme de notre moteur personnel. Tout, alors, sonne juste ; on ne sent plus l'effort.

Un super-pouvoir n'a rien d'extraordinaire. Il appartient à la famille des traits de personnalité les plus courants, mais il nous appartient. Et lorsque nous l'activons, nous fleurissons et nous sentons en charge de la suite de l'histoire. Apprendre à l'apprivoiser nous fait gagner de l'énergie, du plaisir, nous rend plus efficace et engagé, et donne du sens à ce que nous faisons.

Lorsque je parle du travail que je fais pour ce livre, la première réaction que j'entends est une question : « Mais j'en ai, moi, des super-pouvoirs ? » Bien sûr. Où sont-ils ? Bien plus près qu'on ne le pense.

Partir à la rencontre du meilleur de soi-même suppose trois choses : un peu d'apprentissage, pas mal d'inspiration et, enfin, de l'activation.

Apprendre permet de gagner du temps et du champ. Nous ne pouvons pas tout deviner tout seuls et la vie est courte. Si elle peut être cuisinée avec plus de saveur, pourquoi ne pas profiter de ce que d'autres ont découvert avant nous ? Ça, c'est mon rôle. De vous raconter les découvertes et les méthodes que l'on peut expérimenter.

L'inspiration est une impulsion. Un souffle qui nous donne un jour envie d'essayer quelque chose de différent. Elle est souvent nourrie par quelqu'un ou quelque chose que nous croisons. Alors croisons-nous ici. Je partage bien volontiers. Servez-vous de ce qui vous tente, laissez voyager votre curiosité.

L'activation, chez les Américains, s'appelle *empowerment* : l'appropriation de son pouvoir. On s'en drape et on se met en marche. Chacun sa patate. Car l'audace d'être soi, même si nous mettons, pour certains, longtemps à nous autoapprivoiser, est le réacteur de notre énergie.

Voilà l'objet de ce livre : dépister et activer nos superpouvoirs, autant ceux avec lesquels nous sommes nés que ceux que nous avons développés au fil de nos expériences ; découvrir les hyper-pouvoirs, ceux que chacun peut apprendre à déployer, et enrichir cette panoplie grâce aux manivelles et carburants qui nous donnent de l'élan.

LES SUPER POUVOIRS

Capacités innées, styles,
fluides et ingrédients
qui font de nous
une super-personne.

1

Nos forces de base

Ma mère, le jour de mes quarante ans, m'a offert deux chandeliers à sept branches que j'avais toujours connus sur sa cheminée. Ils sont massifs, mais l'attache astucieuse des bras pivote, permettant de les orienter pour les adapter à leur emplacement : contre un mur, ou sur une étagère, par exemple, ils savent se replier. Les soirs de fête, à la maison, je les place au centre de notre table. Quatorze bougies allumées ensembles. Radieuses et vibrantes. Quand on entre dans la pièce, on se sent attendu et d'un coup d'œil, on sait que c'est ici que ça se passe. Maman me les a offerts pour trois raisons. Évidemment, pour me faire plaisir et marquer le coup. Quarante ans, quand même. Elle a, ensuite, dû avoir envie de me les transmettre, les ayant elle-même reçus à peu près au même âge. Mais il y a une troisième raison. Des bougeoirs pareils demandent de l'entretien. Le métal argenté doit être astiqué, souvent. Ciselures et recoins à polir, chandeliers à démonter et remonter, huile de coude indispensable pour ne pas les laisser s'oxyder. Il me revenait désormais de m'en occuper. En les voyant légèrement noircis ce matin, en route vers ce chapitre, j'ai souri. Voici exactement ce dont nous allons parler. De ces objets d'exception qui nous sont destinés. Des morceaux de nous en alliage précieux qui exigent de l'attention et de l'action. Porteurs de notre plus belle lumière, de nos jours de joie et du goût unique des expériences. Le métal argenté est désormais inoxydable, plus pratique et sans chichis. Mais les humains ne se transforment pas aussi radicalement et il nous reste encore quelques produits à maîtriser pour astiquer le plus profond de ce qui fait le meilleur d'être nous-même.

QU'EST-CE QUI FAIT QUE NOUS SOMMES SI DIFFÉRENTS ?

Nos personnalités sont une vinaigrette à base de gènes et d'environnement, largement assaisonnée par nos expériences et nos réactions en toutes circonstances. Démontrant de nouveau que ça n'est pas tant où nous sommes nés et avons grandi qui compte que la façon dont nous nous imprégnons et réagissons aujourd'hui encore à ce que nous vivons. Une grosse partie de notre personnalité est donc façonnée par nos interprétations et par nos choix. Ce dont nous nous croyons ou nous savons capables en fait largement partie.

L'idée d'avoir des forces particulières existe en psychologie depuis la fin des années 1960. Peter Drucker, gourou du management de cette époque, notait déjà qu'il était dans l'intérêt des entreprises de s'appuyer sur les forces de leurs collaborateurs car elles constituaient les vraies opportunités de succès. Malins consultants qui ont bien compris la valeur des super-pouvoirs de chacun pour le bien commun… Mais la découverte de nos forces n'est pas uniquement destinée à alimenter les desseins conquérants des entrepreneurs et des patrons. La même idée, ramenée à l'échelle d'un individu, est surtout une belle aventure personnelle que chacun d'entre nous peut mener avec quelques indications et du vocabulaire. Il s'agit simplement de nommer les qualités qui nous habitent et d'accepter qu'elles sont bien nôtres.

Culturellement, en France, la modestie prime. Lorsque nous parlons de nous, ne serait-ce qu'à nos amis, combien d'entre nous minimisent ou tordent la réalité quelque peu pour prendre un air un peu bancal. « Je te raconte la dernière » est rarement à propos d'une super-idée que l'on a eue. « La dernière » indique l'annonce d'un coup fourré ou d'une déception. Et pourtant, c'est cette histoire-là que nous avons l'élan de raconter ou colporter en priorité à propos de nous-même.

Nous nous décrivons souvent en creux. « Je ne suis pas très grande et pas particulièrement drôle » pourrait se raconter autrement : « Je suis de taille moyenne et j'adore me marrer. » Ou « Je parle très bien anglais », plutôt que « Je n'ai jamais rien compris à l'espagnol », qui nous rend, croyons-nous, plus sympathique. Lorsqu'on cherche à s'appuyer sur ses propres pouvoirs, la première étape est, bien évidemment, de les reconnaître, surtout à ses propres yeux.

Et ça ne vient pas toujours facilement. Je suis frappée, dans mes ateliers d'inspiration au bonheur, par les réactions à l'une des premières questions que je pose pour permettre à chacun de se présenter : « De quoi êtes-vous le plus fier, depuis le début de l'année ? » En général, pour 20 % des participants, la question n'est pas recevable. « Je ne suis pas fier. » Car la fierté sous-entend pour eux de la crânerie et de la supériorité. Alors que ma question porte sur l'amour-propre, la satisfaction, le cran et l'expression de ses valeurs. Une autre tranche de 20 % prend la précaution de négocier avant de répondre : « Fier, je ne sais pas, mais content, ça oui, je peux trouver. » Ca me va, on avance. Et heureusement, la grosse moitié du groupe se laisse aller. Ceux-là s'autorisent à dire, publiquement ce qui les a portés, ce qu'ils ou elles se sont vus réaliser et pourquoi ça leur fait du bien. J'ai beaucoup de plaisir à voir les gens s'épater eux-mêmes, car c'est un moment où ils sentent leurs forces en action. Ils n'ont tout simplement pas la même tête quand ils le font et ça leur va bien au teint.

Pour comprendre pourquoi il nous est difficile de nous considérer sous un angle favorable, il faut se souvenir que notre cerveau est câblé pour détecter en priorité le négatif. L'humanité, comme toutes les espèces vivantes, a eu besoin de sentir venir le danger pour pouvoir y faire face. Grâce à cette capacité dominante, malgré les prédateurs en tout genre qui ont accompagné et accompagnent aujourd'hui encore notre évolution, l'être humain est toujours là. Ce phénomène se traduit, dans nos perceptions, par un ascendant manifeste du mauvais sur le bon. Repérer ce qui cloche est ce qui nous permet d'y faire face. Et puisque nous avons besoin que notre esprit soit disponible pour détecter les problèmes, il vaut mieux qu'il ne s'enthousiasme pas systématiquement pour tout ce qui fonctionne. Le positif est donc banalisé pour laisser de la place à l'exceptionnel – le négatif.

Voilà pourquoi connaître ses forces est aussi précieux. C'est à peu près le seul moyen de poser un regard bienveillant sur soi-même et de rétablir la balance entre le pire et le bon.

La psychologie positive ne propose jamais d'ignorer les difficultés, les émotions négatives et les blessures. Elle ne prétend pas que tout est facile, qu'il suffit de décider que tout va bien dans le meilleur des mondes, qu'aller bien n'est qu'une question de volonté. Mais elle insiste sur la richesse d'ajouter la joie à la tristesse, la fierté au doute, la reconnaissance à la critique. Elle prône l'équilibre. Comme une promenade dans les collines ensoleillées de nos personnalités pour dégager plus de chaleur intérieure et mieux nous protéger contre les coups de froid et les tempêtes inévitables.

LES FORCES DE CARACTÈRE

Au lancement de la psychologie positive, les chercheurs Seligman, Myers et Peterson se sont penchés sur la littérature scientifique disponible pour concevoir une psychologie préventive. Ils voulaient en effet comprendre les leviers dont nous disposons pour développer tout ce qui fonctionne dans nos comportements.

Très vite, ils ont réalisé que les publications et manuels en tout genre s'accordaient pour décrire les maux et les dysfonctionnements psychiques, mais en aucun cas les forces et qualités qui font aussi partie de nos personnalités. Convaincus que nous gagnons cent fois plus à cultiver nos défauts qu'à tenter de les corriger, ils ont choisi de s'intéresser en priorité à nos forces de caractère. L'objectif est de fleurir plutôt que se languir. Se languir consiste à effectuer les gestes de la vie de façon fonctionnelle et sans entrain. Fleurir, c'est s'épanouir.

Leur projet de classification a été considérable. Il a mobilisé cinquante-cinq chercheurs du monde entier et les résultats sont publiés dans un rapport de huit cents pages. Par souci de modernité, de transparence et de partage, les chercheurs ont immédiatement publié la liste de ces forces universelles. Universelles, oui. S'appliquant à toutes les cultures et toutes les contrées.

Pour en dresser la liste, certains sont partis à la rencontre de groupes aussi variés que des guerriers de brousse, des paysans ou du personnel de bureau dans des tours de verre. Robert Biswas-Diener, surnommé l'Indiana Jones de la psychologie positive, est allé s'installer au Kenya, tout à fait en dehors des circuits touristiques, dans des villages massaïs, pour identifier les traits de caractère qui comptent chez eux. Il est rentré le torse scarifié de s'être prêté aux rituels traditionnels pour se faire accepter par cette communauté. Car le courage compte particulièrement là-bas, notamment pour chasser le lion à la lance, ramasser du bois loin des lieux de vie ou protéger le village contre les animaux sauvages. Une fois la confiance établie, il a présenté à ces guerriers une liste de qualités en leur demandant s'ils les reconnaissaient. Il leur a demandé s'ils aimeraient que leurs enfants en soient pourvus, s'ils pensaient qu'on naît avec ou qu'on les développe au cours de sa vie, si des institutions ou des traditions incitent à s'en servir, si ces qualités se retrouvent autant chez les femmes que chez les hommes et s'ils pouvaient lui indiquer quelqu'un dans leur entourage qui en était pourvu. Il voulait déterminer si, dans leur culture, des concepts comme le leadership, l'assiduité, la justice, la reconnaissance de la beauté existaient ouvertement et étaient considérés comme des qualités. Robert

Biswas-Diener a ensuite effectué le même voyage vers le nord, cette fois chez des chasseurs de baleine de l'île de Kanak, en Alaska.

Pendant ce temps-là, d'autres universitaires ont consulté les textes anciens, la philosophie, les religions, les paroles d'Aristote, de Bouddha, de Jésus, de Benjamin Franklin, figure pluridisciplinaire de l'histoire américaine. Ils ont aussi disséqué des éléments de culture populaire comme les cartes de vœux que nous nous échangeons pour certaines occasions ou les épitaphes gravées dans nos cimetières. Leur obsession : découvrir ce qui nous permet de vivre une « bonne vie », comme le formule Martin Seligman. Une « bonne vie » nous engage dans des actions qui correspondent à nos capacités et nous permettent d'être efficaces. Car rien ne nous plaît tant que la sensation d'avoir prise sur ce que nous faisons pour exprimer ce que nous sommes réellement. C'est ainsi que nous nous sentons à notre place.

QU'EST-CE QU'UNE FORCE ?

D'après cette enquête minutieuse, « c'est une prédisposition à penser, ressentir et agir de façon authentique et énergisante qui entraîne nos meilleures performances ». Pour dire les choses plus simplement, c'est notre mode de fonctionnement naturel, au cours duquel nous sommes énergiques et performants.

« Naturel » désigne ce qui fait pleinement partie de notre personnalité et n'est pas convoqué pour une occasion particulière. Par exemple, les gens « du matin » ne font rien de spécial pour être en forme dès le réveil. En ouvrant les yeux, ils sont déjà en route pour leur journée. Tout le monde peut régler son réveil de bonne heure pour se lever tôt, mais qui n'est pas du matin mesure l'effort que le démarrage lui demande. « Naturel » signifie, en gros, qu'on ne peut pas faire autrement. Probable d'ailleurs que ceux du matin peineront à rester éveillés jusqu'à tard le soir. Chacun son moment.

« Énergique » assure que nous nous sentons vivants en utilisant cette force. En forme, alerte et vigoureux. Entraîné, résistant, enjoué et gourmand. Le contraire de fatigué. En route vers quelque chose d'attirant.

« Performant » parce que, dans cet état, nous réussissons ce que nous entreprenons. Des petites choses minuscules du quotidien aux très gros projets.

Une force de caractère, enfin, n'est pas une aspiration, c'est-à-dire quelque chose qui nous fait envie. Elle est déjà en nous, plus ou moins développée. C'est une composante de notre personnalité. Les branches du chandelier qui vous a été donné – à vous seul. Elles s'appliquent dans tous les domaines de notre vie. Les gens qui nous connaissent peuvent confirmer que nous les détenons. Nous n'y pouvons presque rien, comme aux yeux bleus ou bruns nous ne pouvons rien non plus, si ce n'est de les garder le plus ouverts possible. Il est, de ce fait, de notre meilleur intérêt d'être honnête envers nous-même et de porter notre attention sur les forces que nous possédons réellement, plutôt que de lorgner sur celles d'un voisin ou encore celles d'une liste utopique que nous considérons supérieure à la nôtre.

Elles constituent la chambre forte de nos super-pouvoirs. Quand on enlève tous nos costumes et panoplies, que l'on cesse tout entraînement, ces qualités facilitatrices demeurent et font de chacun d'entre nous un être singulier, puissant et à sa place, capable de beaucoup, sans effort et en kiffant. Imaginez un instant qu'il soit facile d'être vous ? C'est tout à fait possible, et c'est dans la pièce meublée de ces particularités bien à vous que vous pourrez l'être. Être fidèle à sa donne initiale nous libère d'exercices épuisants pour être autrement. L'authenticité est la plus intègre des sincérités et le meilleur moyen de se reposer en s'accomplissant. Être fidèle et dévoué à notre chandelier nous offre l'expérience unique de rayonner au naturel.

Le résultat de toutes ces informations croisées a permis d'établir six domaines qui comptent universellement. Ce sont ce que Seligman, Myers et Peterson ont appelé nos vertus :

- la sagesse et la connaissance, qui nous poussent à apprendre ;
- le courage, qui nous incite à agir malgré les obstacles intérieurs et extérieurs ;
- l'humanité, qui nous relie et nous engage auprès des autres ;
- la justice, qui organise une vie sociale harmonieuse ;
- la tempérance, qui nous protège contre les excès ;
- la transcendance, qui nous ouvre à une dimension universelle et donne un sens à la vie.

À l'intérieur de ces catégories se répartissent vingt-quatre forces que nous détaillerons plus loin.

ÊTRE SOI POUR ÊTRE HEUREUX

Les chercheurs demandent souvent à leurs sujets : « Qu'est-ce qui compte le plus pour vous ? » Et les réponses tournent souvent autour de l'idée d'être heureux et de tout ce qui peut s'y rapporter. Nous répondrions probablement nous-même : être en bonne santé, ou que nos enfants soient épanouis et réussissent, par exemple. Nous avons aussi envie de relations bienfaisantes et nourrissantes, de trouver du sens à nos actions et de savoir à peu près à quoi ou à qui elles peuvent servir, d'atteindre des objectifs qui nous tiennent à cœur ou de nous lancer dans des projets, de plus d'excitation et de vigueur, ou au contraire de plus de calme. Et bien entendu, tout ce qui touche au plaisir fait partie de ce qui compte : un rayon de soleil surgissant de derrière un nuage nous fera toujours le même effet scintillant. Certains visent aussi un état de conscience supérieur, environnemental ou spirituel, avec une envie profonde de ressentir plus fort encore ce qui se passe autour d'eux. Plus d'intensité, de partage ou d'engagement.

Le chercheur Ryan Niemiec est l'un des spécialistes de l'application des forces de caractère. Il pose la question très simplement : peut-on atteindre ce que nous souhaitons sans nous servir de nos atouts ? Peut-on espérer se sentir à sa place sans exprimer qui nous sommes réellement ? Peut-on atteindre les destinations qui comptent pour nous en étant autre chose que tout à fait soi-même ? Ryan Niemiec travaille donc presque exclusivement sur l'impact de ces forces dans nos vies, sur nos relations et dans nos réalisations. Quelle qualité de vie l'activation de nos forces nous permet-elle de créer ?

D'après ses observations, moins de 20 % d'entre nous nous déclarons épanouis. Être épanoui, c'est fonctionner grâce aux meilleurs morceaux de nous pour assurer notre santé mentale et sociale. Et utiliser nos forces de caractère nous engage dans ce que nous faisons, nous relie aux autres et nous permet de tirer du sens de ce que nous vivons. Elles nous intègrent dans les groupes qui nous entourent et nous aident à trouver la zone optimale de création qui découle de l'utilisation de nos autres compétences et aptitudes.

Pour Ryan Niemiec, exercer ses forces « transforme la poursuite d'un objectif en possibilité de l'atteindre et convertit nos aspirations en réalité ». Waouh ! J'ai relu cette phrase deux fois : « convertit nos aspirations en réalité ». Elles mettent donc toutes les chances de notre côté. Nos envies, à leur contact, se muent en comportements. Nous devenons réellement qui nous sommes.

C'est clairement un super-pouvoir.Ces forces définissent donc les promesses que nous pouvons tenir à nous-même. Elles ne sont pas le reflet de nos valeurs mais le reflet de la façon dont nous vivons notre vie. Elles ne disent rien du pourquoi nous fonctionnons ainsi, mais décrivent notre caractère. Elles agglomèrent quatre morceaux de notre richesse :

1. notre capacité à penser, ressentir et agir pour notre bénéfice personnel et celui des autres ;

2. un potentiel à développer, pour nous-même comme pour les autres ;

3. un raccourci vers ce qui nous tient à cœur. Ces qualités sont des fractions stables de nos personnalités sur lesquelles

nous pouvons compter. Elles peuvent évoluer, mais ne changeront pas dramatiquement au cours de notre vie ;

4. le cœur de qui nous sommes.

ACTIVER LE MEILLEUR DE NOUS-MÊME

Il nous appartient donc de connaître et d'activer nos forces de caractère. De préférer nous en servir pour créer les conditions de notre épanouissement. Dans tout ce qui suit, ces forces sont toutes considérées comme positives et utilisées à bon escient. En effet, chacune d'entre elles a son pendant négatif ou excessif. Par exemple, la créativité n'est pas une qualité en soi. C'est une qualité dès lors que nous l'appliquons positivement envers nous-même et les autres. La même créativité peut se montrer redoutable dans des desseins de destruction. Le sens de la justice, de la même façon, peut être appliqué à tort ou à raison, tout comme la prudence ou l'assiduité.

Voilà donc une seconde raison de considérer ces forces comme des super-pouvoirs. Elles nous permettent d'agir dès que nous souhaitons destiner nos meilleures intentions.

Si on observe les situations récentes au cours desquelles nous nous sommes sentis vivants et peut-être même heureux, elles nous ont probablement permis d'exercer nos forces. Car leur utilisation nous entraîne vers plus de sens, que ce soit dans notre vie personnelle, amoureuse, professionnelle, sociale, créative ou scolaire. Nous nous sentons plus engagés et plus connectés à ce que nous faisons.

Par exemple, si je pars en voyage, c'est pour nourrir ma curiosité, tandis que vous partirez peut-être plutôt pour rencontrer de nouvelles personnes, satisfaire vos appétits esthétiques ou mieux comprendre les rouages de notre planète. L'inspiration est différente pour chacun, même si le résultat est identique : l'appétit de vivre.

Connaître ses qualités présente plusieurs avantages :

1. pouvoir se considérer sans modestie ni vantardise excessives, en utilisant un vocabulaire commun. Tous logés à la même enseigne, puisque ces forces-là, j'en ai, tu en as, elle en a, et vous en avez tous ;

2. posséder une parade formidable contre notre tendance naturelle à détecter nos manquements et défauts ;

3. découvrir comment trouver de l'énergie en appuyant sur nos bons leviers ;

4. apprendre à s'encourager ;

5. nous rapprocher des autres, puisque ce que nous apprenons à détecter chez nous-même, nous pouvons l'apprécier aussi chez ceux qui nous entourent.

DÉCOUVREZ VOTRE PROFIL

L'étape suivante consiste donc, comme quelque deux millions de personnes avant vous, à définir le classement de vos forces à l'aide d'un questionnaire accessible en ligne[1]. Je vous incite vigoureusement à y consacrer les dix à vingt minutes nécessaires pour y répondre.

---

1. http://www.VIAME.org. La page d'accueil est en anglais, mais en cliquant sur le gros macaron à droite de l'image « *Click here for your free character strengths profile* » vous pourrez sélectionner le français comme langue principale. Si le site vous demande votre mail, c'est juste pour que vous puissiez retrouver vos résultats à tout moment.

Si vous êtes près d'une connexion Internet, posez ce livre quelques instants pour le faire : ce qui suit vous semblera plus concret. Sinon, vous pourrez tout à fait le faire plus tard, au bon moment pour vous. Cet outil est une porte d'entrée simple et formidable pour appréhender, activer et savourer l'exercice de ses forces dans la vie réelle. Allez-y.

Recommandations

J'ai déjà accompagné l'interprétation de centaines d'inventaires lors de l'animation de mes ateliers. Voici trois conseils formulés par l'expérience.

Les questions sont présentées sous forme d'affirmations[1], que l'on note de « Tout à fait comme moi » à « Pas du tout comme moi ». Chaque question offre un nombre impair de réponses, au centre desquelles se trouve une proposition « neutre ». Évitez ce ni oui ni non. À trop s'en servir, on prend le risque de ne pas se reconnaître dans des résultats trop peu contrastés.

L'une des forces de caractère, la spiritualité, est abordée avec une forte densité de questions portant sur la religiosité, créant ainsi la confusion chez certains. Cette force arrive trop souvent en dernière position dans des groupes francophones pour ne pas douter de la validité de la traduction proposée dans la version française du test en ligne. L'équipe du VIA Institute en convient – et les Français ne sont pas moins spirituels que d'autres.

1. Par exemple : « Je tiens toujours mes promesses », ou « Certaines personnes dans ma vie accordent autant d'importance à ma santé et mes sentiments qu'aux leurs ».

Pour accéder à votre classement, n'oubliez pas de cli
sur « *See all* » en bas de la première page pour affiche
résultats au complet.

VINGT-QUATRE FORCES DE CARACTÈRE

Seligman, Myers et Peterson ont dégagé vingt-quatre forces de caractères, présentes dans toutes les cultures. Les résultats vous révèlent l'ordre dans lequel vous faites appel à ces forces, dont voici la liste.

Sagesse et connaissance

- créativité, ingéniosité et originalité
- curiosité et intérêt accordé au monde
- discernement, pensée critique et ouverture d'esprit
- amour de l'étude et de l'apprentissage
- perspective, sagesse

Courage

- courage et vaillance
- assiduité, application et persévérance
- honnêteté, intégrité et sincérité
- joie de vivre, enthousiasme, vigueur et énergie

Humanité

- capacité d'aimer et d'être aimé
- gentillesse et générosité
- intelligence sociale

Justice

- citoyenneté, travail d'équipe et fidélité
- impartialité, équité et justice
- leadership (capacité à diriger)

Tempérance, modération

- pardon
- modestie et humilité
- précaution, prudence et discrétion
- maîtrise de soi et autorégulation

Transcendance

- reconnaissance de la beauté
- gratitude
- espoir (optimisme)
- humour et enjouement
- spiritualité, religiosité, but dans la vie, foi

La tête vous tourne ? Vingt-quatre forces à exprimer en même temps, c'est beaucoup et cela ne se produit jamais. Mais en lisant cette liste, il y en a certaines qui, pour vous, résonnent probablement déjà plus que d'autres.

La combinaison gagnante est celle qui fait appel à un ensemble particulier de forces utilisé à bon escient dans une situation précise. Il y en a donc une multitude. Plusieurs milliards de combinaisons possibles. Et c'est chacun dans la nôtre que nous sommes à notre place, efficaces et exprimés.

Comme vous, j'ai répondu à ces questions. Parce que, au-delà de la théorie, la seule chose qui compte véritablement pour avoir envie de se servir de ces enseignements est de s'y reconnaître. J'y ai, en fait, déjà répondu trois fois sur une période de trois ans. Non parce que nous avons besoin d'y retourner souvent, puisque ce sont des traits de nous-même qui évoluent peu, mais parce que je m'y intéresse de près et que j'en enseigne l'utilisation à d'autres.

Cependant, depuis que je m'y promène, je retrouve au sommet de la liste les six mêmes forces de caractère, qui changent un peu d'ordre ou d'intensité au fil de l'attention que je leur consacre ou des situations de vie que je traverse.

La gratitude, par exemple, capacité à s'émerveiller et à remercier, était, lors de mon premier passage, en huitième position. C'était avant ma découverte des travaux universitaires sur les bienfaits de son utilisation. Depuis, la pratique de trois kifs par jour[1] m'a rendue virtuose en émerveillement et la gratitude est passée à la troisième place de mon classement.

Cette progression reflète le meilleur goût qu'a ma vie aujourd'hui. Non seulement je ne lésine plus sur l'utilisation de la gratitude, mais elle est clairement devenue un morceau important de qui je suis et de la façon dont je vis ma vie.

1. Noter sur un carnet ou partager avec son entourage trois raisons ou situations pour lesquelles on s'est émerveillé dans la journée et remercier d'avoir pu le faire.

UTILISER SON CLASSEMENT

En tête de votre liste, vous trouverez les cinq premières forces qui constituent votre trousseau personnel. Pour comprendre le résultat du questionnaire, il faut se souvenir que vos forces sont évaluées les unes par rapport aux autres. Bien que le rapport révèle un classement, elles peuvent en fait être quasi *ex aequo* et nous les ressentons équivalentes. Par ailleurs, si une force apparaît en bas du classement, cela ne signifie pas que nous en sommes dépourvus, mais simplement que nous ne nous en servons qu'avec parcimonie et seulement si nous ne pouvons pas faire autrement.

On peut aussi se reconnaître dans d'autres forces que les cinq premières, car il n'y a pas de limite standardisée. Certains s'identifieront vraiment à deux forces seulement, d'autres aux huit premières. Mais, par expérience, si les réponses ont été données avec spontanéité, les résultats du questionnaire sont assez proches de notre perception. Le véritable intérêt de cette démarche est de se lancer dans une conversation positive avec soi-même.

LE TROUSSEAU DE CLÉS

J'appelle notre trousseau de clés les cinq premières forces du classement, celles qui illustrent le mieux les aspects positifs de notre personnalité. Ce sont nos meilleures capacités. On s'y sent bien et on est bon quand on s'en sert. Les gens qui nous connaissent, famille et amis, corroborent cette liste. Elles constituent le vrai soi, au naturel, celui dont on se sert dans tous les domaines. En travaillant, en aimant, dans nos interactions avec les autres, en explorant, en faisant du sport, en élevant nos enfants, en vivant, etc.

Vous verrez, en découvrant vos résultats, que vous irez spontanément regarder les premières forces de la liste et, juste après, que vous vous rendrez à la fin pour voir les dernières. Toujours ce satané besoin de labéliser ce qui cloche, trop contents de nous dire intérieurement : « Je le savais ! »

Ces forces clés, nous y tenons beaucoup. Elles nous touchent et nous y sommes plus sensibles qu'aux autres. Par exemple, si on est fort en gentillesse et que d'autres personnes en manquent ou n'exercent pas cette qualité, cela peut nous mettre en colère. Si on est attiré par l'apprentissage mais que notre enfant y répugne, on est contrarié. Car il nous est naturel et toujours plus simple de penser que le monde fonctionne comme nous.

Mon ami Larry a la gratitude chevillée en tête de ses scores. Nous dînons ensemble tous les dimanches. Un coup chez eux, un coup chez nous. Le lundi matin, il est toujours le premier à dégainer pour remercier du menu ou du charme de la soirée de la veille. Lors des matchs retours, invités chez lui, c'est souvent lui aussi qui sera le premier à envoyer un message nous incitant à nous réjouir. J'imagine que notre délai de réaction le frustre parfois.

Dans le fond, ce n'est pas une force en particulier – ou son absence – qui nous impatiente chez les autres, mais la différence entre l'importance que nous lui accordons et la façon dont nous le manifestons. En prendre conscience permet d'être plus patients et de ne pas attendre des autres qu'ils soient comme nous. Pourquoi ? Pour éviter des insatisfactions inutiles.

Quelqu'un qui a le pardon en tête de liste comprendra plus difficilement que vous puissiez lui en vouloir pour ses retards, même justifiés. Car donner une seconde chance est pour lui aussi naturel que cela peut être difficile pour vous.

À l'occasion de l'écriture de ce livre, j'ai suggéré à mes proches de répondre au questionnaire et de m'en communiquer les résultats. J'ai eu ainsi la possibilité de mieux interpréter certaines de leurs réactions ou certains de leurs besoins et je trouve reposant de mieux comprendre ceux qui comptent autant pour moi.

LA RECONNAISSANCE DE LA BEAUTÉ

Actuellement en cinquième position dans mon classement, la reconnaissance de la beauté se promène depuis toujours sur mon trousseau. Au quotidien, cela se traduit par le besoin d'évoluer dans un environnement inspirant. Esthétiquement et humainement inspirant. Avant de savoir que ce trait de caractère était une qualité, je le prenais pour une coquetterie. Je me pensais difficile et légèrement obsédée par des détails qui laissent d'autres impassibles : ma première impression en entrant dans une pièce, l'harmonie des couleurs, l'organisation visuelle d'une étagère, la saveur d'un plat, mais aussi la magie d'une situation dans l'intimité d'une relation. Ce trait oriente mes choix personnels, bien sûr, mais il fait bien plus pour moi : c'est en l'exerçant que je moissonne de l'énergie pour travailler.

Il y a dix-huit mois, j'ai donc emménagé dans les bureaux de David. Ils se trouvent dans un ravissant immeuble campé sur une jolie place de l'ancien quartier des courtisanes au pied de Montmartre. Les matins ensoleillés, quand je débouche sur cette petite place, je m'arrête toujours quelques instants pour profiter de la vue : constructions arrondies ornées de cariatides et sculptures romantiques. Le soir, c'est le soleil couchant qui reprend la mise en scène et le spectacle continue. Entre les deux, comme beaucoup d'entre nous, je vis à l'intérieur.

Cet ancien appartement transformé se trouve au premier étage. Pour une amoureuse de la lumière, on repassera. J'y suis arrivée dans mes petits souliers pour m'intégrer à une équipe en place. J'avais tout à comprendre et à apprendre. Je me suis posée sur une table pliante, au contact de mes collaboratrices, le plus près possible de la fenêtre, dans la pièce sur cour que nous occupions alors. Mais j'étais irrémédiablement attirée par la pièce de devant, qui regarde la rue et reçoit de la lumière, réfléchie par l'immeuble blanc d'en face. Deux fenêtres au lieu d'une et une belle moulure circulaire au plafond. Nos moyens ne nous permettaient pas de nous étaler et ce bureau était sous-loué à une consœur.

Nous installer dans le « grand bureau » (tout est relatif) est devenu mon moteur. Indispensable. Cela comptait tellement pour moi que nous l'avons inscrit en tête des objectifs de l'année : générer les profits qui nous permettront de le financer. Nous l'avons écrit au futur, même pas au conditionnel. Et nous avons réussi. Au fond de mes actions, de ma fatigue ou de mes doutes, cette promesse était plus forte. Je travaillais indirectement pour ce déménagement. Il nous a fallu une année pour avoir l'assurance de le faire sans péril et sans tout bousculer. Un jour, nous avons pu y poser nos affaires, orner les murs de mes couleurs, chiner des meubles originaux et y étaler ma collection de cyclopes. D'autres entrepreneurs auraient consacré les mêmes sommes à la refonte du site Internet ou à l'achat de matériel plus performant. Mais, depuis que nous y sommes, j'ai eu deux fois plus d'idées et trois fois plus de clients. Mon carburant s'est enrichi.

Mon environnement esthétique alimente ma créativité (à la base de mes travaux), ma curiosité (indispensable pour les recherches faites dans ce bureau), ma gratitude (pour me réjouir d'être au bon endroit), ma joie de vivre (pour avoir du plaisir à travailler dur dans ce lieu) et mon humour (pour alimenter la légèreté si chère à ma vie). Rien ici ne parle pour moi de coquetterie, mais bien de besoins et d'un très fort soutien.

Voilà, vous connaissez les six forces de caractère de mon trousseau. Je prends des risques et j'invente, j'explore, je m'enthousiasme facilement, je savoure, je suis terre à terre et mes goûts sont précis. C'est le portrait que me renvoie le questionnaire et c'est en effet celui qui me permet d'exercer mes pouvoirs.

MA 24e FORCE

Au bas de ma liste, il y a bien entendu d'autres forces de caractère et je travaille petit à petit à ne plus les considérer comme des handicaps : je n'évalue pas tous les aspects d'une situation avant de prendre une décision, j'ai beaucoup de difficulté à travailler de façon linéaire, je suis impulsive et émotive, je prends des risques sans en avoir entrevu les conséquences et je n'ai aucune difficulté à sortir du rang. Prudence, persévérance, autorégulation, jugement et humilité arrivent chez moi en dernière position.

J'ai beaucoup moins envie de parler de ces forces-là.

Pourtant, ce fond de liste m'attire. J'aurais adoré avoir de la persévérance, car j'imagine comme cela doit être utile pour arriver à faire à peu près tout dans la vie. D'après Ryan Niemiec, qui connaît le détail de mes résultats[1], mon accès à chacune de mes dernières forces n'est pas nul. Mais il faut vraiment que je ne puisse pas faire autrement pour les actionner. Parfois, dans une situation qui le requiert, je saurai brandir ma capacité de jugement ou me montrer prudente. Mais, globalement, nous savons construire des stratégies qui pourront nous sortir de TOUT à partir de notre trousseau de tête.

Ryan Niemiec rappelle par ailleurs que nos forces les plus faibles ne sont pas des défauts ; elles nous sont simplement moins naturelles à activer. Voici donc une autre bonne raison de les traiter en super-pouvoirs. Nous ne manquons de rien, puisque nous avons chacun les nôtres. En puisant dans le haut de notre liste, nous obtenons nos résultats les plus satisfaisants et réalisons nos plus beaux projets. Donc, pourquoi irions-nous forcer nos presque faiblesses si nos facilités peuvent non seulement nous sauver, mais nous épanouir au passage ?

Il y a trois ans, je me trouvais déjà derrière ce fidèle ordinateur pour écrire *3 kifs par jour*. J'ai la chance d'appartenir à une famille dotée de nombreux écrivains. Certains de mes amis s'y collent aussi – romans, essais, biographies ou articles. Avant de commencer le travail, j'avais eu envie de

1. Il existe une version plus détaillée des résultats du questionnaire, qui gradue nos forces de un à cinq et se présente assortie de conseils pour se servir de chacune des forces. Cette version n'existe qu'en anglais et est payante. Intéressante, mais pas indispensable.

prendre conseil auprès de mon entourage avisé et j'ai fait une enquête de voisinage : quelle est la meilleure façon de réussir à écrire un livre.

Un consensus a eu l'air de se dégager : sans régularité, point de salut. L'heure et la durée des plages de travail variaient selon les personnes, mais j'en ai conclu, en tenant compte de ce qui était possible pour moi, que je devrais y consacrer quatre heures tous les matins. Du petit déjeuner jusqu'au déjeuner. *3 kifs par jour*, comme ce livre-ci, m'a demandé beaucoup de recherches. Il y a plusieurs phases dans mon travail : compiler, expérimenter et raconter. Si j'avais été prudente et persévérante, avec un soupçon de capacité à prendre du recul, j'aurais peut-être moi aussi pu travailler chaque matin. Mais je le suis tellement peu que cette hypothèse était probablement l'une des pires suggestions que l'on pouvait me faire pour me donner confiance et m'encourager.

Naïvement, les deux premiers mois, j'ai essayé le coup de l'horaire fixe. Disons le plus fixe possible. Que ça m'a été pénible. Hormis quelques miracles, les heures passées à ma table se traînaient. Et je commençais à m'inquiéter. J'avançais très lentement, en ayant la plupart du temps envie d'être ailleurs. À tel point que, très vite, j'ai commencé à répéter dans ma tête le message que j'enverrai le jour de la remise prévue du manuscrit à mon éditrice. « Chère Hélène, vous allez rire… mais, comment vous dire, ça n'est pas prêt. » Parce que je commençais à douter sérieusement d'être vraiment capable d'arriver au bout. La preuve ? Je ne parvenais déjà pas à rester assise, alors écrire… Spirale maudite de reproches, contagion du pessimisme, ça ne marchait pas.

Et puis, comme si les prières à ma muse avaient été entendues, en arrivant au passage du livre qui mentionnait les forces de caractère, je suis retournée répondre au questionnaire. Mon désir de bien faire m'avait fait oublier qui j'étais. Et j'ai compris. Persévérance en vingt-quatrième position. La stratégie familiale me minait le moral et me retardait.

Écrire un livre entier demande beaucoup d'énergie. Il faut la générer. On peut tous la générer quand on en a vraiment envie. Mais il y a mille façons de le faire. Et je me suis décidée, en tâtonnant, à faire autrement. Et d'abord à rendre leur place aux clés de mon trousseau :

1. honorer ma créativité par le droit de varier mes activités et cuisiner entre deux pages lues ou écrites, même en pleine matinée. Au moins, j'ai le sentiment d'avancer ;

2. nourrir ma curiosité par des sorties en ville dans la journée ;

3. aller rire au cinéma quand je suis vraiment coincée ;

4. appeler mes amis pour bavarder comme accélérateur d'envie ;

5. manger du chocolat pour éponger ma frustration quand ça n'avance pas ;

6. varier les environnements où écrire (celle-là n'a pas très bien marché, je ne suis pas si nomade que cela) ;

7. et, surtout, pas d'effort sans récompense : si j'ai bien travaillé, je vais pouvoir me faire plaisir, car je veux kiffer cette aventure ;

J'ai aussi essayé d'écrire en musique, mais ça n'a pas du tout marché.

Et puis j'ai découvert mon accélérateur de particules personnel : le train. Grâce à David. En juillet 2010, sa dernière tumeur au cerveau est revenue au galop. Il a été hospitalisé en Allemagne et y a passé tout l'été. Un cordon familial s'est organisé pour lui tenir compagnie et veiller sur lui. Lorsque mon tour est venu, je partais de Provence pour le rejoindre à Cologne. Douze heures de train en trente-six heures. Ce fut ma rampe de lancement. Je n'avais jusqu'alors jamais autant produit de façon linéaire. L'absence de distraction, bercée, sans cuisine pour faire autre chose, sans lit pour m'allonger, sans jardin pour respirer, sans Internet pour digresser et sans réseau téléphonique pour bavarder, a vaincu ma dispersion chronique. De retour chez moi, alors que le temps commençait à manquer, le pli était pris. J'ai continué sur ma lancée et j'ai terminé. À temps. Le manuscrit fini est parti avec vingt-quatre heures d'avance.

Ryan Niemic a raison. S'il le faut vraiment, je vais réveiller ma persévérance. Je suis même une spécialiste des sprints finaux. Mais je crois avoir saisi ce qui me sauve : l'amour des autres et du travail bien fait provoque chez moi un sursaut de fierté. Bien que je ne sache avancer qu'en zigzag, je finis toujours par y arriver.

Pour l'écriture de ce livre-ci, la chance veut que je prenne souvent le TGV pour traverser la France, en route vers une conférence. Je me suis offert l'ordinateur le plus léger que j'ai pu trouver pour profiter de l'enfermement de chacun de mes trajets. Là, j'écris dans le Paris-Lyon de 14 h 53 et le trajet est un peu trop court pour me rassurer sur mes avancées mais ça sera toujours cela de pris sur l'ennemi.

Quand on regarde les autres voyageurs dans un wagon, concentrés sur leurs ordinateurs dépliés, on imagine des collaborateurs modèles persistants et productifs. À l'œil nu, je dois moi aussi avoir cet air-là. Alors qu'en fait je suis :

- une conférencière curieuse,
- propriétaire d'un très léger ordinateur,
- qui joue à l'écrivain nomade,
- entre une petite somnolence et un thé au wagon bar,
- enfermée dans une boîte de conserve à grande vitesse pour éviter toute distraction,
- alors qu'elle part en voyage dans des coins qu'elle ne connaît pas.

Nuance.

Christophe André, célèbre psychiatre aussi sympathique qu'inspirant, raconte une histoire proche de la mienne. Alors qu'il devait consacrer une matinée à l'écriture pendant que sa fille révisait son bac dans la pièce voisine, ils se sont mutuellement confisqué leurs smartphones pour limiter les tentations de connexions. Lui appelle cela l'autocontrôle. Avouant à son tour que la pression de la page blanche est tout à fait capable de l'endormir pour une de ces micro-siestes échappatoires. Me voilà rassurée de le savoir atteint de la même pathologie que moi, car j'admire son calme et sa présence à la vie. Et confortée dans l'idée qu'il faut savoir prendre des mesures parfois physiques ou pratiques pour soutenir nos forces les plus faibles.

NOTRE TROUSSEAU DE CLÉS NOUS MÈNE À TOUT

Finalement, ce qui compte le plus, est que l'on peut très bien écrire un livre sans être doué de persévérance. Pour être plus précise, ça n'est pas tant ce qui nous manque qui compte, que ce que nous sommes vraiment.

Pour écrire *Power Patate*, j'ai donc commencé tout autrement. Pas de visite chez les anciens, mais une liste ouverte pendant plusieurs semaines : cinq colonnes pour cinq forces clés.

- créativité
- curiosité
- amour de l'apprentissage
- joie de vivre
- reconnaissance de la beauté

J'ai listé, pour chacune, comment la nourrir et l'utiliser pour ce projet. Ce que je voulais apprendre, les lieux où mes recherches m'entraîneraient, les pays aussi, tant qu'à faire. Les endroits et les contextes où je voudrais m'installer pour écrire, les stages auxquels je voulais m'inscrire, les gens que j'aimerais rencontrer, ceux qui m'entoureraient, les livres que je lirais. En quoi je me servirais de ce projet pour avoir l'excuse de voir plus grand et d'entreprendre de l'inhabituel. J'ai organisé l'été suivant pour la dernière ligne droite. J'ai aussi pensé aux acteurs de l'aventure de *3 kifs par jour* que je voulais retrouver à cette occasion, éditrices, graphistes, développeurs, relecteurs. L'écriture serait le résultat de toute une aventure. J'allais apprendre tant de choses au passage. Et posé comme cela, son démarrage me semblait bien plus simple. J'étais portée, plus qu'intimidée. C'est là que j'ai eu l'idée de changer d'ordinateur pour en prendre un plus léger. Il ne s'agissait plus d'écrire à heure fixe, mais de remuer de la matière avec une immense cuillère assaisonnée de forces.

Puis j'ai bloqué tous les lundis sur mon calendrier pour m'obliger à y consacrer au minimum ce moment précis et je me suis mise au travail.

Quand nous respectons notre trousseau, nos forces en tête de liste nous mènent à tout. En les nourrissant volontairement, chaque situation difficile peut être réinterprétée pour nous rassurer, nous motiver et actionner nos propres leviers.

Au cours d'un atelier d'inspiration au bonheur, nous réfléchissons à leur activation. Léa a décrit son travail et son patron comme très exigeants. Beaucoup de pression, nous a-t-elle dit. Mais, dans son trousseau, elle a trouvé de la persévérance, de l'amour du travail bien fait et de la créativité. Elle a réalisé qu'en fait elle aimait cette exigence, qui lui correspondait bien, dès lors qu'elle pouvait choisir comment elle voulait travailler. Notamment chez elle, le soir, une cigarette au bec. Alors, elle pouvait soulever des montagnes.

Le comprendre lui a redonné de l'énergie. Finalement satisfaite par ce qu'elle pensait être dérangeant. Et pour quelqu'un qui voulait devenir DJ en réaction à son actuel employeur, elle s'est trouvée finalement assez à sa place. Elle mixera, oui, mais pas dans l'immédiat. Elle a encore quelques cigarettes à fumer en préparant des présentations.

Elle s'est réapproprié les contraintes de sa vie et s'y sent de nouveau chez elle pour se réaliser comme elle est.

Bernard veut agrandir sa maison. La persévérance est sa vingt-troisième force. Il le dit lui-même : le bricolage n'est pas son truc. Il commence volontiers, mais ne termine jamais ce qui lui casse les pieds. Dans son trousseau, on trouve en tête la fidélité, le leadership et la reconnaissance de la beauté. Quel peut être le lien entre un Velux à poser, un chauffage au sol et la fidélité ? En fait, Bernard préfère mille fois faire ses travaux avec des amis que de passer commande à des gens qu'il ne connaît pas. Du coup, il y en a un qui fait les plans, l'autre la peinture, le troisième les chapes de béton. Dans leur bande, il y a une très forte entraide. Il est donc assez naturel, pour Bernard, de demander de l'aide ouvertement aux autres. Sa détermination à entraîner compense son manque d'assiduité. Il rappelle, incite et facilite l'intervention des uns et des autres. Pour activer sa reconnaissance de la beauté, il est moins regardant sur la durée du chantier que sur le plaisir de le faire à plusieurs. Derrière une banale rénovation se cache l'activation d'un réseau amical pour nourrir la détermination de son propriétaire à faire entrer plus de lumière dans sa maison.

Chacun son style. Chacun *votre* style. Et même si le résultat de nos actions peut ressembler à celui d'une autre personne, il se passe tout à fait autre chose dans nos raisonnements et notre expression. La liberté, le respect de soi et la qualité de l'expérience se croisent au carrefour de nos facilités naturelles.

ÉMOTIONS POSITIVES

On note aussi un lien entre les forces de caractère et les émotions positives, indispensables à notre épanouissement. L'activation de certaines de nos forces nous procure plus d'émotions réjouissantes que d'autres : l'humour, le courage, la capacité à aimer et être aimé, la joie de vivre, l'optimisme et l'intelligence sociale. Grâce à elles, nous nous relions et nous nous dépassons.

Eh oui, c'est toujours en faisant rire les autres ou en se sentant sexuellement attirant que nous nous sentons les plus légers. Et les forces qui font appel aux émotions, du reste, comme l'amour et la gratitude, nous procurent plus de bien-être que celles qui font appel à la réflexion, comme la créativité ou l'appréciation de la beauté. Nous verrons pourquoi au chapitre « Aimer tous azimuts ».

En cas de souffrance, certaines forces nous permettent aussi de mieux faire face. Pour un désordre physique ou physiologique, c'est l'activation de notre courage, de la gentillesse et de l'humour qui nous soutiendra le mieux. Pour une difficulté psychologique, c'est l'appréciation de la beauté et l'amour de l'apprentissage qui nous aideront le plus à nous en sortir. Pour recommencer à voir de la grâce dans les petites choses et nous changer les idées.

Je comprends donc mieux comment, lorsque j'ai vécu des ruptures professionnelles (fins de projets, licenciement, réorganisations stressantes, etc.), ma résilience s'est mise en place en allant me renouveler. Activer mon amour de l'apprentissage (la neuvième force dans ma liste) et compter sur mon amour de la beauté pour me forger une nouvelle réalité plus conforme à mes goûts m'ont en effet permis de repartir dans une autre direction. Parfois totalement de zéro.

Lorsque, au milieu de mes études, j'ai dû changer de ville, perdant ainsi mes amis et mon entourage familier, je me suis formée au massage pendant trois mois. Lors de mon premier licenciement, alors que j'étais consultante en qualité de service, je me suis inscrite à un cours de couture d'ameublement et suis devenue « ridologue » (spécialiste des rideaux). Quelques épisodes plus tard, alors que je créais des sites Internet, mon département et mon équipe ont été compressés. C'est là que je me suis formée au management du développement durable. Enfin, après la suppression de mon poste en développement durable, je me suis plongée dans les découvertes de la psychologie positive. Avec le recul, j'observe par ailleurs que si je prends la peine d'aller apprendre quelque chose, il y a de fortes chances pour que je m'en serve. Donc que je reprenne ma route avec la confiance des débutants.

Nous sommes chacun le produit de nos gènes et de notre environnement, mais les neurosciences savent désormais que nos particularités sont plus riches encore. Pour en comprendre l'influence, des chercheurs ont étudié le cerveau de quarante souris génétiquement identiques qui ont grandi et vivent encore dans le même environnement. Exactement le même.

Pourtant, chacune a développé ses propres connexions neuronales entraînant des comportements qui lui étaient propres. Ces différences se manifestent notamment dans l'hippocampe, cette partie du cerveau qui pilote l'apprentissage et la mémoire. Et plus les souris vieillissent, bien qu'elles vivent dans les mêmes conditions, plus ces différences s'affirment.

Ce que cette étude révèle de nouveau est, d'une part, que le cerveau ne cesse d'apprendre. Il n'existe pas de moment ou de seuil où nous arrêtons d'évoluer, pouvant ainsi considérer qu'à partir de là, nous sommes qui nous sommes, un point c'est tout. Adultes, nous créons de nouvelles connexions cérébrales jusque dans notre grand âge. Notre pouvoir de progression est constant.

D'autre part, même si nous évoluons dans des environnements très riches en expériences identiques à celles de nos frères et sœurs, collègues de bureau ou voisins, nous allons choisir une combinaison unique de celles qui vont nous conditionner à vivre d'une façon ou d'une autre. Assister à deux à la même scène n'a jamais garanti qu'elle aurait sur chacun de nous des effets identiques. On sait désormais qu'elle va influencer à la fois qui nous sommes et qui nous sommes en train de devenir, renforçant ainsi notre singularité et notre repertoire de réponses.

Nos forces sont arrivées dans nos vies en même temps que nous, puis se sont aiguisées et développées. C'est ce qui fait notre originalité, nous donne notre style d'action et notre potentiel de floraison, c'est la première famille de nos super-pouvoirs.

2

Nos talents exclusifs

Mais sans questionnaire ou en plus du questionnaire, comment découvrir et honorer les autres atouts de sa personnalité ? Nous ouvrons ici le second coffre de nos super-pouvoirs, celui de nos talents.

Si une force nous accompagne dès le berceau, les talents tels que nous les entendons ici se sont révélés au cours de nos actions. Leur éventail est encore plus vaste que celui des forces de caractère. En fait, ils sont propres à chacun et il n'en existe pas de liste exhaustive. Ils se composent des facilités présentes dans notre corbeille dès la naissance et des ajustements qu'ont produits les expériences de notre vie : les meilleurs, les plus banals, et même les pires. On découvre ce dont on est capable en marchant. Sans le savoir, sans se voir faire, mais petit à petit, nous devenons de plus en plus adroit en surmontant les obstacles et imprévus.

Les talents se révèlent lorsque nous sommes en mouvement, dans l'exercice de ce que nous faisons. Ils mélangent nos compétences avec des caractéristiques de notre personnalité.

Une compétence est quelque chose que l'on fait bien. Généralement acquise et nécessaire à l'exercice d'une activité : parler anglais, créer un tableau Excel, ranger des assiettes, traverser la rue. Un talent est une façon de faire dont on ne peut pas se passer. On ne nous l'a pas enseigné, nous l'avons développé. De nouveau, c'est une question de patte personnelle. Par exemple, avoir une orthographe et une grammaire irréprochables est très utile pour écrire un texte, mais ce qui fait un bon roman, c'est l'élan unique qui mélange les émotions à l'histoire pour nous amener quelque part. C'est le talent de l'écrivain.

LE STRENGHTSPOTTING

Robert Biswas-Diener et ses collègues coachs pratiquent activement le *strenghtspotting* : détecter les forces et les talents. Plus qu'un instrument, c'est un processus qui allie des questions simples à notre sens de l'observation et un peu de vocabulaire.

Quand on cherche à débusquer des qualités et potentialités, les questions tournent toujours autour de la même idée : extraire de nos meilleurs souvenirs et expériences nos modes de fonctionnement optimaux. Le vocabulaire pour définir les talents est alors totalement ouvert. On peut même jouer à inventer des mots. Laisser libre cours à sa créativité au cours de cet exercice revient à polir notre diamant intérieur pour en révéler toutes les facettes.

Par oral et à plusieurs, le *strenghtspotting* est plus facile. À deux, c'est déjà formidable.

Pour lancer le détecteur, on pose (ou on se pose) trois questions :

1. Quelles sont réalisations ou activités qui me rendent particulièrement fier ?

2. Qu'est-ce que je trouve excitant dans ma vie en ce moment ?

3. De quoi ai-je à me réjouir dans les jours qui viennent ? C'est à dire, qu'est-ce que j'attends avec impatience ?

Et là, on raconte !

CLIGNOTER

En répondant, en se racontant, si on touche un de nos talents, tac ! c'est parti. On s'anime. Le débit s'accélère, les mains s'agitent, on se redresse. La voix devient plus aiguë (même légèrement). Les yeux s'écarquillent et les sourcils se relèvent. Le corps tout entier est engagé, on sourit et on rit plus. La diction devient plus claire et le vocabulaire s'enrichit de métaphores. Car lorsqu'on pénètre dans cette zone, que l'on connaît mieux que les autres, on y est agile, précis et imagé. Même sans chercher à identifier ses forces à tout prix, elles se manifestent dans les conversations du quotidien. Elles se mettent à clignoter.

Cet après-midi, par exemple, je rendais visite à Natalie, une amie qui joue souvent pour moi le mentor professionnel. C'est avec elle que j'échange et auprès d'elle que je viens chercher conseils et recadrages dans le pilotage de ma petite entreprise. Nous passons en revue mes derniers engagements, conférences, séminaires, propositions, organisations administratives, etc. Puis je lui raconte mes découvertes de la semaine. Ma première animation d'un coaching collectif réunissant plusieurs centaines de personnes et la démonstration d'un outil informatique d'aide à la décision utilisé par la CIA. Indéniablement, je viens de toucher quelque chose. Je me redresse, et elle aussi, du reste. Je parle plus vite, je décris, je raconte, je m'excite. Elle me suit, elle rit, ses grimaces reflètent probablement les miennes et je nous sens très engagées.

Spontanément, elle conclut ce passage en m'encourageant à ouvrir sans cesse des pistes nouvelles. Qu'il s'agisse de pratiques d'animation ou d'outils, je suis une novice éternelle. Je me concentre plus et suis tellement plus stimulée à l'idée d'essayer quelque chose pour la première fois. J'exerce une forme de culot qui me pousse à l'action vers l'inconnu. Dans un restaurant, je commande ce que je ne connais pas. Dans un quartier, j'emprunte des rues que je ne reconnais pas. Il ne s'agit donc pas d'une compétence, mais bel et bien d'une façon de faire. Natalie et moi ne nous retrouvons pas pour détecter nos talents, mais pour échanger sur ce qui est en cours. Pourtant, un simple récit peut se transformer en *strenghtspotting*. Si le corps et l'esprit prennent le relais de l'histoire pour l'enrichir et se déployer, nous y sommes.

De plus en plus de coachs accompagnent leurs clients sur ces modèles, basés sur les forces de vie. J'ai le souvenir d'avoir fait un bilan de compétences assez conventionnel dont la conclusion était que je ne trouverais pas facilement chaussure à mon pied dans le monde du travail. Qu'il me faudrait du sur mesure. J'entends encore la consultante me dire, après des semaines à rédiger CV et autres listes de tâches maîtrisées : « Avec vous, ça va prendre plus de temps, il va falloir revenir. » Je n'ai plus jamais remis les pieds dans son bureau.

La psychologie positive contribue en grande partie à ce nouveau regard porté sur ce qui nous anime. On ne cherche plus seulement à se caser, on veut s'épanouir en offrant le meilleur de soi à un projet ou à une organisation. Et le meilleur se trouve dans ce qui nous donne la sensation de vivre. Mais se poser ces questions-là tout seul n'est pas si simple. Et le feed-back, dans ce domaine, est formidablement enrichissant. Nous ne sommes pas toujours les mieux placés pour repérer nos talents. Ils nous sont tellement habituels que, la plupart du temps, nous ne savons pas qu'il s'agit d'un super-pouvoir.

LE STAGE ARISTOTE

J'ai de la chance. Je commence par là, car le point de départ de cette aventure est bel et bien un mélange de hasard et d'activation de ma curiosité. J'ai, dans ma vie, de vieux amis. Un vieil ami n'est pas forcément vieux, mais on se connaît depuis longtemps. Parmi eux, il y a Stéphane Dieutre, que j'ai rencontré il y a plus de trente ans. Nous nous sommes suivis, de près, de loin, pour faire la fête, pour travailler ensemble aussi parfois. Nous avons grandi. Avons continué à nous développer et, comme vous, sommes toujours en train de mûrir et d'apprendre.

La spécialité professionnelle de Stéphane a longtemps été l'innovation. Hypercréatif, il a mis son talent au service de la publicité autour des questions de santé, du développement durable et des causes partagées. Il est intuitif et déductif. Il sent, il comprend et il conclut. Mieux que ça, il conceptualise. C'est pour cela que l'innovation lui va si bien. Sans le faire vraiment exprès, de ce qu'il perçoit il extrait une image que l'on voit aussi clairement que lui, ou l'appellation qui sonne juste. Il y a quelques années, ses expériences et explorations l'ont poussé à mettre cette combinaison de forces uniques au service non plus des marques, mais des individus. Il s'est formé pour devenir psychothérapeute.

Quand j'ai demandé à Stéphane de me raconter le chemin qui l'avait amené jusqu'au stage Aristote, il a conclu le récit de sa vie en me disant : « J'ai trouvé ma trompette. » La musique joue enfin dans sa tête... Lorsqu'on croise quelqu'un très à sa place, ça se voit, ça se sent, et c'est attirant. On a envie, ne serait-ce que quelques instants, de profiter de son rayonnement. Sa trompette, quand il en parle, je l'entends. Elle joue la musique de toute son expérience.

Nos préoccupations communes nous ont une fois de plus rapprochés. Stéphane appartient à mon groupe de progrès que je vous présenterai plus loin. J'ai donc assisté à la genèse d'un programme de connaissance de soi qu'il a créé, le stage Aristote, construit autour d'une citation de ce dernier : « Là où vos talents et les besoins du monde se rencontrent, là se trouve votre vocation. »

L'objectif de ce programme est de détecter ses talents. Qu'est-ce que nous avons chacun de totalement unique ? Et comment ce ou ces talents peuvent-ils s'exprimer dans la vie professionnelle ? Stéphane me propose d'être cobaye de sa première édition. Et je m'y inscris, évidemment.

Pour les trois jours à venir, nous serons huit, une moitié de femmes, une moitié d'hommes. Nos chaises forment un cercle. On ne se connaît pas. Chacun a vaguement un lien avec Stéphane, et n'a aucune idée de ce qui nous attend. On est toujours curieux de savoir ce qui se passe dans un séminaire de ce genre. Ne comptez pas sur moi pour vous le raconter. J'aime trop les surprises pour dévoiler la fin de l'histoire à ceux qui n'ont pas vu le film. Je dirai juste que la méthode employée est riche et variée. Que l'on s'y pose les vraies questions et que j'y ai, pour ma part, découvert des talents que je n'avais pas encore identifiés.

J'ai travaillé pendant ces trois jours avec un groupe de personnes toutes très différentes. Ne pas se connaître crée une écoute unique. Sans a priori, on est beaucoup plus attentifs aux particularités de chacun. On m'a désigné un partenaire, Thierry, et nous sommes devenus, pour trois jours, le miroir l'un de l'autre.

Tout, dans ce programme, tourne autour du meilleur et du plus particulier de soi. Qu'on se remémore le jour où on a été reçu à son permis de conduire ou une conférence animée devant trois cents personnes, nous égrainons nos situations uniques. L'angle de ce stage Aristote est professionnel, mais, sournoisement, c'est toujours la même personne en nous qui a besoin de s'exprimer pour gagner sa vie ou pour la vivre. Mais quelle personne, précisément ?

On explore les moments où on s'est senti pleinement soi pour en trouver les points communs. C'est le démarrage du processus. Dans la liste de ces moments, j'ai raconté l'écriture d'un article, les trois premières semaines de vie dans notre nouvel appartement, marteau à la main, l'organisation du dîner annuel des mercis à la maison, le premier séminaire de bonheur que j'ai animé chez Canal +, des discussions l'été, à la belle étoile, et quand je chine dans les brocantes. Dans toutes ces situations, de l'intérieur, c'est fantastique d'être moi. Et lorsque je range le plan de travail pendant que les plats mijotent, signalant que le gros de la cuisine est terminé, je signe aussi un moment de talent.

Qu'est-ce qui rejoint ces activités disparates ? Seule l'écoute de Stéphane, de Thierry et de nos acolytes m'a permis de le voir. C'est la théâtralisation. À chaque fois, il y a une forme de mise en scène. La créativité est partout, mais elle fait partie de mes forces ; alors, cuisiner n'est pas pour moi une tâche domestique. Écrire, planter des clous, sélectionner des objets ou concevoir un séminaire est pour moi tout aussi créatif.

Mais pas seulement. Il y a quelque chose de plus qui me met dans la peau d'un personnage qui…

Quand je fais bien ce que je fais, je joue à le faire. Comme lorsque j'écris dans le train. Mes efforts ne se voient pas. Mes convives ne sentent pas les heures d'épluchure, mes participants les mois d'études nécessaires pour bâtir un programme, mes visiteurs les années passées à mûrir mon intérieur. Il y a, dans mes activités, un mélange de naïveté et de méthode, d'enfance et de professionnalisme, de pied de nez et de leadership. Le carrefour de mon talent génère de la légèreté bétonnée. On ne me prendra jamais en train de me prendre au sérieux. Si c'était le cas, dites-le-moi, car je ne suis pas faite pour ça et je sais que ça ne m'irait pas.

Ensuite se pose la question de ce à quoi je peux appliquer ce style particulier. Là aussi, une succession de feed-backs et de réflexions m'a permis de rétrécir l'entonnoir. Je me lève le matin au son de : « Tu te rends compte, les gens ne savent pas que… » Et là, hue cocotte, j'ai vraiment envie d'aller leur apprendre ce qu'ils ne savent pas encore. Ça marche à peu près pour tout ce que j'entreprends professionnellement.

Des chroniques sur l'alimentation, un blog pour savourer sa vie, ce livre, mes ateliers de psychologie positive, mon émission de cuisine, des conférences sur tous ces sujets et des articles réguliers. Je partage ce que je sais. Toujours. Je n'assimile pas si ça ne me servira pas pour d'autres. Un côté Flo-les-bons-tuyaux. Je partage mes recettes, je refile mes adresses, je signale les nouveautés. J'opère en sentinelle.

Mais pas n'importe comment. Je crée une pédagogie qui donne du souffle et je transforme le simple en attrayant. J'emballe l'information avant de vous la tendre. C'est l'une des manifestations de ce talent. J'interprète, je joue avec le vocabulaire. Choisir les mots, par écrit ou par oral. Je n'ai jamais vraiment appris à le faire, mais raconter se compose pour moi comme une musique, surtout si elle nous et vous entraîne vers de nouveaux paradigmes. Je suis appelée par les nouvelles façons de faire dès lors qu'elles peuvent nous alléger la vie.

C'est tellement inhabituel de se présenter à partir de ce qu'on fait bien que ça n'est pas hyperconfortable. J'entends une petite voix qui me dit : « Mais ça ne va pas, on ne parle pas de ces trucs-là à des gens qu'on ne connaît pas. Ça ne se fait pas. » Pourtant, il faut bien s'habituer à reconnaître ses qualités pour avoir le plaisir les déployer.

LE FREIN DE NOS CROYANCES

Revenons à Stéphane. Son plus jeune frère était le créatif de la famille. Du coup, chez eux, les rôles étaient clairs. Stéphane étudierait le commerce, son frère la musique. C'est ce qu'ils ont fait. Sauf que tous les deux étaient créatifs. On n'a pas besoin de jouer de la musique pour être artiste. Mais Stéphane ne le savait pas. Il nous raconte qu'il a mis presque vingt ans à neutraliser la voix qui le lui répétait. Et qu'il faut parfois être passé par toutes les couleurs de l'arc-en-ciel pour se rendre à l'évidence. Il lui est impossible de ne pas créer à sa manière. Son censeur intérieur a fini par changer de rengaine.

Nous avons tous une ou plusieurs de ces croyances qui nous rappellent à l'ordre. Eh oui, elles sont souvent le fruit de ce qu'on nous a dit, de ce que nous avons cru ou déduit des paroles ou des actes de notre entourage ou tout simplement de nos peurs.

J'en trimbale pour ma part plusieurs :

- « Tu ne finis pas ce que tu commences. »
- « Tu ne sais pas dire stop. »
- « Diriger une entreprise, c'est sérieux, donc ça n'est pas pour toi. »
- « Si ce que tu fais te plaît, tu ne vas pas en plus gagner de l'argent à le faire. »

Et ces quatre croyances grignotent tranquillement l'expression de mes talents.

C'est probablement la première dont le domptage est en meilleure voie. Car reconnaître la faiblesse de ma persévérance m'a permis d'accepter mes zigzags. J'ai remplacée la phrase par : « Tu termines tout ce qui en vaut la peine. » Oui, je peux aussi être l'arbitre de ce qui vaut ou ne vaut pas la peine de me faire suer. Non mais !

La deuxième croyance perdure. J'aime tellement commencer que j'ai très peu l'habitude d'arrêter. Les relations, les projets, les négociations. Je conserve l'impression de me faire entraîner au-delà de ce que je veux vraiment.

Mais, là aussi, à bien y regarder, si j'y suis encore, c'est que la souffrance n'a pas encore englouti la joie. J'ai souvent peur de fermer des portes sans savoir ce que l'ouverture d'autres portes me réserverait. J'ai la vue un peu courte, alors je ne lâche pas facilement ce que j'ai entre les mains.

Diriger une entreprise, quel programme. « Diriger mon entreprise » est pour moi presque un gros mot. C'est une phrase qui pèse une tonne. Je ne dirige pas, Madame, je pilote. Soit. J'en ai peur car c'est sérieux. Ce que je sens de plus en plus fortement au cours de ce séminaire, c'est que ça n'a pas besoin de l'être. Et ainsi j'en ai moins peur. En sortant de ces trois jours de stage, c'est peut-être le plus grand changement que j'ai perçu. Présider ma petite entreprise comptait plus pour moi que ma vilaine voix ne me permettait de l'admettre, mais il n'y avait aucun problème à jouer à le faire. Qu'est-ce qui m'empêche de tenir ce volant, s'il n'y a qu'une question de terminologie pour me laisser en paix ? Mais, il ne faut pas que ça soit sérieux. Pour l'instant, aucun problème de ce côté-là. C'est bordé. Mais je ne peux pas prétendre me rendre à mon travail sous la contrainte. Je m'amuse à y aller. Et je le fais de plus en plus à ma façon, sans me dire que le monde me regarde, parce qu'au fond, le monde se fout bien de comment je m'y prends.

La dernière phrase a encore besoin d'être travaillée. Elle est coriace, celle-là. D'où me vient-elle ? Pas très sûre. Certainement d'avoir été élevée dans un environnement privilégié. Chez moi, la génération au-dessus était « exprimée ». Ils ont tous fait plein de choses, ensemble parfois. Dans l'expression de leurs talents ou de leurs envies, ils étaient libres. Libres et à l'abri.

Comme d'autres parents, ils nous ont dit que ce qui comptait était d'être heureux, que beaucoup d'autres ne l'étaient pas. J'ai associé le tout dans mon fromage de tête en croyant dur comme fer qu'on ne va pas gagner sa vie convenablement en plus de kiffer son métier. Et je reste handicapée dans l'évaluation de la valeur de mon travail.

Quoique, là aussi, par la force des choses et mes réelles responsabilités, j'arrive désormais à parler d'argent. Ça commence à rentrer. Encore au nom de la nécessité, comme si je devais toujours m'en excuser, mais non seulement j'en parle, mais parfois je m'amuse même à le faire. De nouveau, merci Aristote. L'idée du jeu me sauve de mes pires prisons. En ne me prenant pas au sérieux, j'avance plus vite et plus loin. Il m'a fallu ce séminaire pour le savoir. Jouer à… est l'un de mes super-pouvoirs.

Et pour ce qui est de ce chapelet de freins intérieurs, comme dirait l'autre : « Ne crois pas tout ce que tu penses. »

CHACUN SON TRUC

Mes camarades n'ont pas été en reste. Thierry, entrepreneur autodidacte, est reparti avec une nouvelle tenue, un croisement entre un bon samaritain et un général d'armée, au point que nous l'avons surnommé « abbé Patton ». Voilà un homme dont les talents sont le commandement et la remise sur pied d'âmes perdues. Il a compris qu'il devait réconcilier ces deux morceaux pour la prochaine étape de sa vie.

Muriel, elle, deviendra probablement doula. Son talent profond est d'accompagner la préparation à la vie. C'est assez unique comme caractéristique. Elle dirige aujourd'hui les études marketing d'un labo pharmaceutique. Elle a trouvé dans cette nouvelle perspective une planète pleine d'oxygène. Reste à construire le vaisseau pour s'y rendre. Ça lui prendra probablement du temps, mais maintenant elle sait vers quoi elle va.

Denis, pour sa part, vendait des stores en arrivant. Il est reparti « initiateur à la nature » pour accompagner des groupes en randonnées, expéditions instructives et découvertes de la faune. C'est un homme du dehors, cultivé au naturel, pressé de transmettre. Il ne se l'était jamais avoué aussi simplement.

Un des facteurs qui a largement contribué à nos avancées dans ce séminaire est le profil du capitaine. Être guidé par quelqu'un qui a lui-même cherché, pour ne trouver certains morceaux de lui qu'au fil de sa route, permet d'exposer ses doutes et hésitations. Tous les super-pouvoirs ne tombent pas du ciel. La plupart relèvent plutôt de l'archéologie que du miracle. Il faut creuser et épousseter pour les révéler. L'âge aidant, Stéphane décrit bien ce qu'il a compris. « Il me restait à peu près vingt ans d'exercice professionnel. J'ai eu envie d'être dans l'accompagnement de l'humain en sachant que si je ne le faisais pas, je me serais amputé de quelque chose. » En revenant sur ses premières amours, il s'était inscrit en fac de psycho. Avait « surglandé » cette année-là, puis s'est inscrit à HEC. Il venait, sans s'en douter, de mettre un coup de sécateur sur une pousse vivante. « Mais la sève ne meurt pas. Et elle finit par repousser. Pas sans douleur, du reste. Ce qui reste dans la graine finira par percer la carapace. Le plat repasse, et c'est le moment de se servir. De retrouver la vie là où on l'a laissée. Faut pas se la raconter, le meilleur vient de nos pires douleurs, parfois. »

Il en a fait son métier. Détecter les talents des autres, raviver la graine, aider à mûrir l'unique en soi. Par ce programme, il fait appel à l'intelligence collective du groupe pour accélérer le processus.

Particularités particulières

De façon beaucoup plus légère, j'offre aux participants de mes ateliers une expérience très personnelle de leurs talents. Le pouvoir de notre patate vient de là. De ce qui n'appartient qu'à nous. Fruit de nos épreuves, expériences, coups de chance, génétique et personnalités. Je n'ai jamais vu deux personnes se décrire de la même façon.

À Nancy, j'ai rencontré Odile et Nadine, deux femmes parfaitement à leur place. Odile a d'abord fait une carrière d'infirmière. La première formation qu'elle se rappelle avoir espéré suivre était l'accompagnement des personnes en fin de vie. Sa hiérarchie le lui a refusé, arguant que cela ne servait à rien dans un hôpital… Elle n'a pas baissé les bras, mais a choisi un autre chemin. Quelques années plus tard, elle a appris la sophrologie pour guider les autres et les soulager. De fil en aiguille, et en toute continuité, elle a changé de métier puis a enfin trouvé l'application centrée sur ce qu'elle cherchait. D'après l'inventaire des forces de caractère, son trousseau de clés contient la curiosité, la gentillesse, la spiritualité, la reconnaissance de la beauté et le pardon. Odile est aujourd'hui aumônière d'hôpital.

Nadine est assistante sociale. Quand je lui ai demandé ce qui lui avait procuré le plus de bonheur l'an dernier, elle a évoqué une jeune collègue qu'elle avait aidée à s'affirmer. Un parcours compliqué mais victorieux. Et, pour l'année suivante, elle jubilait presque en expliquant qu'il y en avait une autre dont elle allait pouvoir s'occuper. Ses cinq forces dominantes sont l'humour, la capacité à aimer et être aimée, l'optimisme, la gentillesse et le zeste.

Ce qui rend ces femmes si attachantes est la joie qui émane de leurs récits. De tous leurs récits. Quand Nadine raconte à quel point elle aime dormir contre son mari, nuit après nuit, pour se ressourcer. Ou Odile lorsqu'elle décrit cette centaine de personnes auxquelles elle rend visite en ce moment, la dizaine en train de partir et qu'elle porte dans son cœur à chaque instant ou encore celles qui, lorsqu'elle entre dans une chambre, lui donnent la sensation qu'on l'attendait, illuminant l'importance de sa mission, ce jour-là, à cet endroit précis. Un instant qui donne un sens profond à sa vie et à ses actions.

Tous uniques

À Liège, en Belgique, j'ai rencontré Cédric, le « pare-chocs », qui révèle son talent dans les moments de difficultés au cours desquels il protège les autres. Il entraîne, contre vents et marrées, en passant le premier.

Benoît est un « organisateur de chaleur ». Il fête l'anniversaire de tous ses collaborateurs, soutenu par des outils d'information qui le protègent des impairs, car il sait qu'un anniversaire oublié a beaucoup plus de poids que tous ceux dont on s'est souvenus. Il trouve son bonheur à motiver ceux qui l'entourent.

Catherine aime transmettre quand elle travaille et jardiner quand elle ne travaille pas. Jardiner est pour elle un moment créatif. Mais quand on lui demande comment elle exerce sa créativité dans son travail, elle n'en a aucune idée. Elle a une petite voix qui lui raconte beaucoup de salades. Il est temps de l'explorer pour peut-être la contredire. Je l'encourage à chercher.

Paul, aussi, se sent hyperefficace dans les gestions de crises. Si « ça pète », c'est l'occasion de tout reprendre, les idées, les *process* et les gens, pour exercer sa diplomatie, son écoute, son bon sens et sa persuasion. Il collecte pour rassembler, synthétiser et sauver la situation. Super-Paulo.

À chaque fois que Céline a triomphé (championnat de France de tir à l'arc, résultats professionnels salués, etc.), elle est toujours « restée en contact » avec son entraîneur, ses managers ou ses collègues. Le super-pouvoir de Céline est de travailler ses relations pour qu'elles durent longtemps. Lorsqu'elle réussit, elle s'attache, et lorsqu'elle s'attache, elle réussit. Toujours. C'est en strenghtspottant qu'elle a débusqué sa ventouse.

Nommer ce que l'on est de particulier permet d'apprendre à compter sur soi. Aller jusqu'à donner un nom à nos pouvoirs nous rassure et nous permet de créer par la suite les conditions qui vont les révéler.

THE SCHOOL OF LIFE

À Londres, il existe une boutique parquée entre un restaurant thaï et une épicerie : c'est « l'école de la vie », The School of Life. Au rez-de-chaussée, une librairie traversée par des troncs de bouleau pour soutenir le plafond. Sur les étagères, des livres pour voyages intérieurs. Un guide du Londres silencieux. Des rayons organisés : nature, âme, famille, mort, créativité. Des modes d'emploi en tout genre, dont la boîte à outil de vie maison : s'épanouir à l'ère numérique, penser plus au sexe, rester sain d'esprit, trouver un métier qui vous plaît, changer le monde… Au sous-sol, il y a une salle de classe à la déco inspirée.

Le créateur de ce lieu s'appelle Alain de Botton et tout ici est de bon ton pour réfléchir sur soi. On parcourt les rayonnages une *cup of tea* à la main avant de s'entasser en bas. Je suis venue de Paris pour participer à l'atelier « Exprimer son potentiel ». L'animateur est tout à la fois acteur, tricoteur et formateur. Il a voulu vivre des pulls de chanvre qu'il tricotait à la main. Avec ses mains. Des chemises, aussi. Mais une chemise tricotée… Flop total.

Toujours est-il qu'il se mouille. Il a essayé, en s'appuyant sur ses ressources, comme sa grand-mère, seule personne de son entourage à pouvoir lui apprendre à manier des aiguilles. Et une fois qu'il a eu vraiment essayé, alors seulement il a choisi de se résigner. Et surtout de ne pas le regretter. Son humour énergique illustre à quel point les gens qui sont « passés par là » sont légitimes pour entraîner les autres à se lancer. À oser.

Il commence un programme qui se déroule au pas de charge.

« Nos ancêtres avaient comme problème principal de se trouver à dîner, les bienheureux. Aujourd'hui, les crises existentielles se multiplient et les avocats veulent devenir pianistes. Nous sommes beaucoup plus nombreux à nous torturer pour choisir que faire de nous-mêmes. Non ? » Sourires dans la salle. Touchés ! Honoré de Balzac affirmait que les vocations manquées déteignent sur l'existence. Les super-pouvoirs verrouillés aussi.

« Qu'est-ce qui vous turlupine, nous demande John Paul, l'animateur ? Qu'est-ce qui vous manque ? »

Savoir maintenir mon enthousiasme et me renouveler pour ne pas m'ennuyer, me dis-je.

« Prenez ce besoin au sérieux, nos envies ne sont pas des coquetteries. Qu'il s'agisse d'un hobby à dominer ou un métier à trouver, nous devons tout considérer comme une aventure. Quelle est la force chez vous qui motive ce désir ? »

Me sentir vivante et en découverte. Il me faut des choses à apprendre.

John Paul nous rappelle que, comme dans un mariage, on vit avec soi pour le meilleur et pour le pire. On doit donc faire avec soi-même, tel qu'on est.

Il enchaîne sur nos métiers. Travailler, trop souvent, nous permet de porter une étiquette. À tel point que, lorsque les gens se rencontrent, ils se présentent en racontant ce qu'ils font. Mais franchement, est-ce que nous aimons que les gens nous parlent de leur travail ? C'est souvent très ennuyeux. À la question « Que faites-vous », on peut aussi répondre : « Mon pain. » S'interroger sur ses désirs ne se résume donc pas au métier que l'on veut exercer.

Il nous demande : « Que voulez-vous faire ? Avec qui voulez-vous être ? Qui voulez-vous être ? »

Excellente façon de décaler son regard. Plutôt que de viser un résultat, nous pouvons imaginer la qualité de l'expérience que nous voulons vivre. Des études ont démontré que nous réussissons beaucoup mieux si nous savons nous imaginer en chemin vers une victoire plutôt que sur le podium d'arrivée. Car en rêvant du chemin, on voit mieux le décor, les gens qui nous entourent, ce par quoi nous sommes déjà passés, les difficultés que nous risquons de rencontrer. L'anticiper nous facilite la route.

J'y réfléchis : je veux travailler et me ressourcer auprès de gens qui m'inspirent, avec lesquels je peux rire. Je souhaite aussi que mon travail soit lu, entendu ou vu par d'autres. Je ne veux pas travailler dans mon coin et j'ai besoin de savoir que ce que je prépare servira à quelqu'un d'autre que moi.

Nous passons ensuite à la liste de toutes nos envies passées et non-réalisées : je voulais emmener mes enfants vivre en Californie, jouer la comédie comme Julie Andrews, savoir dessiner, avoir un talent qui me permettrait d'être nomade, acheter et vendre des antiquités…

Cet exercice est un appel à la vigilance. Une façon de guetter ce qui risque de nous revenir un jour à la figure sous forme de regret ou, pire, de suffocation. Tendre l'oreille pour écouter ce que nous ne voulons pas entendre. C'est une musique ancienne qui revient. Une balade familière. Un caillou dans la chaussure que nous feignons d'ignorer.

Les bases de nos aspirations sont désormais posées. Nous pouvons commencer à explorer les moyens pour en prendre le chemin.

Manger le cœur de son ennemi

Peut-on manger le cœur de son ennemi pour dérober ses super-pouvoirs ? Au sens figuré, bien entendu. John Paul nous demande d'identifier qui nous détestons. Nous prenons l'air offusqué. Comment, nous, détester quelqu'un ? Mais bien sûr qu'il y a des gens qui nous déplaisent et nous grattent là où ça fait mal.

En quoi vous déplaisent-ils ? Quelles sont leurs caractéristiques qui vous repoussent ? Si elles vous frappent tant ou si vous en avez souffert, ne pourriez-vous pas embrasser leur manière de faire pour les transformer, chez vous, en super-pouvoirs ? (Quand ces personnes m'ont dérangée, je les ai trouvées injustes, prétentieuses, odieuses, indifférentes ou illégitimes. Je n'ai pas aimé du tout.)

En racontant ces circonstances à son voisin, nous devons identifier les pendants positifs de ces comportements. La confiance, l'audace et le détachement lorsqu'ils foncent me semblent répondre à la question. Ces personnes me bousculent car je les sens capables d'avancer sans douter et je les envie. J'aimerais ne pas tout prendre à cœur, me poser moins de questions parfois et ne pas me préoccuper de ce qu'on pensera de moi. Je n'ai pas aimé leur assurance, et pourtant j'en vois bien les bénéfices. Et je peux m'en servir à mon tour.

Et la grâce de nos idoles ? Elle nous ressource aussi, car en portant un regard bienveillant sur ceux qui nous entourent, le succès des autres nous inspire aussi. Mais qu'est-ce que le succès ? Dans une maison en flammes, il consiste à trouver la sortie. Pour certains, réussir, c'est ressembler à ses parents ; pour d'autres, d'en être tout le contraire. Bref, tout est relatif.

Nous continuons donc en dressant la liste des personnes que nous admirons. Le temps est compté, je réponds vite : ma grand-mère, mon fils aîné, mon mari, ma grande sœur et Martha Stewart[1]. Pour chacun, trouver deux choses que l'on respecte chez eux.

- Mamie : poigne et tenue
- Arthur : liberté et autonomie
- Alex : culture et humour
- Pascaline : générosité et responsabilité
- Martha : variété et exigence

Eh bien, ce que nous admirons chez les autres correspond aux valeurs que l'on aimerait posséder ou que l'on aime chez soi. En effet, à bien y regarder, j'ai de l'appétit pour la tenue, l'humour, la liberté, la diversité, la générosité et l'efficacité. La poigne, je ne sais pas. L'autonomie, j'y travaille. Utiliser le reflet des autres comme miroir de ses super-pouvoirs est très efficace. Ça les rend beaucoup plus faciles à détecter. Aimer des choses précises chez les autres nous pousse à nous voir à travers eux et reconnaître la part de ce talent qui nous habite aussi.

Vivre vivant

Nous identifions maintenant les sept choses qui nous rendent vraiment vivants. Allons-y carrément : qui nous rendent vibrant. Dans ma liste : l'amour, écrire, dîner avec des amis, découvrir, rire, considérer la vie comme un spectacle et pédaler sur mon vélo. Qu'est-ce que j'aime dans ces activités ? La connexion aux autres, la création, la compli-

1. Papesse cathodique de l'art de vivre américain.

cité, le jeu et le mouvement. Ce sont mes forces de vie, d'inspiration et d'énergie.

Avant de venir à Londres, j'aurais dû réfléchir à trois embryons d'idées pour exprimer mon potentiel. Une pour me cultiver, les deux autres pour me réaliser. Je n'aime toujours pas les devoirs et ma résistance aux directives a été totale. Je n'en ai rien fait. Mais nous voici par groupes de trois pour explorer nos envies et choisir celle qui nous parle le plus et l'envisager grâce aux questions suivantes: Si vous saviez que vous ne pouviez pas échouer, que feriez-vous pour vous lancer ?

- De quelles ressources avez-vous besoin ?
- Qu'allez-vous faire dans les douze prochains mois pour faire exister ce projet ?
- Comment allez-vous le saboter ?
- Et dans les prochaines vingt-quatre heures, qu'allez-vous faire pour en prendre le chemin ?

Comme souvent, j'improvise. Je flirte avec l'idée de monter sur les planches. Retrouver la sensation de ces pièces de théâtre et comédies musicales auxquelles je participais au collège. Envie, jadis, d'en faire un métier, que j'ai balayée sous le tapis. Il y a certainement quelque chose à raviver.

Le soutien des autres

L'entourage est aussi un point clé. Comment trouver des mentors, des appuis, de l'inspiration et des alliés dans son cercle immédiat ou élargi ? Qui, dans la vie de tous les jours, nous apporte du soutien? Et à qui en apportons-nous à notre tour ?

L'impact du regard des autres reste un atout ou un frein puissant. Quels que soient les projets. Il y a des regards qui nous donnent confiance et qui nous aident à croire qu'il est possible de réussir. D'autres qui nous découragent. Nous listons simplement nos appuis et nos décourageurs.

Aujourd'hui, le tissu relationnel est devenu réseau. On ne parle plus que de ça. Pour le développer, le muscler, le travailler. Je préfère parler de faisceau. Un faisceau de personnes qui correspondent à un projet, parfois. Mais nous avons tous, au centre de cette toile, une garde rapprochée sur laquelle nous pouvons particulièrement compter. En mesurer visuellement l'impact est très intéressant.

On écrit son nom au centre d'une feuille. Autour, les noms des gens qui nous entourent dans la vie. Il y a ceux qui sont simplement là, ceux qui font mille choses pour nous, les coups de pouce sporadiques ou salutaires, ceux que l'on ne voit pas souvent mais dont les paroles nous ont toujours propulsés. Et on trace des flèches. D'épaisseur ou de couleur différentes. Certains arrivent droit sur nous, d'autres partent de nous. Le reflet le plus nourrissant de ce renfort est la réciprocité. Je commence à réaliser que certaines personnes m'apportent un soutien inconditionnel dans mes projets. D'autres ont plus confiance en moi que je ne peux l'avoir moi-même. Et je revis les moments où je leur ai parlé de ce qui me tentait : écrire de nouveau, partir jeûner, voyager en Birmanie, travailler avec Tal Ben Shahar, apprendre à me lâcher, etc. Leurs réactions, dénuées de doutes et bourrées d'encouragements, ont été sécurisantes. Mieux, elles ont contribué à m'autoriser à me mettre en marche. Par ce jeu tout simple, les contours de notre miroir positif se dessinent. Et nous réveillent.

Savons-nous par ailleurs être aussi encourageants envers d'autres qu'eux savent l'être à notre égard ? Soutenir peut prendre plein de formes différentes : avoir une idée pour quelqu'un ou échanger pour enrichir les siennes, se recommander les uns les autres, se passer commande, se bousculer et se rassurer. Je vois tout de suite, dans l'œil de mes interlocuteurs, passer le doute ou l'excitation. Cette lueur suffit parfois à lancer la machine.

Sur mon diagramme, je place ma garde rapprochée : mes enfants, des amis, des collègues, Stéphane, Véronique, Sabina, Arielle, Larry, Perla, Fanny, Ciche, Pascaline, Delphine, Agnès, Laure, Édith et Alex. C'est un premier jet. Mais, en creusant, il y a bien plus de participants à ce festival d'appuis. Si nous croyons autant les uns dans les autres, c'est parce que nous avons chacun des forces sur lesquelles les autres comptent. Des compétences et des potentiels que nous nous réjouissons de voir les autres activer pour eux-mêmes. Un climat de confiance solidifiant.

Lorsque nous avons un projet, allons le raconter. Car même si on ne peut pas nous aider dans l'immédiat, nos contacts sont désormais inclus dans notre aventure et vont forcément repérer ou nous signaler des choses qui pourront nous être utiles. Tout comme nous le ferions pour eux.

Les formules magiques se prononcent à voix haute

L'après-midi se conclut par un tour de piste.

- Qu'a-t-on retenu de plus important ?
- Quelle est, pour nous, l'idée à faire germer ?
- Quelle est la première étape, pratique, à accomplir ?

Nous avons déjà moins peur de nous exprimer qu'à la première *cup of tea*. Dans la dynamique générale, il est plus facile de rêver ensemble que lorsqu'on le fait seul chez soi. Certains sont venus car le présent les lasse, d'autres avec un soupçon d'envie, d'autres avec un vrai projet. La réflexion a pas mal avancé. Les premières étapes se sont resserrées sur des recherches à faire ou des alliés à informer. Dès ce soir, parler de son envie d'enseigner à sa femme, trouver un atelier d'écriture dans sa ville, dire – simplement dire – ce que l'on veut. Ma voisine se lève. Elle nous regarde : « Je veux devenir graphiste free lance. Est-ce que quelqu'un a besoin d'une graphiste free lance ici ? » La simplicité de l'audace a desserré son frein à main.

S'adresser à des inconnus facilite les aveux. Alors j'y vais.

J'ai appris qu'on vivait avec soi pour le meilleur et pour le pire et j'aime l'idée d'avoir la force de mes ennemis.

J'ai envie de faire du stand up. Seule en scène. Ouh là là. Et voilà, c'est sorti. Aurais-je dit un truc pareil à Paris ? Le dépaysement + le fait de m'exprimer dans une autre langue m'incitent à faire très simple. Direct. Quelle liberté. J'en reviens à peine. Je me racontais que je voulais participer à des pièces de théâtre, dans une troupe amateur, peut-être. Que j'aimerais jouer des rôles de vieilles dames quand je serai une vieille dame. Mais ça n'attendra pas aussi longtemps. Je veux faire rire et ressentir la vie en racontant ce que j'apprends quand je travaille. Comme je le fais déjà, mais en mieux, en plus exprimé, décoincé et fantaisiste. Me faire peur en me rompant à un exercice *a priori* effrayant. Je sens de la vie partout à l'intérieur de moi quand je me le dis comme cela.

La première étape ? Digérer la nouvelle et ensuite regarder ce qui existe comme façon d'apprendre à travailler la peur de se montrer vraiment. Et comme les chemises tricotées, au pire ça ne marchera pas, mais au moins, je ne regretterai plus de n'avoir jamais essayé. Je suis rentrée à Paris avec cette idée très sérieusement avouée. Julie Andrews, me voilà.

OSER DEMANDER

Encore un processus de détection de talents… La Ross School of Business de l'université du Michigan a créé un département d'organisation positive. Cette structure réunit une communauté de chercheurs qui étudient le fonctionnement positif des organisations et des entreprises, et s'intéressent de très près aux potentiels humains qui les constituent. Ils se concentrent sur comment travailler ensemble, réussir, générer un esprit positif ou restaurer l'espoir dans des moments difficiles. Quels bénéfices y a-t-il à se servir de ses forces de caractère ? etc.

Les chercheurs créent ensuite des outils pour que chacun puisse mieux se connaître. Dans leur catalogue, j'ai débusqué une petite perle spéciale super-pouvoirs, le Reflected Best Self Exercice ou RBSE® (« reflet du meilleur de soi-même »). Jusqu'à présent, tout ce que j'avais testé dans ce domaine était autodéclaratif et partait d'affirmations sur soi : je me sens ou me perçois comme ceci ou comme cela. Si se souvenir de situations vécues où nous avons été bons, heureux ou efficaces reste la meilleure boussole pour connaître ce qui nous épanouit, cette fois-ci le procédé est un peu différent. Il s'agit de faire appel à son entourage pour demander aux gens qui nous connaissent ou nous fréquentent de nous raconter des circonstances où ils nous ont vus être particulièrement bons, heureux et efficaces. Nous ne sommes plus en train de nous évaluer ou de nous juger. Cette fois, nous allons écouter ce que les autres ont à dire.

L'idée derrière cette opération est d'en sortir renforcé sur plusieurs plans :

- se sentir relié à son entourage ;
- découvrir de nouvelles forces ;
- mieux comprendre qui nous sommes lorsque nous nous réalisons ;
- découvrir à quoi nous ressemblons, vus de l'extérieur.

Aux États-Unis, demander aux autres de vous parler de vous semble tomber sous le sens. Mais ici, il n'est ni fréquent ni confortable de prier qu'on vous consacre du temps et de la réflexion pour un bénéfice que vous ne savez pas encore expliquer.

Les instructions vous mettent en garde, du reste : « Choisissez une vingtaine de personnes qui pourraient participer pour espérer recevoir une dizaine de témoignages. »

On identifie donc des âmes bienveillantes parmi sa famille, ses amis, ses collègues d'anciens jobs ou de celui du moment, ses clients ou fournisseurs, ou tout autre individu dont on imagine qu'ils nous ont vus en action. Il faut les contacter pour demander leur aide.

J'ai mis mes gants de velours.

Chers vous, j'ai besoin de votre complicité.

Parmi les circonstances qui nous ont réunis, professionnelles ou personnelles, pourriez-vous me raconter trois histoires (maxi) ou situations où, d'après vous, j'étais « à mon mieux » (« I was at my best ») ?

Dans un moment critique ou, au contraire, dans une situation banale. Nous sommes, vous et moi, probablement les seuls à les connaître. Il peut s'agir de défis, de charrettes, de grèves, de pannes, de maladies, de vacances, de créativité, d'intimité, d'invitation, de rire, de cuisine, de camping ou de tâches diverses et variées. L'objet n'est pas de flatter, mais d'identifier des similarités et des détails qui découlent d'éventuels traits de mon caractère.

C'est super bizarre comme demande et un tantinet galère, j'en conviens. Si vous choisissez de ne pas donner suite, c'est OK, mais dites-le-moi. Sinon, ça n'a pas besoin d'être long, juste sincère. Je croise les doigts et vous embrasse,

Floss

Ce mail est parti trente fois et j'ai reçu treize réponses. Le compte est donc bon. Me voilà rassurée. Mon entourage est statistiquement réactif.

Et là, surprise.

Par l'émotion, d'abord, de recevoir un récit détaillé de moments vécus ensemble qui ont marqué. La minutie des détails, des récits, des circonstances, parfois de micro-instants partagés et de leurs effets que j'avais, pour certains, déjà oubliés. L'impression de laisser une trace dans la mémoire d'autres gens était inattendue.

Se regarder vivre au travers de leurs yeux est très inhabituel et dépiauter tout cet écheveau d'histoires est un vrai travail. Car l'objectif est de trouver dans tous ces témoignages des points communs qui révèlent des traits de caractère positifs. Puis de les nommer. Autant je le fais avec entrain pour les autres, autant l'exercice sur soi déconcerte.

L'université du Michigan recommande de créer un tableau dans lequel on entre les histoires pour pouvoir les regrouper et les associer. Comme un travail d'enquête de personnalité.

Voici des situations qui m'ont été racontées :

- une cérémonie d'enterrement où j'ai exprimé mon amour, en pleurant, mais vaillamment ;
- un cours de couture que j'ai donné il y a quinze ans, sans savoir exactement ce que je faisais ;
- le jour de la naissance de ma fille ;
- des instants précis lors d'animation d'ateliers d'inspiration au bonheur ;
- la création d'une cérémonie pour accueillir ma belle-sœur dans le cercle des femmes de notre famille ;
- un soir, des vacances ou une autre occasion d'avoir été reçu chez moi ;
- des conversations rieuses ;
- des réunions de projets ;
- des expéditions au chevet de malades hospitalisés ;
- les dernières heures fatidiques avant le lancement d'un site Internet ;
- des confidences lors de crises amoureuses ;

- une protection prodiguée dans des moments de vulnérabilité ;
- ma cuisine pour vingt ou en maillot de bain ;
- des paroles rassurantes et inspirantes avant de marcher sur le feu ;
- la reconstruction de liens familiaux distendus.

L'important est de revisiter des circonstances précises. Il ne s'agit pas de soi en général, mais bien d'une réaction ou d'une activité à un moment spécifique : « Je me souviens du jour où tu… » J'ai proposé de faire le même exercice en retour pour ceux qui participeraient. Une seule personne me l'a demandé. Et j'ai trouvé cela très difficile. Je garde plutôt des souvenirs agglomérés de périodes que des situations partagées. Le fait qu'ils aient été capables de le faire m'a d'autant plus bluffée.

Relire tous ces moments donne l'impression de jouer à la marelle. On sautille entre les années, les lieux, les personnages, les activités, ses responsabilités et sa sensibilité. Mais, surtout, les raisons pour lesquelles on déploie de l'énergie sont parfois différentes de l'idée que s'en font les autres à l'arrivée.

Par exemple, chaque année, j'organise à la maison la « cuisine des mercis ». Il s'agit d'un dîner qui dépasse le cadre familial habituel, au cours duquel nous échangeons nos kifs. Nous partageons alors la gratitude que nous éprouvons. Ce dîner est une superproduction, car nous sommes vingt à table et que c'est pour moi l'occasion de cuisiner assez sérieusement. Inspirée par la tradition américaine de Thanksgiving, je rôtis chaque année une dinde de douze kilos, un monstre dont les ailes dépassent presque du four. J'y passe deux jours entre épices et épluchures, je commande des accessoires de décoration quelques mois plus tôt, la date se fixe soixante jours avant pour que tout le monde soit là, ceux qui vivent à l'étranger rentrent exprès, ceux qui ne peuvent vraiment pas venir suivent les échanges de kifs sur Skype, mes chandeliers sont astiqués, tout le monde contribue au menu, les générations se confondent et se célèbrent. Nous vivons une parenthèse gustative et émotionnelle sans égale.

Dans le processus du reflet du meilleur de soi-même, il nous est aussi demandé, pendant que les autres prennent le temps de nous répondre, de raconter à notre tour trois histoires où nous étions à notre mieux. L'organisation de ce dîner en fait partie pour moi. Il faut ensuite déterminer sur quelles qualités on s'est appuyé pour s'y réaliser.

J'y ai vu ma gourmandise, mon sens de la famille au sens large, ma puissance de feu et d'organisation ainsi que mon goût pour les jolies choses. Avec ces quatre forces et pas mal de travail, je peux réitérer cette célébration chaque année.

Mais mon cousin Pierre m'en a aussi parlé. Et voici sa lecture de la même situation :

> *«Je dirais, une façon très inhabituelle, pour ne pas dire unique, de mettre ta personnalité, ton autorité, ton sens de l'organisation au service du bien-être des autres, en l'occurrence d'un groupe. Pas juste un sentiment de bien-être passif, qui serait celui qu'on aurait ressenti si tu t'étais arrêtée à l'organisation de ce repas, mais un sentiment vivant d'appartenance, créé par l'émotion incroyable que l'exercice ne manque jamais de susciter. Tu as voulu non pas aller plus loin, mais nous emmener plus loin. Il a toujours été parfai-*

tement clair, dans l'esprit de tous, que cette expérience que tu nous fais vivre chaque année, tu ne le fais ni pour toi, ni pour nous en tant que "les autres que toi". Ça n'a rien à voir avec donner et prendre, car ici c'est le groupe dans son intégralité qui crée le moment, qui crée l'émotion, qui le/la vit en direct live et qui, donc, le/la partage. Et, dans ce cadre, tu n'es ni en amont, ni en aval, ni au-dessus, ni à côté, tu es dedans, tout simplement. Sauf que, sans toi, ça n'existerait tout simplement pas. Ce qui est unique, c'est à la fois l'élaboration du concept (mélanger amitié, amour, famille, nourriture, rires, larmes, boissons, plaisir, temps, souvenirs, projections, désirs, espoirs, partage, ingestion, expression, etc.) et le fait que tu t'effaces aussi naturellement dans sa réalisation ou, plutôt, que malgré que tu en sois l'architecte, l'organisatrice, la réalisatrice, l'animatrice et l'ordonnatrice, nous te ressentons juste comme l'une d'entre nous. C'est-à-dire que tout ce que tu fais pour que ce moment, d'une richesse inouïe, existe, tu le donnes sans rien attendre de la part des autres (sinon quelques ingrédients) que d'être acteurs de l'événement et, du coup, de te permettre de le vivre toi aussi. »

Il est gentil avec moi, mon Pedro. Mais il a mis le doigt sur quelque chose de très vrai, ressorti aussi dans d'autres témoignages professionnels et amicaux. Lorsque je me défonce, c'est toujours pour appartenir à un groupe. J'organise les fêtes auxquelles j'ai envie d'aller, on y mange et on s'y parle, je crée les séminaires que j'ai envie de suivre, car j'y fais les exercices en même temps que vous, j'apprends des métiers en les exerçant avec mon équipe. Je ne me place en effet jamais en dehors, au-dessus ou en dessous, mais toujours au cœur du réacteur, et seul un regard extérieur pouvait me souffler une telle particularité.

Voici l'ensemble de mes qualités que j'ai pu rassembler en croisant tous les regards des autres :

- Je travaille dans des codes qui ne sont pas ceux du travail.
- Ma légèreté enthousiaste rassure et encourage.
- Je prends le relais si quelqu'un en a besoin.
- Je secoue sans bousculer.
- J'embellis la réalité sans la trahir.
- Plus la situation est affolante, plus je suis centrée.
- Je propose sans imposer.
- J'inspire à faire autrement.
- Si je ne sais pas ce que je dis, ça ne se voit pas.
- Je propose souvent une troisième voie
- J'apprends en enseignant.

Et comme dirait Alex : « C'est pas faux. »

3

Les manivelles pour démarrer

En plus de nos forces et talents, il existe une série de comportements, d'activités et d'états d'esprit qui facilitent l'expression de nos pouvoirs. Ce sont des tours de manivelle que nous pouvons actionner par-ci, par-là, ou que nous pouvons nous entraîner à adopter de façon permanente pour moissonner plus d'énergie. Les chercheurs multiplient les expériences pour comprendre ce qui irrigue favorablement notre cerveau et notre corps. Il s'agit parfois de perspectives, parfois d'exercices, parfois encore de simples interprétations. Dans ce chapitre, nous allons égrainer ces conseils.

L'ÉTAT D'ESPRIT POSITIF

Le premier tour de manivelle nous met en position d'avoir accès à nos meilleurs souvenirs et de trouver nos meilleures idées sans beaucoup d'effort. Il est tellement banal qu'il ne nous viendrait probablement pas à l'esprit si nous devions lister ces fameux activateurs. Parce qu'il s'agit tout simplement d'être de bon poil. Eh oui. Joyeux, de bonne humeur, réjoui, léger, jovial, drôle même, satisfait, souriant ou juste content.

Lorsque nous sommes de mauvaise humeur, il nous est naturel de nous souvenir des moments déplaisants de notre vie. Les contrariétés, blessures, retards, grisailles et ruptures reviennent naturellement flotter à la surface. C'est même un état qui tend à les faire rejaillir et se renforcer les unes les autres, expliquant ainsi nos humeurs sombres, en cascade vers le gris. À l'inverse, c'est aussi lorsque nous sommes de bonne humeur que nous revient plus facilement le souvenir de ce premier baiser, d'une conversation profonde ou d'un compliment. Se lever du pied droit explique l'enchaînement d'énergie qui en découle. Notre disposition, c'est-à-dire l'état dans lequel nous nous sentons, est une gare de triage entre nous et notre passé, l'avenir et les autres. Elle impacte nos souvenirs, notre élan et l'humeur qui s'installe dans nos rapports à ce moment-là.

Puisque nous avons tout à y gagner, nous pourrions choisir la gaieté de façon délibérée. Mais ça n'est pas si simple. Notre programmation génétique continue, là aussi, à rendre le mauvais supérieur au bon : être en mauvaise santé a plus de portée qu'être en bonne santé, un seul mensonge détruit une confiance ou une réputation, une critique l'emporte toujours sur un compliment et un seul feed-back négatif nous marquera toujours plus que dix retours positifs.

De plus, parmi les six émotions humaines de base, la tristesse, la joie, le dégoût, la surprise, la colère et la peur, une seule est positive, illustrant l'effort qu'elle doit faire pour terrasser les autres. Je vous entends d'ici : « Non, ça dépend, pas chez moi, je suis très positif. » Et pourtant, si. Nous sommes câblés ainsi. Mais on peut choisir de bousculer sa nature et celle des autres pour bénéficier de plus d'effets positifs, car les conséquences sont parfois surprenantes.

Le mois dernier, Alex et moi sommes convoqués par la professeure de latin de Léon. Les parents attendent dans le froid des coursives venteuses du collège. Tous collés à la porte de la classe, de peur d'attendre plus que nécessaire. Un père prend enfin les devants et note sur une liste l'ordre des arrivées pour organiser la troupe. Je remarque alors qu'aucun d'entre nous n'y a pensé avant. Les uns derrière les autres, les parents entrent et sortent, de confit en déconfiture, levant les yeux au ciel pour signifier sans trop le dire tout le courage qu'ils souhaitent aux suivants. Ambiance de punition généralisée par progéniture interposée.

C'est enfin à nous. J'entre la première et m'installe sans un mot. Alex, encore debout, s'excuse : « Bonjour Madame, je suis le père de Léon, pardonnez-moi, mais (me désignant) je suis l'interprète de ma femme qui ne parle pas le français. » Je ne pipe mot. La prof est incertaine. Me regarde par en dessous. Alors je lui décroche un énorme sourire complice et lui dis : « Ça n'est pas vrai, il fait cela tout le temps. » Un éclat de rire a transformé son visage. Nous n'avions plus la même femme en face de nous. « Oh, merci, nous a-t-elle dit. Je ne ris jamais quand je suis ici. »

Cette toute petite entrée en matière a transformé l'entretien. Léon bavarde et ne fait pas toujours ses devoirs. Nous le savons, il est très honnête à ce sujet. Mais, au lieu de nous déplacer pour entendre le lui être reproché, nous avons eu avec cette femme une vraie conversation pédagogique. Nous avons pu évoquer pourquoi il n'aime pas cette matière, la réputation du latin auprès des élèves, la façon qu'a Léon d'exprimer son refus de se soumettre à un enseignement désigné comme accessoire dans son cursus. Et, surtout, comment améliorer leur relation à tous les deux, en ayant la sagesse de se parler directement, des frustrations de l'élève, des besoins du professeur, et réciproquement. De Léon, sur le fond, elle ne nous a dit que du bien. Car ses remarques en classe sont pertinentes. Elle nous fait part de son envie d'aller vers lui et s'engage à mieux le solliciter. Ces quelques secondes de rire lui ont permis d'envisager notre fils comme un individu dont les besoins peuvent être entendus. Cette femme est une vraie professeure, soucieuse d'une pédagogie dont la taille de la classe la prive parfois, mais attachée à la réussite positive des élèves. L'avoir fait rire quelques instants a réveillé tout cela. Elle nous est apparue si différente de ce que Léon nous avait décrit, simplement parce qu'elle était dans un autre état d'esprit.

Un état d'esprit positif a un impact puissant, car il crée dans le cerveau un phénomène d'élargissement. Comme une irrigation mécanique qui enrichit nos compétences. Shawn Achor, qui travaille sur ses conséquences dans l'univers professionnel, va jusqu'à le qualifier d'avantage concurrentiel pour les entreprises. Les émotions négatives comme la colère, l'hostilité ou simplement l'ennui limitent nos pensées et nos actes. Alors que l'on sait désormais, grâce aux travaux de Barbara Frederickson, la rock star de la psychologie positive qui s'est intéressée aux effets secondaires de la joie et de la réussite, que les émotions positives repoussent les frontières de notre connaissance et de notre comportement : non seulement elles stimulent notre créativité, mais elles nous rendent plus agiles sur les plans physique, social et intellectuel. Ce phénomène d'élargissement est biologique et il nous donne un avantage chimique sur nous-même. Car les émotions positives s'accompagnent de la sécrétion de neurotransmetteurs tels que la dopamine et les endorphines, qui dynamisent nos capacités d'apprentissage. Nous stockons alors mieux les informations et saurons mieux les retrouver par la suite.

L'université de Toronto a même déterminé que plus nous sommes heureux, mieux nous voyons ce qui nous entoure. Le cortex visuel, partie du cerveau qui pilote la vue, enregistre plus de détails quand nous nous sentons bien. Y compris en arrière-plan. Il suffit donc de faire une réflexion positive ou négative à quelqu'un au début de la conversation pour lui ouvrir les yeux ou lui boucher la vue.

Testé sur des enfants de quatre ans, ça marche aussi : avant de leur donner une instruction, leur demander simplement de penser à quelque chose qui les a rendus heureux leur permet de terminer la tâche plus rapidement et plus précisément. Et même si à quatre ans la banque de souvenirs positifs est courte, le bol de céréales du matin fait parfaitement l'affaire.

Mon histoire préférée reste celle des grands pontes de la médecine que l'on a réunis pour observer leur façon d'établir un diagnostic. Expérimentés, formés et habitués à l'exercice, voilà des cerveaux qui ont tout pour eux. Lors de cette expérience, une moitié du groupe a été l'objet d'une « intervention positive », c'est-à-dire mise dans un état d'esprit positif, tandis que l'autre ne subissait rien du tout. Là encore, la moitié conditionnée positivement a travaillé plus vite et plus librement que l'autre moitié. Alors qu'un médecin est parfois tenté de plaquer un diagnostic établi par le passé quand il se trouve devant un cas similaire, aucun des membres du premier groupe n'a agi ainsi. Ils n'ont consulté que 30 % des données du dossier pour parvenir à un résultat aussi probant que ceux de leurs collègues qui ont tout lu. Plus rapides, plus créatifs et tout à fait pertinents.

Mais comment les chercheurs ont-ils réussi à créer chez eux ce phénomène d'élargissement ? En leur distribuant, avant l'expérience, une sucette. Tout simplement.

Un compliment, une bonne nouvelle, une attention ou l'évocation de quelque chose de drôle et/ou de bienveillant comme entrée en matière change absolument tout. Cherchons des idées qui s'appliquent aux situations que nous vivons à la maison, au travail, avec nos enfants ou nos amoureux. Dans un séminaire, poser un chocolat à la place de chacun en guise de bienvenue ; dans une classe, prendre un instant pour demander aux élèves de se remémorer quelque chose de plaisant de leur soirée de la veille ; à un interlocuteur inconnu, dire quelque chose sur soi ou sur la situation présente qui le fera sourire. Les ambiances de nos interactions sont déterminantes et, en réalité, simples à améliorer. Un regard posé autrement fait fonctionner le cerveau à plein régime. Et tout cela de façon parfaitement naturelle.

L'EFFET RICOCHET

Chercher à accentuer la part du bon dans nos échanges peut aussi se révéler payant. La communication entre deux personnes ressemble, par défaut, à un terrain de tennis mal entretenu. Parfois la balle revient bien, parfois un faux rebond peut nous faire perdre la partie. Pape et papesse des relations de couple, John et Julie Gottman analysent depuis vingt-cinq ans l'effet ricochet des remarques positives et négatives. Dans les échanges quotidiens, si l'un dit à l'autre : « Tu es bien coiffé, ce matin », l'autre aura tendance à lui répondre : « Tu sais, ta robe te va très bien. » Tendance = sans garantie. Mais plus le compliment est garni (j'aime bien ton pull, ton pantalon et tes chaussures), moins la réciproque a lieu.

En revanche, si on attaque par : « À ta place, je me passerais un coup de peigne avant de sortir », une réponse au minimum défensive est quasi assurée allant de « Je me trouve très bien coiffé, merci » à « Et toi, tu sors habillé comme ça ? »

Les balles reviennent donc la plupart du temps, mais les bons coups droits ont sur notre psychisme moins de portée que les mauvais revers.

Des chercheurs ont donc voulu savoir quelle activité pourrait bien nous pousser à raisonner de façon plus positive envers notre moitié et quel impact cela pouvait avoir sur l'avenir d'une relation. L'exercice était simple. Dans des couples récemment formés, l'un des deux devait, trois jours de suite, consacrer vingt minutes à répondre à des instructions. Une première moitié des participants devait raconter par écrit ce qu'ils avaient fait dans la journée. L'autre devait décrire ses pensées et émotions à propos de son amoureux.

Trois mois plus tard, les chercheurs ont voulu savoir qui était encore en couple. Première surprise : seuls 52 % des participants qui avaient raconté de simples situations l'étaient encore contre 77 % de ceux qui avaient évoqué leur amour. On a ensuite consulté les textos échangés par les couples pendant les trois mois suivants l'expérience pour analyser la quantité de mots bienveillants qui y figuraient. Même constat : la douceur et l'attention étaient beaucoup plus présentes dans les échanges du second groupe. Il a donc suffi de trois fois vingt minutes consacrées à penser aux qualités de l'autre pour créer un circuit positif réciproque et constructif.

Les sceptiques diront que, si les sentiments positifs existent dans un couple, ils seront exprimés. Donc, pourquoi forcer la nature avec ce type d'interventions ? Parce que la vie de tous les jours, les caractères des uns ou des autres, la fatigue et le taux de remplissage de nos journées ne nous laissent pas toujours le loisir de trier entre soutien et reproches. Et les reproches savent souvent remonter à la surface en priorité. Un élan positif, même déclenché volontairement, constitue la sève d'une histoire d'amour à long terme. L'effet d'élargissement a parfaitement sa place en amour comme, du reste, dans toutes nos relations interpersonnelles.

Je suis, pour ma part, loin de faire exception. Je me surprends en colère contre moi-même de me laisser envahir par l'impatience ou l'irritation envers mes autres. Trop stressée, trop tendue, j'aimerais que les choses se passent comme je les entends. Que la cuisine soit rangée, que quelqu'un ait pensé à acheter du pain et, si je sors de ma sphère familiale, que mon interlocuteur ait compris ma question mal formulée, que mes contacts me répondent au moment où je les appelle, que le passager du métro ne m'ait pas piqué ma place. Notre état d'esprit positif a beaucoup d'ennemis. La plupart sont tapis dans des besoins profonds que nous exprimons avec difficulté, comme la reconnaissance, l'affection, le respect, la complicité, l'intégrité, la réciprocité, le calme ou la sensation d'avancer qui nous manque. Dès que nous ressentons ces besoins-là sans parvenir à les exprimer, notre filtre positif s'entartre et nous précipite dans des émotions négatives. À mon mari je pourrais mieux exprimer mon besoin de soutien, à mes enfants celui de réciprocité, à mon collègue mon besoin de précision, à mon voisin du métro celui de me reposer (on peut toujours rêver). Mais, souvent, au lieu d'en passer par une expression simple, nous montons dans les tours de notre frustration, privant ainsi notre cervelle de toutes les capacités créatives et coopératives.

Se mettre en condition pour penser du bien d'autrui fonctionne pour tous, en fait. Labourer son affection l'entretient. Écrire à son amour ou à propos de son amour nous rend heureux. Cela vaut aussi en amitié ou avec ses collègues, ses parents, ses enfants et autres partenaires en tout genre. Trois fois vingt minutes de descriptions positives de quelqu'un augmentent nos scores de bien-être et la densité de notre relation, et vont jusqu'à faire baisser notre niveau de stress et notre taux de mauvais cholestérol. On peut même espacer ces moments d'une semaine pour en retirer les mêmes bénéfices.

Pour Shawn Achor, il est important de connaître tout cela. La recherche de moments plaisants ou de sensations légères n'est pas cosmétique. Ça n'est pas en plus du reste, c'est presque à la place de ce que nous faisons habituellement que nous devrions nous en servir. Achor évoque ainsi le cas d'un commercial que son patron pense encourager entre deux portes avant une présentation : « Ne nous la plantez pas comme la dernière fois. » La réponse instinctive est immédiate, voilà le vaillant présentateur tourné tout entier vers la possibilité d'un échec, alors qu'il aurait suffi de l'inciter à imaginer les retombées positives de son succès pour qu'il rassemble ses forces au service de son triomphe et de celui de son entreprise.

Ressentir quelque chose de chaud et de positif avant une épreuve stressante a un effet de désamorçage : rire (en regardant une vidéo ou en écoutant une blague), écouter un morceau de musique qui nous plaît, être encouragé par quelqu'un ou envisager le meilleur suffisent à réduire la pression du stress et ses dégâts collatéraux toxiques pour l'organisme. Si l'entourage ne nous aide pas à le faire, on peut le faire pour soi-même.

J'avais 21 ans quand j'ai fait ma première animation de séminaire. Précipitée à moitié préparée dans l'arène. La veille, Genie Laborde, ma boss, m'avait donné le conseil suivant : « Ce soir, en allant te coucher, demande à ton inconscient de t'assurer, demain, les sensations que tu souhaites ressentir en animant. Sois précise et polie avec lui. » Terrorisée mais excitée par ce qui m'attendait, j'étais prête à mettre toutes les chances de mon côté ; à ce niveau de trac, tout était bon à prendre, même parler à mon invisible cerveau. Je me suis demandé ce dont j'avais besoin pour me sentir bien le lendemain et j'ai choisi cinq sensations : du confort, de la compétence, de la clarté, de la créativité et être centrée. Juste avant de m'endormir, j'ai passé commande.

Le lendemain, j'étais tellement concentrée et mobilisée que je ne sais plus ce que j'ai vraiment ressenti, mais la journée s'est déroulée en bonne possession de mes moyens. J'ai vraiment fait du mieux que je pouvais, les participants étaient contents et j'étais pour ma part folle de joie d'avoir surmonté un défi pareil. Presque trente ans plus tard, je revis encore la fin de cette journée, épuisée mais rechargée par l'énergie d'y avoir mieux que survécu. Aujourd'hui, je continue à me servir de mes cinq C à la veille de situations qui me font peur ou qui vont me demander beaucoup de mobilisation. Il s'agit bien plus que d'une superstition : c'est ma façon de remplacer le trac par ce phénomène d'élargissement qui précise ce que j'ai envie de vivre et me fait entrevoir la réussite. Cela ne me dispense pas d'avoir le trac, mais un trac plus stimulant qu'affolant.

ÉCRIRE

Que ce soit avec l'aide d'un stylo ou d'un clavier, nous savons tous déjà, et sans nécessairement en avoir conscience, nous faire du bien. Plusieurs études ont montré les vertus de l'écriture sur nos réparations intérieures. C'est un pouvoir supplémentaire que nous avons sur notre psychisme, mais aussi sur notre corps. Sous forme de journal, de lettre ou même de blog, nous tirons tous des bénéfices substantiels à nous exprimer. Ces écrits peuvent être confidentiels ou publics. Ce qui compte avant tout, c'est d'avoir pris quelques instants pour écrire. En voici les bénéfices identifiés : mieux apprendre, atténuer nos angoisses, nous remettre de nos traumatismes, améliorer notre santé et améliorer nos relations sociales.

Lorsqu'on a besoin de retenir une information, comme doivent le faire des étudiants, par exemple, l'écrire engage notre mémoire. C'est un peu comme si les éléments se consolidaient au contact de nos doigts et nous apportaient une meilleure compréhension. En les retraduisant dans notre vocabulaire, notre cerveau se souvient.

Pour être honnête, c'est la raison pour laquelle j'ai eu envie d'écrire mon précédent livre, *3 kifs par jours*, tout comme celui-ci. Gourmande de connaissances, j'ai un mal fou à retenir ce que j'apprends. En particulier, de mes lectures. Alors j'ai pressenti que les écrire allait forcément m'aider à imprimer dans ma mémoire ce qui m'intéresse, surtout si je viens d'en faire l'expérience. La boucle est alors bouclée, la nouveauté entre par ce chemin-là dans les cellules de mon cerveau.

Par ailleurs, écrire ses angoisses libère nos capacités cognitives et nous permet de mieux faire ce que nous avons à faire. Le professeur Sian Beilock, de l'université de Chicago, cible ses recherches autour de la sensation d'étouffer quand on est sous pression et du poids de ce qui nous limite dès lors que des attentes sont fortes. Phénomène banal des examens, mais tellement répandu.

Lorsque nous devons nous concentrer, nous faisons appel à une mémoire de travail. C'est la portion immédiatement accessible de notre cerveau, indispensable dans les moments d'activation commandée. Mais elle est polluée par nos inquiétudes, qui se nichent aussi à cet endroit précis.

Sian Beilock a donc demandé à des étudiants de prendre dix minutes pour décrire le stress qu'ils éprouvaient avant un examen de maths et a comparé leur puissance de feu au cours de l'épreuve : expression de leurs connaissances et nature de leur raisonnement. Les résultats des étudiants ayant « libéré » leurs angoisses étaient significativement meilleurs que ceux des étudiants que l'on avait juste incités à faire du mieux qu'ils pouvaient. Nous pouvons donc considérer ces dix minutes comme un ménage nécessaire avant l'assaut. Une décompression de nos inquiétudes, utile avant une présentation à un client, un exposé, une prise de parole en public, une rencontre avec quelqu'un d'intimidant, un entretien d'embauche, un coup de fil difficile, un rendez-vous galant, etc.

Mais cet exercice s'applique aussi aux situations les plus traumatisantes. Plusieurs études ont démontré que consacrer quinze minutes par jour, pendant quatre jours consécutifs, à consigner ses pensées et ses émotions à propos d'un événement terrible de notre vie suffisait à améliorer notre humeur, nous sentir mieux psychologiquement et même diminuer les effets d'un choc post-traumatique.

Voici les instructions données par James Pennebaker pour parvenir à ce résultat : « Pendant les quatre prochains jours, écrivez vos pensées et émotions les plus profondes à propos de l'événement le plus traumatisant de votre vie, ou une situation particulièrement importante pour vous et qui vous a affecté. En écrivant, laissez-vous aller à explorer vos sensations les plus profondes. Vous établirez peut-être le lien entre cette circonstance et vos relations avec les autres, comme vos parents, vos amours, des amis ou connaissances ; avec votre passé, votre présent et votre avenir ; avec qui vous aimeriez être ou qui vous êtes, aussi. Peut-être écrirez-vous à propos des mêmes manifestations tous les jours, ou peut-être seront-elles différentes. Tout ce que vous écrivez est parfaitement confidentiel. Ne vous souciez ni de l'orthographe, ni de la grammaire, ni de la structure des phrases. La seule chose qui compte est, une fois que vous avez commencé, de ne plus vous arrêter pendant la durée imposée de l'exercice. »

L'une des forces de cet exercice est de libérer des émotions enfouies, responsables du travail de sape. Et ses effets secondaires sont également physiologiques. Les participants aux études qui l'ont pratiqué se sont rendus chez leur médecin moins souvent que les autres, ont augmenté leur capacité respiratoire, connu une baisse de leur hypertension et ont amélioré leurs performances sportives.

Du reste, écrire en cas de coup dur est beaucoup plus utile que de parler. Ce qu'a montré une expérience conduite sur des personnes qui venaient d'apprendre leur licenciement. Elles devaient écrire ce qu'elles ressentaient profondément et en quoi cet événement affecterait leur vie personnelle et professionnelle. Ceux qui avaient pris la peine de le faire ont ressenti une véritable amélioration de leur humeur et de leur bien-être physique. Rédiger permet de créer une histoire et un enchaînement qui nous entraînent vers des solutions alors que le récit oral augmente la confusion de la situation. De la même manière, on a pu constater que des participants à qui ont avait demandé de raconter par écrit, pendant plusieurs jours, les meilleurs moments de leur vie se montraient, trois mois plus tard, plus heureux que ceux qui ne l'avaient pas fait. Super-pouvoir.

Notre corps et notre esprit ne font qu'un et portent les symptômes respectifs des tourments de l'autre. Savoir qu'un stylo ou un clavier peuvent améliorer notre état psychologique et physiologique est un bon argument pour s'encourager à faire ses quinze minutes d'écriture par jour. Même sans traumatisme, s'il vous est facile d'écrire, offrez-vous l'expérience de tenir un journal intime, sans pression de régularité ou de quantité. J'ai ouvert le mien il y a cinq ans, en me formant à la psychologie positive. Bonne élève débutante, je m'y suis astreinte tant bien que mal. Aujourd'hui, j'ai trouvé mon rythme. Le dimanche, soit je blogue, soit j'écris dans mon journal. Consigner me permet d'avancer, c'est clair. Je m'y rends aussi presque automatiquement quand la vie me soumet à un obstacle, que les choses se compliquent, m'accablent, m'attristent ou se gâtent. Raconter me permet de trier, de relativiser et d'y voir tellement plus clair. De réaliser où et comment j'ai pu me tromper, soit dans mes attentes, soit dans mes actions. Je me sens toujours mieux quand je referme mon document. Si je m'inquiète pour un de mes enfants, si j'encaisse une déception ou lorsque j'ai vécu ce qui m'a semblé être l'un des plus beaux moments de ma vie, je comprends mieux le tout.

On peut aussi tester le journal de l'avenir. En notant pendant cinq jours consécutifs ce qui pourrait rendre notre vie plus heureuse. Si la question est trop large, commencer petit. Qu'est-ce qui pourrait rendre la vie 5 % plus heureuse ? En le faisant, on se sent plus heureux pendant des mois. Dès que l'effet décline, on s'y remet pendant quelques jours. Et les recherches démontrent que tenir un journal intime, dessiner ou mindmaper ses projets augmente les chances de les réaliser.

La lettre bleue

Il m'arrive souvent de terminer mes ateliers par la rédaction d'une lettre à soi-même. C'est l'exercice de la lettre bleue. La couleur des enveloppes donne un lustre à ce curieux courrier. On y glisse une lettre dans laquelle on se sera remercié et félicité pour tout ce qu'est devenue notre vie en l'espace d'un an. Se poser cette question permet d'envisager ce qui nous taraude et nous attire. Il s'agit d'un exercice créatif puisque aucun d'entre nous ne peut prédire le futur. Et pourtant…

Consigner les destinations de tout bord que l'on se fixe : sensations, actions, découvertes, rencontres, moyens, lieux géographiques, accomplissements, envies particulières, etc. augmente les chances de choisir les chemins qui y mèneront.

La lettre commence par : « Cher moi, je voulais te remercier et te féliciter parce que depuis un an, voici tout ce que je t'ai vu réaliser et ressentir… » Et chacun continue à sa sauce. Cette projection dans le futur est strictement confidentielle, bien sûr. J'insiste pour qu'on s'y parle avec douceur et encouragement ou vigueur et admiration. Qu'on s'y parle surtout gentiment. Certains me disent y mettre une liste de points accomplis, d'autres s'écrivent une vraie lettre avec des petits commentaires. Plus ce texte vous ressemble, plus vous le reconnaîtrez à l'arrivée.

Un an plus tard, je poste sa lettre à chacun. Peu de gens se souviennent de l'avoir écrite et la plupart sont surpris de la retrouver. Une participante à l'un de mes ateliers, après l'avoir recue, m'a fait part de son étonnement.

Sans savoir du tout comment tout ce qu'elle y avait inscrit serait possible, elle se voyait vivre ailleurs à mi-temps, changer d'emploi, mieux gagner sa vie pour financer les études de ses grands enfants, être encore surprise par son amoureux et ne souffrir d'aucune maladie compliquée. Elle avait eu la prudence, sur l'enveloppe, de demander, en cas de déménagement, qu'on fasse suivre son courrier, qui l'a retrouvée en Italie, installée dans une autre vie. Nouvelles responsabilités, santé de fer, enfants en mouvements positifs, revenus augmentés, déménagement partiel. Presque tout y était. Ce qu'elle m'en a dit : « Formidable. Énergisant. Drôle. Pousse à réfléchir. C'est bien nous-même qui écrivons notre vie. » Elle s'est sentie en charge de la suite. Mesurer sa puissance est une drôle de sensation. Qui ne relève pas que du hasard, mais aussi de la clarté de l'attention que l'on porte à ce qu'on fait.

S'avouer que l'on veut vraiment quelque chose est le superpouvoir qui trace à la craie la destination que nous visons. Par simplicité et parce que c'est pratique, nous suivons alors ce tracé plutôt que de tout réinventer à chaque instant. C'est un exercice qui demande de l'énergie sur le moment et de la patience pour voir un an après ce qui s'est réellement passé. Mais comme, entre les deux, nous sommes occupés à forger la transformation, on n'a pas l'impression d'attendre puisqu'on est réellement en train de vivre.

L'épitaphe

Et on peut aller encore bien plus loin que la fin de l'année. L'une des interventions les plus connues en psychologie positive consiste à rédiger sur nous-même le texte que notre meilleur ami lira le jour de nos funérailles ou, plus gai, le jour de nos quatre-vingts ans. D'autres questions se posent alors : comment aimerait-on que l'on se souvienne de nous à la fin de notre vie ? Répondre à cette question ouvre un champ à plus long terme de rêves et de destinations. Si tout va bien, avant la lecture publique de ce texte, nous serons devenus de vieilles dames et de vieux messieurs. Mais quel type de personne, plus précisément ? Allons-nous marquer les esprits par ce que nous aurons donné ou ce que nous aurons accompli – peut-être même les deux ? Quels adjectifs nous définiront ? Laisserons-nous une trace de courage, d'abnégation, de création, de révolution, de chaleur, de tendresse, d'ardeur, de générosité, d'attachement, d'originalité, d'inspiration, de rayonnement, de liberté, de construction, de fantaisie, d'intelligence, de détermination, d'accessibilité, le souvenir d'un excellent gâteau au chocolat ou de tout autre chose ?

Sans modestie, décrivez votre personnalité, vos réalisations, vos forces, vos talents, votre vie de famille, vos amours, vos succès professionnels et votre comportement envers les autres. Mais il est bon aussi d'y inclure ce qui n'a pas nécessairement marché et dont on s'est remis. Les difficultés dont nous sommes revenus, car le malheur est tellement bon lorsqu'il est derrière nous et que nous avons pu le transformer en force de vie. C'est ainsi que se révèle le vrai de chacun de nous et le plus fort de nos forces. Il est tellement plus intéressant de se regarder comme quelqu'un de réel et de faillible. Et il ne faut jamais oublier, dans cet exercice de projection comme dans bien d'autres, que dans le fond le « toujours tout bien », on s'en fout. Nos failles nous incitent à donner plus et à faire preuve de plus de compassion à l'égard des autres. Là encore c'est un super-pouvoir.

Il est aussi précieux de se projeter arrivé à destination pour permettre à notre cerveau de choisir inconsciemment les chemins les plus courts pour y parvenir. Imaginer la maison dans laquelle on a envie de vivre ou se voir refermer la dernière page du livre que l'on veut écrire canalise la suite des événements.

ANTICIPER LE SABOTAGE

Mais, dans de nombreux cas, ce que nous souhaitons requiert de déployer de la volonté. Dont nous n'avons qu'un stock limité qui nous sert à tout : nous concentrer sur une équation mathématique, enfiler nos chaussures de course, résister à une part de gâteau, rappeler un client mécontent… Lorsque nous consommons de la volonté pour l'une de ces situations, il y en a forcément moins pour faire face au reste.

Alors comment faire ?

Des chercheurs ont testé un dispositif de pensée binaire : le fantasme et le sabotage.

On commence par choisir un objectif : par exemple, apprendre le yoga.

Lors de la première étape, on s'imagine avoir réussi et on identifie un bénéfice important qui en découlera *(souplesse)*, puis un obstacle majeur qui pourrait vous empêcher d'atteindre votre objectif *(manque de temps)*, puis à nouveau un bénéfice *(détente)* et un obstacle *(paresse)*.

L'étape suivante se développe par écrit :

1. En quoi le premier bénéfice rendra ma vie meilleure ? Ne pas hésiter à être précis.

Souplesse : j'y vois plus qu'une souplesse physique, je saurai probablement mieux m'adapter à tout ce qui se présente.

2. Puis dans la foulée, définir le premier sabotage possible : quand l'obstacle se présente, qu'est-ce que je fais ? Je réagis comment ? Qu'est-ce que je me dis ? Comment les contourner ?

Manque de temps : je vais commencer doucement, une semaine sur deux, en planifiant les cours des trois prochains mois. Car une fois que j'y aurai pris goût, je pourrai accentuer la régularité.

3. On passe ensuite au second bénéfice…

Détente : j'ai tellement envie d'être plus détendue, plus sereine, d'éteindre ce niveau d'agitation permanent et d'avoir parfois la sensation de me poser.

4. … puis au second obstacle.

Paresse : obligatoirement choisir un cours tout près de chez moi si c'est le week-end et tout près de mon bureau si c'est en semaine + me trouver une récompense pour être allée en cours.

5. On fixe enfin la date de début de la mise en place du projet, et alors seulement on s'y met.

Comme je fais déjà du yoga, j'ai essayé sur autre chose. Voyez-vous, j'adore boire un coup. Je ne suis pas une grosse buveuse, mais un verre de vin, j'aime bien. À tel point que j'en suis arrivée à ne jamais rater une occasion de m'en servir un petit. Comme ça, le soir, pour voir. J'aime le goût du vin, et j'aime l'ivresse légère des premières gorgées.

Mais, dans ma nouvelle vie très agitée, mon sommeil s'est considérablement troublé. Réveil autour de 5 heures du matin, toujours trop tôt, avec la sensation que la nuit est terminée, pour me rendormir et me réveiller deux heures plus tard, groggy, sans envie de sortir de mon lit.

L'idée a germé au réveil. Encore un matin à me traîner. J'ai fait le lien avec le vin. Est-ce que je dormirais mieux si je ne buvais plus rien ?

Combien de fois me suis-je dit cela, remontée comme un coucou ? Allez, on y va, c'est ce soir que j'arrête. Et combien de « ce soir » me suis-je dit que ce n'est pas un petit verre de rien qui troublera la nuit, etc.

Alors, après avoir découvert ces recherches, j'ai voulu les tester sur mon dossier à zéro volonté : quels seraient les bénéfices positifs d'une éradication de l'alcool ?

Deux mots immédiats me sont venus à l'esprit : réveil clair et énergie. Mais les obstacles me sont venus tout aussi facilement : tentation et dimanches soirs.

D'abord la tentation. Fruit de mon appétit, d'une habitude, d'une diversion, de la relâche d'une fatigue, mais aussi du partage avec d'autres, d'une sorte de réflexe et d'aucune envie de lutter contre quelque chose qui me fait plaisir.

Le dimanche soir maintenant. Il est sacré chez nous, puisque nous dînons avec nos voisins. Nous copinons en voisinage et voisinons en amitié. À un balcon d'écart et à tour de rôle, nous nous invitons. Certains cuisinent, d'autres pâtissent, tous gourmettent. C'est un dialogue aux fourneaux, d'une maison à l'autre, entre grands et enfants, qui nous réconcilie chaque semaine avec l'idée que demain, c'est lundi. Mais tout est tellement bon qu'entraînés par la joie et le confort des retrouvailles, nous picolons gaiement… parce que le goût de tant de bon anéanti toute ambition de privation.

J'ai donc écrit sur un papier : risque de craquer et dimanches soirs.

Comment contourner ces obstacles ?

Je me suis vue, pour le premier, me dévaloriser.

« Tu craques, parce que tu ne peux pas. Je ne vois pas pourquoi tu te fixes des trucs pareils si c'est pour ne pas les tenir. Si tu dis oui au premier verre, ton engagement ne tient plus et, du coup, tu n'en mèneras pas large. Je sais que c'est pour cela que tu n'essaies même pas.

— Ah oui ? Tu vois ça comme ça ? »

Une autre partie de moi se manifeste et réfléchit.

« Et si nous tentions la modération ? Ce verre qui fait plaisir. Savourer le premier sans entraîner l'open bar pour le reste de la soirée. Si nous tenons à cette énergie du matin, on va y aller mollo, pour nous y habituer, et nous y attacher. »

Plus réaliste que le tout ou rien, en ce qui me concerne.

Et aussi simple que cela puisse vous sembler, j'ai inscrit, en dessous de tentation : modération. Car, à aucun moment avant cet instant de projection, je ne m'étais proposé de boire moins. Pas tout ou rien, comme l'exigent les perfectionnistes paralysants auxquels j'appartiens, mais un peu, peut-être, sans entraîner immédiatement un geyser d'autodémolition.

Pour l'obstacle du dimanche soir, mon voyage dans la modération vient de m'ouvrir une voie. Là aussi, pourquoi pas ? Je vais reformuler mon affaire. Le fond de mon intention devient réaliste. Je vais m'autoriser à boire un peu, deux fois par semaine en fait. Car le dimanche, ça me fera vraiment plaisir d'aimer cela. Et que nos vins blancs sont particulièrement charmants. Mais, de nouveau, ça peut être moins, voire peu.

Et je m'offre une exception hebdomadaire supplémentaire. Qui va me permettre de jouer avec les situations. Je ne m'inscris pas dans une consommation prédéterminée, mais dans une possibilité apaisée.

La première semaine, et surtout le prochain dimanche soir, je me suis très bien retenue. Sans effort. Car de m'être vue y aller mollo m'a facilité la tâche. Je n'ai pas eu la sensation de me priver, mais, au contraire, de déguster. Mon auto-interdiction redoutée s'est transformée en autorisation.

J'ai profité de cet élan pour exploiter ces matins frais. Corde à sauter au réveil. Vingt jours plus tard, mon corps est tout content et je n'ai pas très envie de boire, car je me projette souvent déjà dans le lendemain. Concevoir les obstacles a fait la différence. Je me suis offert un moment de réflexion réaliste, qui tient compte des différents morceaux de moi. Et parce que la Florence téméraire et la Florence paresseuse ont pu toutes les deux s'exprimer, nous avons visiblement choisi le même cap. C'est ainsi que j'ai limité les tiraillements et facilité mon engagement.

En résumé, une fois qu'on a choisi le bon plan, en parler autour de soi, à ses amis et sa famille, envisager les obstacles qui peuvent se présenter, se concentrer sur les bénéfices qu'on va en tirer et se récompenser en cours de route nous permet de décupler nos pouvoirs. Cette méthode a montré que, si l'on veut, par exemple, se réconcilier avec quelqu'un, anticiper les obstacles donne de meilleurs résultats que de s'y lancer tête baissée.

GDP

Lorsque je me suis retrouvée dans mes nouvelles fonctions, j'ai senti que j'avais besoin d'aide. Business plan, management, gestion, perspectives, rentabilité, toutes ces notions m'intimidaient. Et je pensais, de surcroît, qu'elles ne m'intéressaient pas. Certains deviennent entrepreneurs car ils ne peuvent pas s'empêcher de gérer et construire. Je m'y suis lancée car l'occasion s'est présentée et que je voyais difficilement qui pouvait avoir envie de m'employer pour enseigner le bonheur. Mais, une fois en place, je ne pouvais vraiment qu'apprendre et progresser. J'ai commencé par programmer quelques séances chez un coach d'entrepreneurs. J'allais le voir pour découvrir comment tirer les conclusions d'un compte d'exploitation et profiter de son indulgence. Nos rendez-vous me rassuraient. Il me posait des questions auxquelles je devais répondre d'une séance à l'autre, m'amenant à réfléchir et à prévoir. Je me suis alors rendu compte de tout le sens que cette aventure avait pour moi. Il ne s'agissait pas juste de me trouver un toit pour faire quelques conférences, comme je le croyais, mais bien de créer un organisme pour transmettre des connaissances validées par la science et y proposer des formations, des programmes d'entraînement, des publications et même des émissions sur ce qui peut nous alléger la vie. Plus j'y voyais clair, plus je m'autorisais à voir grand. Mais, surtout, plus le temps passait et plus mes journées d'expériences se succédaient, plus j'avais envie d'une autre forme de renfort.

Il est si précieux de confronter ses idées et d'être inspiré par celles des autres. Au troisième rendez-vous amical avec Stéphane Dieutre, du stage Aristote, pour échanger sur nos petites entreprises naissantes, je lui ai proposé de constituer un groupe de progrès.

Un groupe de progrès (GDP) rassemble des gens embarqués chacun dans une aventure pour partager leurs découvertes, leurs succès, leurs doutes, leurs ressources, leurs manières de faire et leurs questionnements.Selon l'adage : « Pour aller vite, voyagez seul ; pour aller loin, voyagez à plusieurs », mon intuition était de nous retrouver régulièrement pour mettre plus de chances de notre côté.

Le critère d'entrée dans notre GDP est simple : il faut exercer depuis peu une activité portée sur le bien-être et la connaissance de soi, et ne pas être concurrents. Depuis peu, car alors que nous débutions, nous imaginions que nos préoccupations convergeraient. Nous avons été rejoints par Diane, coach de vie, Véronique, fondatrice de Qee, centre de pratiques douces pluridisciplinaire, et Laurent, entrepreneur chronique et coach-baladeur-en-extérieur d'équipes de direction. Depuis une grosse année, nous nous réunissons une fois par mois. Avec deux rituels assumés : célébrer nos succès et bien manger. Parfois nous invitons quelqu'un pour nous apprendre quelque chose ou nous raconter son expérience ; d'autres fois, nous évoquons collectivement les questions courantes de nos entreprises respectives. Notre GDP se tient le soir, pendant trois heures. De ce groupe, je n'ai déjà plus envie de me passer. Pour toutes ces raisons :

- Suivre les aventures de plusieurs personnes en feuilleton régulier est passionnant. La vie en vrai est toujours plus inventive que les meilleures fictions. D'une rencontre à l'autre, nos histoires évoluent toujours.
- En entendant les succès et les avancées des autres, la lecture que nous portons sur notre travail devient plus positive. Devoir la formuler en progrès oblige à mesurer le chemin parcouru dans le bon sens.
- Lorsque l'un d'entre nous est dans l'embarras lors d'une rencontre et que sa situation s'est résolue avant la suivante,

il est entraînant et inspirant de voir que rien n'est définitif. On a moins peur pour soi lorsqu'on s'y trouve à son tour.

- On se réjouit authentiquement de nos progrès mutuels, et on peut parler des siens sans fausse pudeur. Tout ce qui se passe entre nous est bienveillant, c'est l'objet de notre rencontre.
- On apprend les uns des autres : que faire et qu'éviter.
- On s'attache, aussi. Plus nous échangeons, mieux nous nous connaissons. La familiarité se mue en affection.
- J'éprouve pour ma part de la fierté pour mes camarades quand je les entends se raconter et que je les vois grandir. Ils sont puissants.
- On mesure à quel point la vie professionnelle est un mouvement permanent. Toutes les idées ou pistes ne sont pas bonnes, mais toutes finissent par s'affiner. L'expérience se construit tous les jours et finalement très vite.
- Nous y inventons parfois des projets communs, nous nous refilons des tuyaux, nous nous soutenons sans nous assister.
- Et nous rions beaucoup.

Se réunir régulièrement pour apprendre ensemble est un super-pouvoir. J'ai depuis fait la connaissance de différents circuits de chefs d'entreprise qui le font de façon organisée. Pour prendre du recul par rapport à leur métier. Eux aussi se voient une fois par mois. La fidélité de ces participants à leurs retrouvailles est remarquable. Certaines durent depuis plus de dix ans. Ces dirigeants viennent y chercher une diversité des regards, des conseils et des manières de faire. Ils viennent se cultiver aussi, formidable motivation pour organiser ces réunions.

Je ne suis pas d'un naturel grégaire. Et participer régulièrement à notre GDP autofabriqué me suffit. Pour d'autres, il pourra s'agir d'un groupe de lecture, d'un club de cuisine, d'une bande de joggeurs, d'un cercle de copines, d'un cours hebdomadaire d'italien, etc. La répétition du rendez-vous est une manivelle à super-pouvoirs. Il y a des surprises à chaque fois et jamais encore je n'ai eu la sensation d'y perdre mon temps. L'engagement, la présence et la confiance entremêlés décuplent la possibilité de tirer parti de nos situations de vie.

L'un des bénéfices secondaires de ce type de rencontres est aussi de se sentir utile. Nous avons besoin d'être en mouvement et que nos actions servent à quelque chose. C'est en agissant que nous trouvons des raisons de vivre. Ellen Langer, chercheuse en psychologie aux idées plutôt originales, a organisé en 1997 une expérience dans une maison de retraite. Chaque pensionnaire s'est vu remettre une plante verte. Une moitié d'entre eux était responsable de sa plante et devait s'en occuper de bout en bout pendant que l'autre moitié des plantes était placée sous la responsabilité du personnel de l'établissement. Six mois plus tard, les observateurs ont constaté deux fois moins de décès parmi les personnes qui s'occupaient de leur propre plante. L'utilité nous fait vivre, c'est aussi puissant que cela. Sans compter que les pensionnaires actifs se sentaient plus heureux et étaient objectivement en meilleure santé que les survivants de l'autre groupe. Contrôler ne serait-ce que des micro-aspects de notre vie nous permet d'être en meilleure santé, tant sur le plan physique que psychologique. Alors prendre part au développement des autres est l'utilité suprême.

ACTIVER LA CHANCE

Un petit matin de juillet, j'ai participé sur France Inter à l'émission « Rencontre entre chien et loup », qui commence à 5 heures. Persuadée que, à cette heure-ci, très peu de gens étaient derrière leur poste et conscients, j'avais accepté la proposition pour avoir le plaisir de traverser Paris en pleine nuit pour autre chose qu'aller me coucher. Mais ce moment me réservait plus que ce privilège. J'y ai fait la connaissance de Philippe Gabilliet, professeur de psychologie et de leadership dans une école de commerce. Formidable orateur et gouleyant personnage, Philippe s'est emparé de deux spécialités de la psychologie positive : l'optimisme et la chance. Mais, plutôt que d'en parler avec gravité, comme le font les profs en général, il le fait avec panache et bonne humeur. Depuis, nous avons été souvent invités à prendre la parole dans les mêmes rencontres et chacune de ses conférences est un régal.

Ce que les chercheurs ont découvert à propos de la chance, c'est qu'elle n'existe pas en tant que telle, mais qu'elle se cache dans toutes les occasions et opportunités de notre vie. Ce qui fait la différence entre les chanceux et les malchanceux, c'est la capacité à se saisir des événements, petits et grands, qui jalonnent notre route. Donc, on n'est pas chanceux, on sait être chanceux.

Apprendre à le devenir se fait finalement assez facilement. Après avoir entendu Philippe en parler à plusieurs reprises, j'ai eu envie de tamiser ma vie au filtre de ses conseils pour mesurer la vigueur de ma bonne étoile. Une fois qu'on en connaît les principes, non seulement on développe sa faculté d'enchantement face à sa propre histoire, mais on parvient aussi à faire de plus en plus confiance à son aptitude à s'orienter vers le meilleur ou à s'y exposer.

1. Faire l'inventaire

On commence par énumérer les situations de nos vies où nous considérons avoir eu de la chance, celles qui ont influencé le cours des choses et donné un tournant ou une saveur particulière à notre route.

J'ai établi ma liste de façon très spontanée :

- avoir été invitée au Grand Journal pour parler de *3 kifs par jour* ;
- animer des ateliers d'inspiration au bonheur dans mon quartier ;
- la rencontre fortuite, dans un ascenseur, avec le propriétaire de notre futur appartement ;
- avoir désormais ma propre émission de cuisine ;
- que Pénélope soit heureuse aux États-Unis ;
- avoir rencontré l'amour dans ma vie ;
- travailler parfois avec des amis ;
- pouvoir m'appuyer sur une famille aussi chouette ;
- être sollicitée pour des conférences ;
- avoir des clients exigeants et sympathiques…

2. Identifier les sources

D'après Gabilliet, il en existe plusieurs natures de circonstances imprévues qui créent un espace de possibilités et activent notre bonne étoile :

- les rencontres ;
- la bonne information au bon moment ;
- des décisions prises par d'autres qui vont influencer nos actions ou notre sort ;
- des demandes que l'on nous a faites ou que nous avons entendues.

Le chercheur britannique Richard Wiseman travaille lui aussi sur les facteurs qui conditionnent la « bonne fortune ». Il l'exprime un peu différemment. Après avoir étudié plus de quatre cents participants, il est parvenu à isoler quatre caractéristiques partagées par les plus nantis :

- La vigilance ou la réactivité, qui permettent de détecter ou de créer des opportunités. Elles allient les rencontres et les informations que nous attrapons au vol.
- La capacité à prendre de bonnes décisions en écoutant son intuition.
- Savoir ce qu'on veut. Ne soyons pas naïfs, tout ne tombe pas du ciel : mieux on sait ce qu'on veut, plus on a de chance de le trouver.
- La résilience pour transformer les coups du sort. Pour Gabilliet aussi, il s'agit d'une clé absolue. Nous nous sommes adaptés, nous nous adaptons et nous nous adapterons. Alors autant choisir comment.

Il s'agit alors de filtrer nos « coups de bol » pour détecter le ou les facteurs qui ont contribué à les rendre possibles. Je cherche donc.

Les rencontres ou interventions des autres

- Avoir invité Véronique, fondatrice de Qee, à la première dédicace de *3 kifs par jour*, parce que nous nous connaissions de vue et que tout cela se passait dans le quartier. C'est à sa demande que j'ai créé le premier atelier d'inspiration au bonheur.

- La présence bienveillante des tantes de Pénélope qui la soutiennent depuis son arrivée aux États Unis : générosité, amour et interventions judicieuses ont accompagné la transformation de ce défi en réussite. En fait, c'est notre chance à toutes les deux.

- Aller sur France Inter au petit matin pour rencontrer Philippe Gabilliet, qui m'a mise en relation avec beaucoup de clients potentiels depuis.

- Sur le plan personnel, chaque homme que j'ai aimé, et surtout celui de ma vie, me donne l'impression d'être tombée sur ma route à un moment précis. Chacun a finalement été un « traumatisme » positif.

La bonne information au bon moment

- M'être inscrite au cours en ligne de psychologie positive, proposé dans un mail, qui a signé le début de cette formidable aventure.

Des décisions prises par d'autres

- L'absence de stratégie de développement durable chez mon employeur qui a entraîné mon licenciement et m'a libéré tant de temps et d'énergie.

- L'invitation au Grand Journal sur Canal + qui a provoqué ma première conférence dans une banque.

Des demandes

- Avoir accepté, à la demande d'une jeune femme que je ne connaissais ni d'Ève ni d'Adam, de participer à un forum Happylab sans savoir ce que c'était. J'ai ainsi mis le doigt dans le pot de confiture d'un réseau de gens qui étudient les formes du bonheur. Inspiration et rencontres multiples depuis.

De l'intuition (on ne sait pas toujours pourquoi, ni comment)

- Avoir insisté pour visiter l'appartement d'un ami dont le voisin vendait l'étage au-dessus pour en évaluer la luminosité un matin où il faisait beau. C'est en sortant de chez lui que je suis « tombée » sur le propriétaire de l'endroit où nous vivons désormais. Si je n'avais pas fait de fixette sur la lumière, nous ne serions pas là.

Savoir ce qu'on veut

- Cette année, deux circonstances rêvées se sont concrétisées : faire une conférence dans le cadre de l'organisation

TEDx[1] et présenter une émission de recettes à la télévision. Cette émission, j'y pense depuis longtemps, sans me le formuler aussi clairement. Lorsqu'on me l'a proposé, mon amie Ciche m'a dit : « Enfin ! » Et là seulement je me suis avoué à quel point j'en avais envie depuis longtemps.

De la résilience (pour transformer les coups du sort)

- Mon licenciement, il y a cinq ans maintenant, qui m'a renvoyée à l'université puis derrière ma table d'écriture, ici même.
- La disparition de mon bien-aimé cousin David qui m'a poussée à accélérer le mouvement.
- Le départ d'Arthur et Pénélope de la maison, la même année, a recentré mon énergie sur mon travail. Jamais je n'aurais imaginé pouvoir trouver un bénéfice à leur absence.
- La fin de mes indemnités de chômage. Ce jour-là, j'ai vraiment reconnu ma passion comme un métier. Je n'ai plus tergiversé.

Pour toutes ces raisons et dans toutes ces circonstances, j'ai exercé ma capacité à créer autour de moi des conditions, des opportunités et des ouvertures. Et celles que je n'ai pas choisies, y compris les toutes pourries, je m'y suis finalement ajustée et j'ai pu en tirer de l'énergie.

---

1. http://www.3kifsparjour.com/2012/10/09/le-pouvoir-de-la-gratitude-tedx-paris

Le jour où on rencontre l'amour ou le job de sa vie, on a très certainement dit oui à quelque chose. Soit à une occasion, soit à l'exercice de sa curiosité.

Les circonstances imprévues créent un espace de possibilité. Une fois qu'on l'admet, si on souhaite générer plus de sources de chance et multiplier les opportunités, voici la troisième étape de l'exercice.

3. Favoriser la chance

Il s'agit de conseils plutôt que d'un mode d'emploi. Applicables tout de suite. Ils nous permettent de piloter nos choix, toujours dans l'idée que le meilleur reste à venir. Car inviter la chance est bien différent que de compter sur des probabilités mathématiques. C'est un état d'esprit, une forme de conscience misant sur l'importance de quelques détails.

Être vigilant

Soyons curieux, faisons des choses pour la première fois, vivons notre vie en étant le plus alerte possible, changeons d'itinéraire et de point de vue. Wiseman a détecté chez les chanceux une ouverture sereine aux événements. La chance déteste la routine. Elle s'endort à la première occasion. Elle aime la souplesse intérieure et la capacité à accueillir ce qui se produit. Nos tourments nous empêchent d'avoir cette disponibilité, mais notre faculté d'émerveillement nous en rapproche. Goûtons la nouveauté, écoutons notre intuition et accordons du crédit à notre flair pour mieux voir ce qui se présente à nous. Je parle ici des rencontres fortuites, des réponses à nos questions qui tombent du ciel, des conversations fort à propos, d'un regard que l'on croise, des synchronicités à l'étincelle magique, de réaliser le plus souvent possible que si nous n'étions pas passés par ici ou par là, nous n'aurions jamais rencontré, vu, croisé, ressenti ou entendu ceci ou cela. C'est d'être libre quand on a besoin de vous, c'est que quelqu'un soit disponible quand vous avez besoin de lui.

Ne survolons plus les petites surprises que la vie met sur notre chemin. Un bus qui se présente pile au bon moment peut être vécu comme une coïncidence ou comme un moment de chance. Considérons désormais que, s'il est à l'heure, c'est cadeau et c'est pour nous ; mais que si on l'a raté, c'est la faute aux horaires. « Nous sommes tellement cartésiens que nous en devenons psychorigides, nous dit Denis Grodzanovitch. Desserrons la mâchoire de temps en temps pour être mieux en relation avec le monde tel qu'il est… peut-être ! » Les coïncidences surprenantes et fulgurantes appartiennent à l'arsenal de la chance et il est trop triste de ne pas les souligner lorsqu'elles se présentent.

Anticiper

Avoir l'esprit préparé nous entraîne vers ce que nous souhaitons. Mais comment se préparer ? En sachant dans quels projets nous voulons nous engager. La puissance de la projection est spectaculaire.

En début d'année, j'organise un atelier pour bien se préparer. De quoi avons-nous envie et quelles sont les destinations qui nous tiennent à cœur pour les mois qui viennent ? Nous y répondons sous une forme légère mais efficace. Un collage réalisé à partir de magazines découpés. La première partie est purement esthétique. Collecter des images parce qu'elles nous appellent, sans raison affirmée. Puis les assembler, instinctivement, sur une grande feuille. Le travail se conclut par une présentation publique de son projet. Chacun raconte ce qu'il souhaite à partir de son montage. La mise en ordre des idées pour pouvoir les exprimer est LE moment d'anticipation. De ces couleurs et formes choisies au hasard naît une envie clarifiée. Son annonce est le point de départ des décisions, conscientes ou non, qui vont nous y mener.

J'y ai vu des résultats surprenants. De l'aménagement d'une maison qui reflétait parfaitement une image découpée ce jour-là à la rencontre d'un amour, nos choix affichés provoquent la chance de croiser l'objet, la personne ou la situation qui correspond à nos attentes et nos envies. C'est ainsi que Dorothée est devenue le porte-parole le plus convaincant de mes ateliers. Elle a défini en janvier que l'amour était son projet. Au mois de juin, alors que nous nous réunissions pour savourer nos bonheurs (autre programme), elle a annoncé avoir rencontré son chéri. Elle raconte que le travail préliminaire d'anticipation qu'elle avait fait en début d'année lui a permis de le reconnaître et, surtout, de s'ouvrir réellement à la rencontre, sans lamentation ni hésitation. Essentiel pour passer à l'action. Le cerveau fonctionne comme un terrain préparé. Il pilote alors certaines décisions et actions, choisies consciemment ou non. En prenant le temps de cette projection, même si la partie la plus accessible de notre personnalité continue à douter de l'issue d'un tel désir, l'inconscient y croit dur comme fer et se met au travail pour nous y entraîner.

Soigner ses relations

De nos jours, « activer son réseau » apparaît comme une réponse à tous nos besoins : trouver un job, un stage, un appartement ou un baby-sitter. Les sites de réseautage se multiplient : amis, rencontres, contacts professionnels.

Exprimer sa quête à un plus grand nombre de personnes peut augmenter statistiquement les chances de trouver sa réponse, mais pas nécessairement. En décortiquant les changements positifs dans nos vies, on constate que beaucoup sont liés à l'intervention de quelqu'un. Une personne qui nous a rendu service, a pensé à nous ou nous a présenté quelqu'un, etc. Mettre les autres en relation est un formidable moyen d'activer sa chance. Dans ce circuit des services rendus, comprenons que les bénéfices ne sont pas strictement réciproques ; ils sont transitifs. Parce que je vous ai rendu un service un jour, vous m'en rendrez peut-être un en retour, mais avant tout, vous en rendrez vous-même à d'autres. Créant ainsi une chaîne de chances successives. Comme ces cafés que l'on peut désormais offrir au comptoir de certains établissements pour le prochain qui passera et en aura besoin. On ne sait pas à qui il est destiné.

En Louisiane, dans un restaurant où les additions se règlent directement à la caisse, des chercheurs ont organisé l'expérience suivante. À la fin de leur repas, ils ont payé leur dû et ont aussi réglé l'addition d'une autre table, choisie au hasard. Lorsque les convives de cette deuxième table se sont levés pour payer, on leur a annoncé que le dîner leur avait été offert par un couple qui venait de partir. Comment ont-ils réagi ? En offrant à leur tour le repas à une autre table. La cascade s'est produite en moyenne sept fois.

La chance qui se présente à nous nous incite à la propulser à notre tour. Comme une balle qu'on lance au suivant en s'assurant qu'elle ne tombe pas au sol. Associons les besoins des uns aux possibilités des autres. Soyons la chance des autres pour nous mettre dans ce circuit. Créons du lien, c'est ainsi que la balle revient. Et si elle se perd en route, une autre la remplacera.

Il suffit parfois tout simplement de dire bonjour. Comme dans l'histoire de cet homme, employé d'une entreprise frigorifique. Une fin de journée, il se retrouve accidentellement enfermé dans une chambre froide. Impossible d'en sortir par ses propres moyens. C'est le veilleur de nuit qui est venu le libérer presque une heure plus tard. Comment a-t-il su qu'il l'y trouverait ? « Vous me saluez tous les soirs en partant, ce qui est loin d'être le cas de tout le monde ici. Quand je ne vous ai pas vu, je suis parti à votre recherche. » Cas classique de la chance que cet homme avait lui-même provoquée.

Profiter de ses échecs et de ses drames

Bon ou mauvais, un événement est un moteur. Et lorsque les choses ne se passent pas comme prévu ou nous prennent à revers, nos réactions comptent plus encore. Philippe Gabilliet appelle cela « recycler ses malchances ». Le bonheur est un proche cousin de la chance. Il est lui aussi conditionné par notre aptitude à nous remettre en mouvement, une fois passées la tristesse ou la déception.

Nos chutes sont un matériau de démarrage ou de redémarrage. Consciemment ou non, du reste.

Les plus optimistes font le tri. Ils identifient, dans leur déveine, ce qui provient du hasard et ce qui découle de leur responsabilité. Ils savent aussi repérer les « germes » possibles de renaissance ou de progrès. Mais les plus pessimistes ont aussi cette capacité à leur disposition. La première étape consiste à imaginer combien cela aurait pu être pire et à se demander comment agir pour retourner la situation – ou un élément de la situation – à son avantage. Ferons-nous à cette occasion de nouvelles rencontres, nous ouvrirons-nous à de nouveaux domaines ou de nouvelles compétences ? Même si cela prend du temps.

Christine a perdu l'usage de son oreille droite à sept ans. Elle a cru que sa vie s'arrêtait. Complications scolaires, moquerie de ses camarades, une moitié du monde venait de disparaître de son champ de perception. Elle a instinctivement redoublé d'efforts. Apprendre à lire sur les lèvres pour ne pas être à la traîne. Comprendre ce qui se passait autour d'elle à partir d'autres signaux. Devenir une excellente élève pour que personne ne l'interroge sur ses difficultés. Celles-ci ne se verraient pas ! Trente ans plus tard, elle occupe un poste de manager qu'elle pratique avec une acuité bien à elle. Son sens de l'observation lui a permis de développer un radar qui détecte à l'avance si quelqu'un changera d'avis. Elle lit tout ce qu'émet son interlocuteur et a appris, au fil de son expérience, à classer ce qu'elle perçoit. Elle a transformé cette malchance en super-pouvoir. De surcroît, un super-pouvoir unique. Son intuition s'est décuplée. Lorsqu'elle m'a raconté son histoire, j'en avais la chair de poule. Car la perte d'une faculté physique réveille la peur universelle de ne plus savoir faire. Christine décrit son handicap comme au golf. C'est son avantage, sa botte secrète qui fait d'elle quelqu'un d'extraordinaire. Elle considère que c'est une chance mise sur sa route.

Cette histoire nous rappelle de vivre chaque événement comme un cadeau, de réaliser dès que possible la valeur de l'air frais qui va entrer dans notre vie et de nous souvenir qu'il faut souvent fermer une porte pour ouvrir la suivante.

Un dernier conseil pour conclure : pour Wiseman et Gabilliet, LE secret de la chance est de devenir le « porte-chance » des autres. Avec ouverture, générosité et attention. Car la meilleure façon de rencontrer des opportunités, c'est d'en être soi-même une. Mettre les autres en contact, partager les informations qui croisent notre route, encourager et accompagner en cas de coups durs sont des tours de manivelle incitatifs.

BOUGER

Comme les super-héros que nous connaissons, nous avons nous aussi besoin de faire participer notre corps à l'expression de nos pouvoirs. Car le lien entre le bien-être et l'activité physique n'est plus à démontrer. Ne pas bouger est un facteur de dépression, nous met en sous régime et a des répercussions sur notre santé. La tension artérielle est l'un des indicateurs préférés des chercheurs car elle est facile à mesurer et à faire varier. Lorsqu'elle est trop élevée, elle constitue un vrai danger pour l'organisme. Or, le stress a tendance à la faire grimper. Et les sources de stress sont tapies partout.

La posologie recommandée pour soutenir notre santé psychique et notre moral est de pratiquer un sport pendant trente minutes trois fois par semaine. Les effets se font sentir sur l'humeur, la qualité du sommeil, l'évacuation du stress, l'entretien de notre mémoire et notre entrain général. Mais une telle routine n'est pas toujours facile à intégrer dans nos vies chargées et fragmentées.

Il existe une alternative douce qui peut nous soutenir. En effet, tous les jours, nous bougeons déjà. En marchant, en rangeant la maison et même en restant assis. Ellen Langer a démontré qu'il suffit d'avoir conscience de nos mouvements dans nos gestes quotidiens pour faire baisser les seuils excessifs de tension et être en meilleure forme. Vous avez bien lu : en avoir conscience suffit à nous donner un petit coup de manivelle.

Donc, se dire que passer l'aspirateur est une forme d'exercice physique permet au cerveau de le considérer comme tel. Les chercheurs ont évalué l'augmentation de notre dépense énergétique quand nous effectuons nos activités quotidiennes en conscience.

Le personnel de plusieurs hôtels de Boston a été briefé sur le sujet. On leur a indiqué combien de calories ils brûlaient lorsqu'ils effectuaient les gestes de leur métier. Puis on les a laissés travailler comme à leur habitude après avoir pris la peine de les peser et de prendre leur tension. Un mois plus tard, on est revenu les ausculter. Surprise. Ils avaient perdu du poids, gagné en énergie et leur tension était plus basse. Sans avoir ajouté une seule heure de sport à leur emploi du temps. Dans d'autres hôtels, on a effectué les mêmes mesures sans partager les mêmes infos avec le staff. En un mois, ces équipes n'ont pas perdu un gramme.

Connaîre la portée de nos efforts fonctionne comme une activité sportive. Voici donc, classée par ordre décroissant, une échelle de calories brûlées pour des activités de nos vies de tous les jours :

- Prendre des escaliers plutôt que l'ascenseur : 8
- Marcher à vive allure : 6
- Tondre la pelouse, laver la voiture, passer la serpillière : 5,5
- Faire du vélo, manger, prendre une douche, jardiner : 5
- Jouer avec les enfants, ranger : 4
- Marcher normalement, faire la vaisselle, repasser, faire les courses : 3
- Faire l'amour : 2
- Être à son bureau, lire, regarder la télévision : 1,5
- Dormir, parler au téléphone : 1

En lisant simplement ces quelques lignes, vous avez déjà brûlé deux calories. Votre corps, votre tension artérielle et votre potentiel de bonheur vous en savent gré.

N'oublions surtout pas qu'il faut brûler de l'énergie pour fabriquer de l'énergie C'est une loi physique. Bouger nous donne un coup de pouce, un tour de manivelle en plus. Sans nous embarquer dans des compétitions de haut vol, acceptons l'idée que notre corps a été conçu pour se dépenser. Et que tout ce que nous dépensons dans ce domaine va finir par beaucoup nous rapporter.

RIRE

Toujours dans l'inventaire des pratiques qui nous font du bien, Norman Cousins est le premier à avoir eu l'élan de lier le rire à notre système immunitaire. Atteint, dans les années 1960, d'une maladie incurable qui ankylosait ses articulations, il a essayé plusieurs traitements. Tous entraînaient des effets secondaires dissuasifs. Convaincu de l'importance d'un état d'esprit positif dans la lutte contre sa maladie, il a choisi de quitter l'hôpital et de s'installer à l'hôtel avec, comme objectif, de rire le plus souvent possible. Il a passé plusieurs mois à regarder des comédies. Film après film, il a retrouvé l'usage de ses membres.

Chercheuse en neurosciences cognitives à l'université de UCLA, Sophie Scott a mis en valeur la fonction du rire dans la panoplie de nos émotions – et ce, dès tout petit.

Rire est une force universelle, entraînante et contagieuse, quelle que soit la population ou la culture à laquelle nous appartenons. Il s'agit d'un son non-verbal qui exprime le bonheur, la joie, la surprise, le stress ou la gêne. Sa fonction principale est sociale. En riant, nous établissons des liens entre humains et avec d'autres espèces. Les rats rient, les chimpanzés, les bonobos et les pingouins aussi. Rire est un héritage de notre évolution et qui n'aimerait pas l'idée de rire avec un pingouin[1] ?

On prend la mesure de la puissance du rire dès l'âge de 6 à 8 semaines. Un bébé commence alors à rire. On le chatouille, il rit, on rit, il re-rit, et ainsi de suite. La communication est profonde parce qu'on rit ensemble.

Il y a une distinction réelle entre les faux rires et les fous rires : seuls les seconds produisent ces endorphines qui

1. http://www.youtube.com/watch?v=3wTWWjYTe1I&feature=player_embedded

nous font tellement de bien. Et c'est en cela que le rire est si bon et que commencer par rire nous rend plus perméable et plus positif. Avoir ri détend les muscles et fait baisser les taux de cholestérol. Nos vaisseaux se portent mieux.

Mais le rire, aussi, adoucit les mœurs. Des hôpitaux canadiens ont installé des téléviseurs diffusant des scènes comiques dans la salle d'attente des urgences pour diminuer l'agressivité à l'égard du personnel soignant. Et ça marche.

Il y a plusieurs façons de bénéficier de ces bienfaits. Rire aux éclats, par surprise ou stimulé par les autres a sa part de délice. Quand c'est drôle, c'est juste divin. Avoir le sens de l'humour consiste surtout à savoir rire de soi. La clé est là. Non seulement rire de soi, mais des situations de stress que nous traversons. Quand on rit de ses erreurs, elles perdent de leur gravité. Tout de suite.

Rire au lieu de se plaindre, aussi : dès lors que l'impuissance est avérée, la tension ne sert plus à rien. Quand on passe une journée dans un aéroport, victime des facéties de sa compagnie aérienne, il y a deux camps. Ceux qui pestent et ceux qui en tirent leur partie. Un week-end d'enneigement passé à Roissy, je me souviens de l'arrivée de clowns, le second jour, pour détendre l'atmosphère. Savoir transformer le stress en humour nous fait gagner quatre ans d'espérance de vie et limite de 40 % les risques de crise cardiaque. Quel serait le tour de manivelle idéal pour nous lancer ? L'université du Maryland nous recommande de rire quinze minutes par jour. En plusieurs fois, bien sûr, mais quinze minutes quand même.

Alors programmons des rendez-vous pour rire. Intéressons-nous aux humoristes, voyons nos amis et constituons autour de nous une brigade de ricanements. Savez-vous qui appeler pour rire à coup sûr ? Moi oui. Ce ne sont pas des comédiens particulièrement aiguisés, ce sont juste des gens qui rient des mêmes choses que moi avec un peu plus d'esprit encore. Les écouter me réjouit. Certains font les pitres, d'autres le public. C'est ainsi que fonctionnent les groupes d'amis ; le rire est un ciment qui les relie. Je chéris profondément la drôlerie d'Alex et de Larry, qui nous font souvent recracher de joie notre soupe du dimanche soir. Anne-Sophie et Sophie sont les présidentes de ma brigade personnelle du rire. Aucune conversation ne commence ou ne se termine sérieusement. Et une fois par an nous partons en pèlerinage, trois jours sans nos amours et enfants pour vivre tranquillement à l'âge mental que nous partageons. Nous gloussons et y trouvons notre salut.

Il est, au passage, recommandé de rire en arrivant chez le dentiste. Ses sévices nous feront moins souffrir. Alors à quand du comique dans la salle d'attente ou en cours d'intervention, un casque sur les oreilles ? Voilà un avantage concurrentiel auquel les dentistes de mon quartier pourraient s'intéresser de plus près.

CHANGER DE LANGUE

Parler dans une autre langue que sa langue maternelle nous pousse également plus loin qu'à nos habitudes et nous donne du courage. Une étude a été menée pour le déterminer. Chaque participant a reçu une somme d'argent à parier. Pendant l'expérience, une première moitié du groupe s'exprimait dans sa langue maternelle, la seconde dans une deuxième ou une troisième langue.

Les chercheurs surveillaient les risques pris par les uns et les autres. Ceux qui s'exprimaient dans leur langue d'origine se sont montrés plus frileux que les autres. Pourquoi ? Parce que, lorsque nous nous exprimons dans notre langue maternelle, nous disposons d'un vocabulaire beaucoup plus riche qui nous incite à débattre avec nous-même dans moult détails des dangers encourus. Dans une autre langue, ça n'est en général plus le cas. Avec moins de mots, nous accédons à moins de nuances dans nos émotions et nos perceptions. Le débat va plus vite et se limite, nous rendant de fait plus audacieux. Notre cerveau se libère de certains de ses réflexes limitants grâce à la restriction de vocabulaire.

Je crois que je comprends, grâce à ces découvertes, pourquoi j'aime autant apprendre en anglais. C'est une seconde langue pour moi et j'y oppose, du coup, beaucoup moins de résistance. Je me laisse porter par les questions sans tout contester. Ce processus inconscient nous ouvre des horizons et nous pousse en voyage vers beaucoup plus d'extraordinaire et de rencontres. Nous émettons moins de réserves aux propositions qui surgissent et utilisons notre énergie à nous lancer plutôt qu'à nous freiner.

C'est probablement la raison pour laquelle c'est à Londres que je me suis avoué vouloir faire du stand up. En anglais, le chemin vers mon cœur est bien plus court. Se révéler dans une seconde langue est bien un accélérateur.

LES HYPER POUVOIRS

Super super-pouvoirs
universels à effet garanti
pour vivre vraiment
et plus longtemps.

4

Charmer pour se relier

Toutes les recherches sur le bonheur convergent sur le fait que la qualité des relations que nous entretenons avec les autres conditionne le niveau de satisfaction de notre vie jusqu'à notre dernier souffle. Certaines études ont même conclu que cette attention constitue LE facteur déterminant d'une vie heureuse et provoque sur notre organisme des réactions surprenantes.

Fruit du travail de Barbara Frederickson, les dernières données en la matière révèlent que différentes formes de bonheur provoquent différentes réactions cellulaires dans l'organisme.

Il existe deux types de bonheur. Le premier s'obtient par le biais d'un plaisir qui vient combler l'un de nos sens : manger, carresser son chat ou faire du shopping. Et le second par un engagement envers d'autres individus, soutien social compris. Une vie heureuse n'est pas une vie de seuls plaisirs. Pire encore, une vie de seuls plaisirs en coûterait à notre organisme. Frederickson a ainsi constaté que le bonheur fugace d'une victoire éphémère, tout comme la promesse d'un morceau de sucre, provoque une inflammation de nos cellules. Et l'inflammation entraîne à terme tout un tas de complications médicales parfois fatales. Alors que la joie que nous ressentons dans un projet altruiste a l'effet inverse sur nos organes. Anti-inflammatoire, fantastique allié du système immunitaire. Les molécules du corps sont programmées pour déterminer d'elles-mêmes la différence entre ce qui nous fait juste plaisir et ce qui nous rend réellement heureux. Entre ce qui nous satisfait et ce qui, mieux encore, nous relie. Le super-pouvoir par excellence.

Et comme la source infinie de bonheur provient avant tout de la qualité des liens que nous entretenons, la première compétence à examiner consiste à oser ou à savoir initier les relations qui vont nous nourrir.

LA PUISSANCE DU CHARME

Joseph est né il y a deux mois. Il est l'aîné de la prochaine génération de la famille et ce statut lui confère un fan-club automatique. Le pouvoir d'enchantement de ce petit garçon est total. Un microsourire d'ange endormi suffit à faire chavirer les passants. De son œil mi-clos, il déclenche chez nous des flots de sensations positives et attachantes. Il ne sait pas encore qu'il vit, sur le plan magnétique, ses meilleurs moments. Qu'en grandissant, il va devoir faire sa place parmi les autres dans une crèche, une classe, une bande, des cœurs, un couple, des collègues, des quartiers, d'autres humains pas encore nés, peut-être un public, des clients, des étrangers de toutes sortes et, à terme, de ses propres enfants. De tout mon cœur, je lui souhaite de conserver les avantages charmeurs qu'il a déjà spontanément activés.

La séduction intervient immédiatement dans nos vies. Comme Joseph, déjà, nous captivons nos parents puis les adultes et les enfants qui nous entourent sans rien faire de particulier. Une bonne bouille et de la joie de vivre suffisent à attirer les mimiques les plus encourageantes, car ceux qui nous entourent sont nos premiers miroirs. Il arrive que la chance des débutants des nouveau-nés se dissipe par la suite, embrumée par nos doutes.

Je ne suis pas une experte de la séduction. Au mieux une modeste élève. Il m'a fallu un demi-siècle d'interactions avec mes semblables pour accepter l'idée qu'une partie de moi savait être charmante. Adolescente, je me sentais plus maligne que séduisante. Période critique pour faire ses armes, je n'ai jamais eu la sensation de jouer de mes attributs. Je laissais cela à d'autres. Au motif évident que je ne savais pas comment m'y prendre. Plus un garçon me plaisait, moins je savais lui parler. Frayeur réciproque, certainement. Fascinée par les charmeurs mais irritée par les charmeuses, la conquête de l'autre est pour moi un grand mystère qui s'est heureusement pour moi parfois éclairci, mais toujours par magie.

Toute approche avec autrui demande à être initiée et sollicite le plus profond de qui nous sommes. Quelle que soit notre nature, nous allons rencontrer, croiser, aimer des gens. L'accumulation de trucs pour activer ce pouvoir n'a comme seul intérêt que de nous empêcher d'en avoir peur. Peur des autres, peur de nous-même, peur de l'intimité qui risque d'en découler, car nos relations sont au centre des émotions qui activent nos vies, protègent nos corps et nous permettent de réaliser ce qui nous tient vraiment à cœur. S'appuyer sur un truc ou un autre allège l'enjeu et a le mérite de lever notre timidité. Il y a tant de bénéfices à se rapprocher qu'un petit coup de pied pour aller se présenter sera mille fois récompensé.

Et la séduction n'est pas qu'une histoire d'amour. C'est elle qui nous permet d'établir tous les types de relations nécessaires à notre fonctionnement : trouver un emploi, se faire des amis, interagir avec les commerçants ou la conductrice de l'autobus.

Séduire consiste à plaire, à captiver l'attention, à attirer, mais aussi à convaincre, à gagner la confiance, le respect, voire l'admiration de quelqu'un. Et, les jours de chance, le charme opère de façon réciproque.

Les chercheurs se sont bien sûr penchés sur les ressorts de l'attraction. Au fil de leur inventivité et de diverses mises en situation, ils tirent des conclusions sur ce qui nous rend plus ou moins envoûtants. Ces conseils peuvent faire sourire tant les interactions réussies ou ratées ne peuvent toutes êtes décortiquées. Mais, quels que soient les moyens, appris ou naturels, que nous déployons, ce qui compte c'est d'avoir accès au plaisir de mettre toutes les chances de notre côté pour signaler notre présence.

Car la séduction est avant tout une histoire de perception de soi. De manière d'être, plus que de manière de faire. De la faculté à entrer en lien et, surtout, de jouer à être la personne que nous sommes. La particularité de ceux qui prennent du plaisir à charmer est justement de jouer à rencontrer au lieu de s'en inquiéter.

La séduction peine cependant à devenir une science parfaitement exacte. Est-ce une bonne ou une mauvaise nouvelle ? Un peu des deux, certainement. Mais, ainsi, chacun conserve la chance de se révéler et de briller à sa manière, qui sera toujours la meilleure.

SUR LA MÊME LONGUEUR D'ONDE

Pourquoi et en quoi certaines personnes sont-elles plus charismatiques que d'autres ? Qu'est-ce qui constitue un bon pédagogue, un sportif inspirant, un orateur habile, un manager entraînant ou simplement une personne attachante ? Comment interagissent-ils et que peut-on apprendre de leur façon de faire pour la modéliser ?

Les fondateurs de la PNL (programmation neurolinguistique), John Grinder et Richard Bandler, ont inventé cette discipline à partir de l'observation des gens charismatiques.

Nous pouvons décider de devancer certains comportements et choix de langage pour nous aider à mieux nous entendre avec les autres, voire, dans une version thérapeutique, à mieux nous entendre avec nous-même. La PNL consiste à s'intéresser à la façon dont notre interlocuteur code ce qui l'entoure pour pouvoir lui parler dans son langage. Un langage comprend des mots, mais aussi des gestes et des attitudes que nous avons tout intérêt à intégrer dans notre manière d'échanger.

Notre relation au monde passe toujours par nos cinq sens, qui sont nos capteurs d'information. Et nous en privilégions tous un, parfois deux, pour mémoriser et encoder ce que nous traversons.

Si vous faites partie des gens qui enregistrent ce qui leur arrive en images, comme 70 % des êtres humains, j'aurai intérêt, au cours d'une conversation avec vous, à vous demander si vous voyez ce que je veux dire en prenant soin de choisir un vocabulaire descriptif pour que vous puissiez *visualiser* mon propos. Par exemple : « La file d'attente était immense, elle faisait le tour du pâté de maisons, comme une colonne de fourmis, *tu vois* ? Nous ne sommes pas restés. » Ou : « Donne-moi ton *point de vue* sur la situation. » De votre côté, vous aller rechercher des images dans votre mémoire. Vous vous dites probablement souvent : « J'ai déjà *vu* ça quelque part... », et vous cherchez à reconstruire la photo pour savoir où : une page de journal ou de site Internet, dans votre salle de bains pendant que vous vous brossiez les dents, etc.

Par ailleurs, 10 % des gens *entendent* le monde qui les entoure plus qu'ils ne le voient. Pour exprimer leur accord, ils diront : « C'est *entendu*. » Car pour eux, ça l'est. Attentifs à leur mémoire auditive, ils se souviennent de ce qui a été dit. Ces interlocuteurs apprécient la précision du vocabulaire, se souviennent de formulations exactes. Voici leur interprétation de la même scène : « Quand j'ai vu la file d'attente, *je me suis dit* que nous n'avions aucune chance d'avoir des places, alors nous sommes partis. »

Restent enfin les derniers 20 %, qui codent leurs expériences en sensations et émotions. Ils *sentent* ce qu'ils traversent. Ils reconstituent le passé pour revivre ce que leur corps a éprouvé. « En voyant la file, j'étais sûre que nous risquions de ne pas avoir de place et, *comme il faisait froid*, nous sommes partis. »

Pour retrouver une information, le visuel se repasse un film, l'auditif se raconte l'histoire et le kinesthésique descend dans ses sensations. C'est une nuance, mais elle est d'importance.

Une des stratégies de rapprochement possible est donc d'identifier le mode interprétatif de son interlocuteur et de lui parler dans le langage qui lui est le plus proche, à base d'images, de sons ou de sensations. Décrire, raconter et sentir ne sont pas tout à fait la même chose, mais ces activités nous permettent toutes les trois de communiquer avec notre entourage. Lorsqu'on s'adresse à un groupe, du reste, il est recommandé de choisir des exemples qui honorent ces trois sens pour être entendu du plus grand nombre.

Grinder et Bandler se sont par ailleurs aperçus que lorsqu'une conversation se passe bien entre deux personnes, elles entrent naturellement « en rapport », effectuant progressivement les mêmes gestes et ajustant leur intonation l'une à l'autre. Qu'il s'agisse du débit, du volume ou du choix du vocabulaire, nous finissons par nous calquer les uns sur les autres. Les couples, les familles et les collègues, par exemple, finiront naturellement par utiliser le même jargon.

La PNL s'est donc penchée sur les moyens qui nous permettraient de devancer la nature et de créer un rapport volontaire avec quelqu'un en se servant aussi de clés non-verbales. Comme un petit coup d'accélérateur pour s'apprivoiser.

Pratiquer la PNL revient à s'intéresser à la vibration de l'autre, à venir se poser sur son territoire pour, une fois le contact établi, créer un rythme commun et conjoint. Le meilleur de la conversation ou de l'échange va ainsi pouvoir commencer.

Mais dès que nous sommes sur la même longueur d'onde, rassurez-vous, le naturel revient au galop. Car il est très difficile de maintenir une conversation forcée en employant des mots ou des positions qui ne nous conviennent pas. On ne se travestit pas très longtemps, même pour faire plaisir. La fluidité s'obtient avec intégrité.

Les gestes aussi peuvent nous rapprocher. S'adresser à quelqu'un qui croise les bras et se tient bien droit alors qu'on est soi-même voûté sur sa chaise ralentit la connexion. L'adolescent affalé devant son professeur l'a très bien compris. Ces indices non-verbaux n'ont pas besoin d'être interprétés, juste épousés pour mieux se glisser dans l'espace commun que créent deux personnes.

Lors de ma formation à la PNL, Genie Laborde nous faisait faire un exercice amusant au restaurant. Elle nous demandait de choisir quelqu'un dans la salle et de mimer subtilement ses gestes et positions : boire une gorgée quand l'autre personne boit, prendre une bouchée quand elle mange. Sans la dévisager, bien entendu. Et observer la suite. Dans presque 100 % des cas, si c'est fait avec subtilité, la personne va au minimum vous remarquer, vous regarder et peut-être vous sourire. Il est même arrivé qu'une dame se lève pour me demander si nous nous connaissions car elle avait une sensation de déjà-vu. Super-pouvoir.

Ces petits riens à actionner sont un soutien, surtout pour les timides comme moi. Il ne m'est pas naturel d'entrer en relation avec les gens que je ne connais pas. Autant parler en public m'est tout à fait accessible, autant établir un lien avec une seule personne à la fois me met dans tous mes états. Sans doute parce que si je parle devant un public, je sais de quoi il va être question et je me sens responsable de l'ambiance. Les rôles sont clairs. Mais dans une conversation à deux, je suis dans l'inconnu. C'est le propre des personnes à dominante introvertie. Je pense ne pas être seule dans ce cas. Du coup, concentrer mon attention sur les gestes de l'autre pour m'adapter m'occupe ailleurs, me détend et me donne la possibilité de jouer à observer. Comme j'ai quelque chose à faire, je suis moins inquiète de ce que je vais bien pouvoir dire.

SOURIRE

C'est sans doute la potion magique la plus puissante de notre répertoire humain. Chacun de nous pratique une soixantaine de sourires différents. Nuancés, authentiques ou forcés, sincères ou légers. Une étude réalisée a démontré qu'une femme qui a souri à un inconnu dans la rue est abordée 8,5 fois plus que si elle ne sourit pas. Un sourire large est perçu comme plus gentil, plus extraverti et plus attirant qu'un sourire fermé et forcé. C'est souvent un signal conscient, mais parfois aussi inconscient, puisque nous sourions généralement sans y penser. Exprimer son ouverture n'est donc pas uniquement mécanique et c'est un trait de caractère à développer.

Mon mari Alex est très jovial. Il se réveille le sourire aux lèvres. Et ce régime ne m'est pas réservé. Alex a quelque chose de magnétique lorsqu'il se déplace dans la rue, dans les magasins et même dans les transports parisiens. Les gens lui parlent. D'eux-mêmes. Beaucoup ont l'impression de l'avoir déjà rencontré. Ce qu'ils perçoivent en fait, c'est l'ouverture accueillante qu'il dégage. Son sourire est rigolard et met les gens de bonne humeur. Mais surtout, par défaut, s'il dévisage quelqu'un, il a toujours l'œil qui frise. Du coup, on le remarque. À tel point qu'aucun trajet en sa compagnie ne peut se faire sans qu'il ne se lance dans une conversation avec quelqu'un qu'il rencontre à l'instant. Pas toujours adapté quand nous sommes pressés. Ce mode naturel est très clairement l'un de ses plus distinctifs super-pouvoirs. Il est, de fait, très extraverti et nourri par cette quantité et cette qualité de relations.

Notre fils aîné a hérité de cette même sympathie visible à l'œil nu. Il rentre d'un voyage d'un an qui l'a entraîné au bout du monde. Douze mois à vivre d'expédients facilités par sa bonne mine et son sens très personnel de l'accueil. Arthur crée chez ses interlocuteurs la sensation qu'ils sont attendus. Qu'il croise leur route pour leur être agréable. Super-pouvoir manifeste qui garantit au père comme au fils de se sortir de toutes les situations et leur confère une dose de charme inimitable.

Le charme se définit par l'attrait exercé sur les autres, mais un objet magique s'appelle aussi un charme. J'aime penser que la beauté est une loterie mais que le charme regroupe tout le reste de qui nous sommes. On peut forcer sa nature vers un résultat positif en décidant simplement de s'appliquer quelques règles de conduite. Sourions-nous, saluons-nous, charmons-nous.

SE SYNCHRONISER

Avoir du charme ou s'intéresser au charme d'autrui demande surtout d'ouvrir grand ses capteurs. Ce sont nos périscopes de perception qui nous rendent plus attentifs, et du coup plus adaptables. En s'habituant à modeler sa position sur celle de son interlocuteur, à adapter son débit ou le volume de sa voix à celle de l'autre, voire sa respiration, on devient plus agile et plus à l'écoute.

Vous êtes-vous déjà fait masser? En Californie, lorsque j'étais étudiante, j'ai suivi ma formation professionnelle au massage, j'y ai appris différents touchers, gestes et techniques, mais j'y ai surtout appris à respirer. Sans prononcer un mot, nous pouvons établir un climat de confiance, indispensable pour se détendre. En calant leur respiration sur l'autre, deux personnes finiront par recréer un rythme commun, et la sensation de relaxation ou d'abandon peut alors démarrer. Car le secret d'un massage réussi ne se trouve pas tant dans la pression ou la technique que dans la présence du masseur. Nous nous entraînions les uns sur les autres pour développer notre agilité d'adaptation au souffle. Là aussi, la subtilité est de mise : on ne souffle pas bruyamment en même temps que son client expire, mais on se cale consciemment sur son rythme jusqu'à en créer un réuni.

Je me suis servie de cette technique pour calmer mes bébés lorsqu'ils pleuraient. Penser que le calme vaincra toujours l'agitation est trop simple. Lorsque nous sommes en colère, rien ne nous attise plus que la sérénité de notre interlocuteur. Alors, accélérer sa respiration pour rejoindre celle de l'enfant et se calmer ensemble petit à petit évite d'essayer de raisonner un bébé bien trop occupé à pleurer pour vous écouter.

Quand les choses se passent bien entre deux personnes, elles se singent naturellement. Comme une relation entre une maman et son enfant. Comme lorsque Joseph nous sourit, nous l'imitons, et réciproquement. Les animaux le font aussi. Matcher mimiques et gestes indique que la glace est brisée et que la conversation a commencé. Cette imitation ne se cantonne d'ailleurs pas aux détails infimes. Ainsi, quand une personne inverse son croisement de jambe, son interlocuteur fait souvent pareil. Dans une salle de réunion, il y a parfois des moments de grâce où tout le monde, sans le savoir, se retrouve dans la même position, signe que l'on s'écoute vraiment. Vingt personnes le menton posé dans la main. Si l'une se redresse, comme des dominos, les autres se redresseront aussi.

D'où l'intérêt de repérer la position de la personne que nous voulons toucher ou convaincre pour ne pas créer de distance inutile alors qu'on aimerait s'en rapprocher.

Reflétons aussi les paroles des autres. Inconsciemment, nous adorons être entendus. Lorsqu'un serveur répète notre commande au lieu de se contenter d'un « Ça marche », nous avons tendance à lui laisser un plus gros pourboire. Entendre ses propres paroles répétées telles quelles ou légèrement reformulées est l'une des sensations les plus apaisantes que nous puissions vivre. Toutes les techniques de vente ou de thérapie le confirment. En parlant à l'autre de lui-même, nous l'intéressons complètement.

Et commc le dit Richard Wiseman, quelqu'un à notre diapason crée un « je-ne-sais-quoi » qui nous donne envie d'en savoir plus sur lui. Contact !

Peut-on rendre quelqu'un attentif à nos besoins et attirer son attention un cran plus haut ? Il semblerait que oui, en lui touchant simplement le haut du bras. Lorsqu'on nous aborde pour nous solliciter de l'argent, nous demander de signer une pétition ou de goûter un produit de démonstration, nous sommes plus enclins à le faire si on nous a frôlé. Même si j'imagine assez mal le démonstrateur de pâté en croûte m'attraper le biceps en plein supermarché, c'est un geste dont nous nous servons naturellement pour communiquer avec des personnes que nous ne connaissons pas nécessairement pour attirer ainsi leur attention.

Mais si on parle de séduction, est-ce que cela s'applique aussi ? Toucher, dans ce cas, peut être aussi effleurer. Dans une boîte de nuit, des hommes participant à une expérience devaient inviter des femmes à danser et faire leur demande soit sans contact physique, soit en s'arrangeant pour toucher le bras de leur interlocutrice. Dans le premier cas, 43 % des femmes seulement ont accepté la demande, contre 65 % dans le second. Efficacité.

Une autre équipe a organisé le même exercice dans la rue. Des hommes abordaient des femmes en les complimentant, puis s'arrangeaient pour leur demander leur numéro (entre parenthèses, je me demande quel pouvait bien être l'équivalent du numéro de téléphone avant son invention, comment faisait-on le premier pas ?). Bref, le taux de succès était de 10 % sans contact physique contre 20 % en touchant le bras.

Mais on peut ainsi augmenter ses chances de succès, car si c'est un geste fait avec une intention bienveillante, nous l'interprétons comme sécurisant. Associé à une demande ou un compliment, nous obtempérons plus volontiers, y compris pour d'offrir de l'aide.

AMUSER

Les séances de *speed dating* sont de formidables laboratoires pour observer les mécaniques d'interactions. Le principe est simple, on passe quelques minutes en face à face avec des étrangers, les uns après les autres. À l'issue de la soirée, on détermine le ou lesquels on a envie de revoir. Richard Wiseman et ses collègues ont voulu savoir quelle était la meilleure façon de donner l'envie à quelqu'un, en trois minutes, de mieux vous connaître. D'abord, ils ont observé que les participants notés par les autres comme étant les plus « séduisants », hommes ou femmes, avaient adapté leur posture à celle de leur interlocuteur. Concernant la conversation, les sujets les moins excitants commençaient par des questions bateaux et fermées telles que : « Vous venez souvent ici ? » Ou par des tentatives maladroites de caser toutes ses qualités en un temps record : « Je suis diplômée en économie sociale et je parle espagnol. » Les personnes plus attirantes ont dansé sur un autre pied en posant à leur partenaire des questions décalées sur eux-mêmes. Celle qui a obtenu les meilleurs résultats auprès des hommes était : « Si vous étiez un ingrédient de pizza, vous seriez lequel ? » Et auprès des femmes : « Si vous étiez une série télévisée, vous seriez laquelle ? » Les sites de conseils pour draguer évoquent rarement l'originalité à ce point-là. Ils incitent à se démarquer des autres, certes, mais sans préciser que faire parler l'autre de lui de façon amusante est la meilleure façon de créer un climat de proximité et d'attirance.

Spécialiste de la séduction, le psychiatre anglais Raj Persaud explique combien il est important, pour plaire à quelqu'un, de lui permettre de ressentir son émotion préférée en votre compagnie. Et lorsque nous obtenons que l'autre nous parle de lui, il n'est pas difficile d'entendre ce qui compte pour lui. Persaud a aussi testé trois types de situations lors de premiers rendez-vous. Les membres d'un premier groupe ont reçu comme instruction de se montrer d'accord avec tout ce que disait leur interlocuteur. Ceux du second groupe devaient contredire leur partenaire de bout en bout. Et ceux du troisième groupe avaient pour consigne de commencer par la contradiction puis de changer leur fusil d'épaule au milieu du rendez-vous. Des trois groupes, c'est dans le dernier que les cobayes ont eu le plus envie de revoir leur interlocuteur. Lorsque l'adversité se calme, notre cerveau sécrète des neurotransmetteurs de soulagement qui peuvent se confondre avec ceux de l'attachement…

INTIMITÉ

Dans la vie de tous les jours, plus nous nous connaissons, plus nous partageons d'informations personnelles sur ce que nous aimons ou faisons. Directeur du laboratoire de relations interpersonnelles de l'université de Stonybrook, le psychologue Arthur Aron a voulu voir si une réelle proximité pouvait se créer quand on se voit pour la première fois. Contrairement au *speed dating*, l'exercice qu'il a proposé consiste à aborder ensemble le plus de sujets possible et à prendre le temps d'y répondre. Avec son équipe, il a mis au point une série de trente-six questions qui ont été distribuées à des volontaires pour en mesurer l'effet. Et son hypothèse s'est vérifiée. Partager des questions intimes nous rapproche vraiment, et ce en moins de quarante-cinq minutes. Les volontaires ayant échangé sur les sujets proposés ont établi des liens forts avec leur interlocuteur, contrairement au groupe de contrôle qui devait parler de tout et de rien. Utiliser cette batterie de questions est également une excellente façon de se faire des amis.

En voici quelques-unes :

- Si tu pouvais dîner avec qui tu voulais dans le monde, qui choisirais-tu ?
- Raconte-moi ce que serait ta journée parfaite.
- Raconte-moi la dernière fois où tu as chanté tout seul. Et devant quelqu'un ?
- Imagines-tu parfois comment tu vas mourir ? Raconte.

Plus personnel :

- Quelle est la plus grande réussite de ta vie ?
- Quelles sont, d'après toi, trois choses que nous avons en commun ?
- Si tu te réveillais demain matin avec un super-pouvoir, quel serait-il ?
- Si pour vivre jusqu'à quatre-vingt-dix ans tu pouvais conserver le corps ou l'esprit de tes trente ans pour les soixante prochaines années, que choisirais-tu ?

Encore un peu plus personnel :

- Si tu devais mourir ce soir sans pouvoir communiquer avec quiconque, que regretterais-tu de ne pas avoir dit ? Pourquoi ne l'as-tu pas encore dit ?
- De tous les membres de ta famille, quel décès te touchera le plus ? Pourquoi ?

- De quoi ne doit-on pas rire ? Pourquoi[1] ?

Ces questions se sont transformées en jeu de partage, applicable dans tous les groupes qui font connaissance. Plus un lien se crée vite, plus l'attachement est rapide. On peut, bien entendu, inventer ses propres questions. Tout ce qui parle du fond de nous exprime une portion de nos valeurs et de notre vérité. L'intimité se définit par une liaison étroite entre deux personnes et ce sont ces relations qui donnent du piment à tout. C'est le plus doux des super-pouvoirs.

Quand des ados jouent à « Action ou vérité », ils sont à la recherche de l'expérience de l'intimité en plus d'une bonne partie de rigolade. Soit on répond à une question très personnelle, soit on a un gage. « Dis qui tu as envie d'embrasser dans la pièce là, tout de suite, ou danse la macarena. »

ÊTRE VRAI

Malgré tous ces conseils et décorticages de nos comportements, il demeure un super-pouvoir qui produit probablement les plus grandes merveilles. Il s'agit de l'authenticité. De notre manière d'exprimer nos qualités, mais aussi notre vulnérabilité. Dans une étude conduite dans les années 1970, on demandait à des participants d'évaluer le degré de sympathie qu'ils éprouvaient pour quelqu'un en écoutant le récit de sa vie. Un homme racontait ainsi qu'il avait été exclu de son université pour avoir triché à un examen. Dans une première version du récit, il évoquait son forfait au début

1. Retrouvez les 36 questions sur www.powerpatate.com

de l'histoire. Dans la seconde, il en parlait à la fin. Avouer sa faiblesse d'entrée de jeu l'a rendu beaucoup plus sympathique. Car nos failles nous rendent accessibles, et plus on en parle tôt, mieux c'est accueilli. À l'inverse, garder l'aveu pour la fin crée un sentiment de déception, même si telle n'était pas l'intention. Être infaillible n'a rien de séduisant, être authentique nous rapproche.

Alex et moi assistions au spectacle d'Elie Semoun dans le petit théâtre du village de nos vacances. Au milieu d'un sketch, le trou noir. Il perd son texte. Plus rien, l'angoisse. Qu'a-t-il fait ? Il a tout simplement dit ce qui se passait dans sa tête. Nous jouant la conversation affolée qui s'y déroulait à ce moment précis avant même de chercher à meubler. Les mots lui sont revenus pour redisparaître une seconde fois et revenir de nouveau. Sur la salle, l'effet a été immédiat, comme une onde de soutien inconditionnel qui nous a fait apprécier encore plus le reste du spectacle et l'homme faillible qui le portait à bout de bras, épuisé par une tournée cadencée. Sa difficulté nous appartenait à tous et il n'était plus seul à en porter la pression.

Être honnête est l'un des premiers conseils que l'on m'a donnés avant que j'anime mon premier séminaire. Prendre la parole en public est l'une des peurs les plus répandues dans notre pays. L'école ne nous y prépare pas et la pression des yeux braqués sur soi est l'une des choses les plus paralysantes. « Si tu as le trac, dis-le avant de commencer », me répétait-on. Nous sommes des mammifères solidaires et l'aveu d'une peur nous rend très humains.

De plus, selon Raj Persaud, la timidité est très attirante. D'après ses études, 50 % des personnes se considèrent timides. La moitié des gens sont donc insécurisés lorsqu'ils ont affaire à quelqu'un de trop sûr de lui. Dans ce cas, avouer ou montrer que l'on doute de soi est une bonne façon de se rapprocher. Plus touchante que d'avoir l'air invincible.

Dans le même ordre d'idée, avoir besoin des autres nous rend attachants. Nous attirons l'attention ou l'affection de quelqu'un en le poussant à nous rendre un service. Emprunter un livre non seulement dispose favorablement son propriétaire à notre égard, mais l'entraîne aussi à se sentir relié à nous, bien plus que si c'était nous qui avions prêté le livre. Je ne sais pas très bien comment cette pratique s'applique sans réciprocité, mais j'en conclus que s'aider n'est jamais neutre et que se faire aider peut être parfois plus puissant que de proposer son aide – quand il s'agit de plaire, bien entendu. Demander avec tact nous va bien au teint.

Et puis, exprimons-nous simplement. La nouveauté ou le stress d'une rencontre dans laquelle il y a un enjeu peut nous inciter à utiliser des mots compliqués ou à construire des phrases élaborées. Alors qu'on nous trouve plus intelligent quand on nous comprend. Il n'y a pas besoin de se servir de vocabulaire calé pour faire mousser sa science. Au contraire.

RELEVER LE DÉFI

Un jour de grand hiver, j'ai été invitée à Croix, dans la banlieue de Lille, pour parler devant des managers, tous membres, de près ou de loin, du groupe Auchan. L'invitation provenait du staff de Gérard Mulliez, fondateur du groupe. Gérard a plus de quatre-vingts ans et c'est l'un des grands capitaines d'industrie de notre pays. C'est un monsieur impressionnant. Mais j'ai eu envie de combattre ma timidité pour aller le rencontrer.

Me voici donc assise à sa table, devant une assiette d'endives au jambon bien locale. Le *small talk* n'est pas mon fort. Parler de tout et de rien me torture. Alors je le questionne. Réponses laconiques. Je rame. Je n'ose pas lui demander quel ingrédient de pizza il aimerait être alors je l'interroge sur qu'il a préféré au cours de sa carrière et qu'il aime encore faire. Première embellie : il s'anime pour me raconter ses visites dans les magasins, les clients grouillants, les marchandises ordonnées. Il ne s'est pas trompé de métier, le commerce le fait vibrer. Puis quelqu'un s'approche de nous pour me demander si mon intervention de l'après-midi peut être filmée. Je réponds que non. Gérard s'offusque : « Comment pouvez-vous refuser ? De toutes les façons, on ne sait même pas si vous êtes bonne. » Bing !

J'ai compris. Il n'aime pas qu'on lui résiste et sa main de fer s'exprime chez lui sans gant du tout. Gérard ne fait pas de quartier. « À nous deux », me suis-je dit. Il doit aimer la tenue sur un champ de bataille, je serai au rendez-vous. Je suis remontée comme une petite pile. Le défi est assez motivant : charmer Gérard Mulliez par la qualité.

J'entre en piste. Il s'installe au fond de la salle, à l'écart. Le soleil éclaire la neige dehors, la vue sur le parc est magnifique, les visages sont sympathiques, au mur il y a des panneaux sur lesquels on peut lire « Gratitude », « Joie », « Amour », « Appartenance ». Même le mobilier semble me vouloir du bien. Je suis dans mon élément. Au fil de mes propos, je l'épie. Que faut-il à un homme de son assurance pour baisser la garde ? Il prend beaucoup de notes sans trop me regarder. Alors je parle de lui, j'inclus dans mes propos le peu que j'ai appris sur lui, je l'interpelle. Et quand je lui pose une question, il bondit comme un enfant. Je ne sais pas encore comment se terminera la partie, mais il est bon joueur et je m'amuse de plus en plus.

Je demande à chacun de partager ses trois kifs depuis le début de la journée. Les participants sont formidables, rieurs, moqueurs et solidaires. Je ne suis pas seule à travailler, l'énergie de tous pourrait bien nous ramener le printemps. Lorsque vient son tour, il nous parle de lui, ses kifs sont intimes. Ça va, il s'assouplit. Je vois sa retenue s'évaporer. Il commence aussi à jouer, visiblement. Quand ça roule, que ça file et que ça clique comme cela, qu'il fait bon être là !

Nous avons terminé dans une allégresse partagée. J'avais promis à une amie de lui rapporter une photo de Gérard, je lui demande donc publiquement de me rejoindre pour poser. Il est arrivé en sautillant et m'a chaleureusement enlacée.

L'équilibre entre nous était rétabli, le charme avait opéré. Nous nous plaisions vraiment maintenant. Quelqu'un a décroché du mur le panneau « Gratitude » que tout le monde a signé. J'en suis rentrée les bras chargés et totalement amusée par le cours de ma journée. Plaire implique parfois de devoir mobiliser toutes ses ressources et montrer vraiment de quel bois on est fait. Je n'ai pas minaudé, j'ai assuré. Gérard Mulliez a la réputation de tirer le meilleur de ceux qui l'entourent et je crois que j'en ai joyeusement fait les frais.

~

ENTRETIEN D'EMBAUCHE

Le charme est aussi un atout lorsqu'on veut travailler quelque part. Un entretien d'embauche est à vivre comme un rendez-vous galant qui compte. Pour être pris, nous devons plaire. Des chercheurs se sont penchés sur les critères de sélection des recruteurs au cours des rendez-vous en face à face. Quelles sont les qualités qui séduisent ? Le potentiel d'un individu à s'adapter à la culture de l'entreprise ? L'adéquation entre ses qualifications professionnelles et le poste ?

Ni l'un ni l'autre. C'était le facteur « sympathie » qui emportait tout. Et comment les heureux gagnants plaisaient-ils plus que les autres ? Certains ont parlé de sujets qui n'avaient rien à voir avec le job, mais qui intéressaient leur interlocuteur. D'autres ont souri en regardant la personne dans les yeux. Il y en a qui ont dit du bien de l'entreprise. Dans les trois cas, leur attitude, exprimée ou non verbale, a manifesté leur positivité et a permis au recruteur d'imaginer qu'une personne de cette qualité s'adapterait à l'organisation et méritait d'être choisie. Les compétences arrivent inconsciemment plus tard dans le choix, loin derrière le sens de l'humour. Un entretien d'embauche est un moment de grande pression ; un rire ou un sourire augmente notre crédibilité.

De toute façon, l'idéal est de se faire remarquer à bon escient. Voici donc quelques conseils pour les candidats :

- Trouvez quelque chose que vous aimez dans l'organisation ou le groupe et dites-le.
- Parlez d'autre chose que du poste ou de la mission, dès lors que le sujet intéresse votre interlocuteur.
- Montrez-vous curieux et attentif à votre interlocuteur.

- Montrez votre enthousiasme à propos du job et de l'entreprise.
- Souriez et regardez tous vos interlocuteurs dans les yeux.
- Rappelez-vous qu'un compliment authentique a toujours beaucoup d'impact.

Surtout, ne dites du mal de personne si vous espérez plaire. Une étude sur les ragots démontre que nous adorons en faire parce qu'ils nous donnent l'illusion d'appartenir. Or, autant dire du bien des absents nous rend sympathique, autant en dire du mal ou les critiquer nous associe inconsciemment aux traits de caractère négatifs que nous colportons. Le jeu n'en vaut pas la chandelle.

Espérons quand même qu'un jour ces conseils n'auront plus cours puisque des études réalisées par les plus grandes universités, de Stanford à Harvard, démontrent que le pire moyen de recruter quelqu'un est de lui faire passer un entretien d'embauche. Car à moins d'être formé à le faire, nous sommes tous enclins à passer la rencontre à trouver en quoi le candidat nous ressemble au lieu de nous concentrer sur ses réalisations et performances.

ÊTRE PAREIL

Eh oui, une chose qui nous plaît terriblement, ce sont les gens qui nous ressemblent. Que ce soit pour des questions d'habillement, de langage, d'origine, d'âge, de religion, de politique, de boisson de prédilection, de cigarettes fumées ou non, de goûts culinaires ou de gestes, nous préférons les gens qui s'y prennent comme nous et les jugeons plus persuasifs et attractifs que les autres. À tel point que lorsque nous rencontrons une personne nouvelle, il est fréquent de chercher les similitudes, dates d'anniversaire, amis communs ou lieux visités identiques, même si nous n'y étions pas au même moment. Nous sommes très forts pour trouver des coïncidences qui font sens ou pour, inconsciemment, engager quelqu'un simplement parce qu'il est proche de nous. Nous sommes tellement nombreux sur la planète que nous nous cramponnons au moindre repère.

Plus fort encore, une étude conduite par un institut de sondage a révélé que nous sommes 30 % plus nombreux à répondre aux questions lorsque l'enquêteur porte le même prénom que nous. Nous cherchons parfois comment nous rapprocher les uns des autres alors que, sans le savoir, nous nous relions à des gens que nous ne connaissons même pas.

SE REGARDER DANS LES YEUX

Heureusement, il existe des moyens plus directs pour se plaire et pourquoi pas, allons-y franchement, pour séduire. James Laird, un chercheur de Clark University dans le Massachusetts, a invité des sujets à participer à une expérience autour de la télépathie. Les participants, qui ne se connaissaient pas, étaient répartis en couples et devaient, en guise d'« échauffement », passer un moment à se regarder dans les yeux. Regarder un étranger dans les yeux de façon soutenue peut-être très incommodant, parfois agressif, sauf s'il s'agit d'une consigne. Après cette préparation, les sujets ont été séparés et devaient deviner les pensées de l'autre à distance. Les résultats ont été parfaitement nuls en fait de télépathie, mais Laird était ravi. Car son objectif était tout autre…

Pourquoi nous est-il si difficile de dévisager des étrangers ? Parce qu'un regard direct crée une sensation immédiate d'intimité. Deux amoureux se regardent facilement dans les yeux. Et c'est ce que Laird voulait explorer. Faut-il se désirer pour se regarder ou se regarder peut-il créer du désir ? Faut-il s'aimer pour se regarder ou se regarder peut-il nous faire aimer ?

À la sortie de l'expérience, le professeur a demandé aux sujets d'estimer leur niveau d'attirance envers leur partenaire. Et là, bingo. Beaucoup avaient envie de se revoir.

C'est sur ce postulat de proximité que se basent les enseignements ancestraux du Tantra pour les couples. Isabelle et Vincent l'ont découvert, ensemble, alors qu'ils ne se connaissaient pas. Incités par une amie commune à venir partager sa passion pour ces techniques, qu'elle pratiquait elle-même avec son mari, les deux ont accepté de venir voir. Dans la salle, plutôt des couples, et quelques célibataires ou venus seuls. Les paires se choisissent pour travailler. Les couples ensemble, bien sûr. Isabelle et Vincent, sans se souvenir exactement de qui s'est dirigé vers l'autre, se sont assis face à face.

Elle raconte bien volontiers qu'au cours de la première journée, ils n'ont pas échangé un mot. Ils avaient pour instruction parfois de respirer à l'unisson, parfois de poser la main sur une partie du corps de l'autre, de saisir ses pieds ou de méditer assis face à face, mais toujours en se regardant dans les yeux. Elle se souvient de leurs rires gênés pour évacuer tout l'inconfort de la situation. Mais elle reconnaît la puissance d'être présent à ce qu'on fait. De se rappeler, malgré le regard de l'autre planté dans le sien, qu'on travaille ici pour soi. Et surtout, elle revit toute guillerette la sensation d'avoir été happée par leur énergie commune. À la fin de la première matinée, on leur a demandé de s'enlacer tendrement en se regardant. À l'heure du déjeuner, Isabelle a discuté avec une de ses amies qui participait, elle aussi seule, à cette journée. Elle ne lui a parlé que de Vincent et de la connexion indiscutable qu'elle ressentait à son égard. Elle ne savait rien de lui, si ce n'est qu'il vivait en Suisse. Et elle à Paris.

Le soir venu, pour combler une sensation d'inachevé, ils n'ont pas résisté à l'envie de s'embrasser. Isabelle et Vincent vivent aujourd'hui ensemble, en Suisse. Elle se qualifie de quelqu'un de très cérébral et n'imaginait pas qu'un partage de regard et de souffle puisse changer sa vie à ce point-là. Preuve, s'il en faut, de la puissance de la synchronisation et de la présence à l'autre.

Richard Wiseman nous conseille de regarder chaque personne que nous croisons comme si elle était l'amour potentiel de notre vie. Car, même sans avoir d'intention particulière à son égard, c'est de loin ce qui nous donne l'air le plus sympathique à ses yeux et qui crée chez nous la plus grande ouverture pour faire sa connaissance. Notre regard est un super-pouvoir dont nous reparlerons plus tard.

SE SENTIR UNIQUE

Pour tous les couples qui viennent de se rencontrer et qui éprouvent de l'attirance l'un pour l'autre, persiste l'éternel débat du : « Je lui dis ou je ne lui dis pas ? » En d'autres termes, vaut-il mieux se faire désirer ou être celui des deux qui exprime son intérêt ? Les chercheurs ont élaboré divers stratagèmes pour créer artificiellement des situations qui ressembleraient à ce moment précis de la vie, en vain. Ils ne parviennent pas à trancher.

Mais ce qui nous touchera toujours est d'avoir la sensation que l'autre est très exigeant dans ses choix et que, malgré ou à cause de cela, c'est par nous qu'il est attiré. Nous adorons nous sentir unique et au-dessus du lot. Élu en quelque sorte. Sachons donc exprimer nos prétentions, elles valorisent celui ou celle que nous convoitons. En général, je suis impitoyable dans mes choix, pourtant vous me plaisez.

ENTRETENIR LE CHARME

Passé la merveille de la rencontre, le charme entre deux individus a besoin d'être entretenu. Lorsque simplement se regarder ne suffit plus, nous devenons sensibles aux preuves d'amour. Ne reculant devant aucun cliché, Robert Wiseman et Rachel Armstrong ont voulu comprendre ce que les hommes et les femmes considéraient comme romantique. Ils ont interrogé plus de mille cinq cents personnes aux États-Unis et en Angleterre pour faire la part des choses.

La première étape a consisté à dresser une liste de gestes amoureux, comme de proposer sa veste à l'autre s'il fait froid ou de lui faire couler un bain chaud. Ensuite, femmes et hommes devaient évaluer le potentiel romantique de chaque geste. Surprises et premiers décalages. Une femme sur quatre a donné le meilleur score de la liste à « Lui dire qu'il ou elle est la personne la plus merveilleuse que vous ayez rencontrée », alors que seul un homme sur dix se doutait du pouvoir de cette affirmation. Quant à la proposition d'un bain chaud après une dure journée, 22 % des femmes trouvaient cela romantique, contre 8 % seulement des hommes. Ce qui tend à induire que nous sommes juste mal informés sur le potentiel attachant des gestes simples pour l'autre. Voici donc la liste proposée (aux femmes seulement) et leurs réponses.

- Recevoir une surprise les yeux couverts, 40 %[1]
- Être emmenée dans un endroit excitant pour le week-end, au pied levé, 40 %
- Recevoir une chanson ou un poème dont on est le sujet principal, 28 %
- S'entendre dire qu'on est la femme la plus formidable qu'il ait jamais rencontrée, 28 %
- Se faire couler un bain relaxant après une longue journée, 22 %
- Recevoir un texto, e-mail ou découvrir des petits mots dans la maison, 22 %
- Être réveillée avec le petit déjeuner au lit, 22 %
- Se voir proposer sa veste s'il fait froid, 22 %
- Recevoir des fleurs ou tout autre cadeau au bureau, 18 %
- Recevoir une compilation de nos musiques préférées, 12 %

Notons que ce qui arrive en tête concerne la surprise et les échappées. Puis les témoignages d'attention. Et enfin, les gestes matériels arrivent bons derniers. C'est donc bien l'intention qui compte.

---

1. Chaque pourcentage indique la quantité de femmes interrogées ayant évaluée cette situation comme romantique.

Même si on n'adopte pas ces comportements précis (chacun ses goûts), partir de ces données peut servir à lancer une discussion à propos de ce qui compte le plus pour entretenir le charme entre nous et se renseigner sur les goûts de son amoureux. Maintenant, est-ce un super-pouvoir de disposer de cette liste ? Si elle est destinée à prouver à l'autre qu'il a des progrès à faire pour vous combler, il ne faut pas oublier la théorie de la « double contrainte » formulée par Paul Watslavick. Chercheur de l'école de Palo Alto en relations interpersonnelles, il a identifié la façon dont nous faisons nous-même notre malheur. Notamment en exigeant de notre partenaire des actions qui nous placent dans un cul-de-sac insécurisant : je lui reproche de ne jamais m'offrir de fleurs, mais le jour où il le fait, je ne peux pas m'empêcher de penser que c'est parce que je le lui ai demandé. Forcément. Or, nous préférons le spontané au dirigé, car l'amour y est plus exprimé. Mais nous venons ainsi de nous en priver. Donner à quelqu'un l'ordre d'être spontané est un contresens. Mieux vaut signaler à notre autre que, de sa part, nous aimons l'impulsion de ses petites attentions. Sans entrer dans trop de détails. Watslavick nous rappelle de ne pas tendre le bâton pour nous faire battre. Retenons quand même que deux personnes n'attachent pas les mêmes pouvoirs aux mêmes actions.

RAVIVER

Au début d'un amour, on a envie de tout voir ensemble. La moindre exposition ou une simple expédition chez le boulanger peut se transformer en expérience HD. Quelques années plus tard, c'est une autre paire de manches.

C'est normal. Rappelons qu'il est tout à fait naturel à notre cerveau de banaliser l'exceptionnel. Il en a besoin pour rester alerte, même si c'est dommage. Et lorsque le banal prend trop de place, nous nous désintéressons de l'autre, et parfois nous nous décourageons. Quand le désenchantement est admis sans qu'on cherche à le contrer, un sursaut de fraîcheur venu d'ailleurs peut vite nous emporter. Mais il n'y a aucune fatalité et un rouleau de Velcro peut parfois suffire pour recoller les morceaux.

Une expérience originale a cherché à établir un lien entre la nouveauté et la séduction chez des couples de longue date. Une fois sur place, ils ont dû répondre à un questionnaire sur leur relation avant d'être répartis en deux groupes. Le premier groupe est conduit dans une salle au centre de laquelle se trouve un bloc de mousse d'un mètre de haut. Un bracelet de Velcro relie la main gauche d'un des partenaires à la main droite de l'autre. Idem au niveau des chevilles. On leur tend alors un oreiller qu'ils doivent placer entre eux et avec lequel ils doivent traverser la pièce à quatre pattes, en franchissant l'obstacle de mousse à l'aller et au retour. Ils ne doivent pas faire tomber l'oreiller et il leur est interdit de tenter de le retenir avec leurs mains, leurs pieds ou leurs dents. Soixante secondes chrono. En ajoutant une vachette dans le circuit, on se croirait dans Intervilles.

Le second groupe, dans une autre salle, procède autrement. L'un des membres du couple doit s'allonger à plat ventre sur un gros ballon et le rouler jusqu'au centre de la pièce. Pendant tout ce temps, son partenaire ne le quitte pas des yeux. Puis les rôles sont inversés, l'observateur devenant le rouleur.

L'idée de ce scénario était de remettre des amoureux dans une situation de nouveauté partagée pour voir si l'adage du « Tout nouveau tout beau » se vérifie. En activant le tout nouveau, peut-on ramener le tout beau de l'amour ? À l'issue des épreuves, chacun répond à une nouvelle batterie de questions à propos de son partenaire.

Et qu'a montré l'expérience ? Que oui, ça marche de se rouler par terre ensemble si on ne le fait pas tous les quatre matins. Pour être tout à fait exact, ça n'est pas de se rouler par terre qui compte, mais c'est d'être dans une situation inhabituelle. De plus, partager des situations à potentiel ridicule détend et rapproche – nous en avons tous fait l'expérience. Quand on se lâche, on est plus vivant. Et être plus vivants ensemble nous attache à l'autre. Un coup de Velcro, ou toute autre nouveauté, recrée les conditions du début des amours. Parce que c'est neuf, c'est brillant. Les participants à l'oreiller sont ressortis de la salle de gym plus amoureux qu'ils n'y sont entrés. Lorsqu'on a évalué leur niveau de satisfaction conjugale, ils étaient plus positifs l'un envers l'autre que les rouleurs de ballon. Or, éprouver des sensations positives met beaucoup d'huile dans les rouages. Il est alors plus facile de se parler, de se projeter et de s'aimer.

Ces travaux suggèrent que la passion s'entretient. Les couples à long terme seront plus attirés l'un par l'autre s'ils se lancent dans de nouvelles activités qui impliquent d'atteindre ensemble un objectif. Et cela marche encore mieux si l'activité est relativement imprévisible, excitante et active. Il vaut mieux aller danser ou faire du char à voile ensemble qu'aller au cinéma. Et n'oublions pas non plus d'aller au restaurant : dès les années 1930, on a démontré que nous sommes plus séduits par des idées, des gens ou des objets s'ils nous ont été présentés au cours d'un repas.

Les photos ont également des super-pouvoirs de rapprochement manifeste. En particulier les photos de couple. Car tout rappel visible que nous aimons quelqu'un nous éloigne de la tentation d'aller voir ailleurs. C'est un processus évolutionniste qui s'est mis en place depuis la nuit des temps pour faciliter la cohésion familiale et, par là, la protection des enfants et de l'espèce. Être immortalisé avec quelqu'un nous relie si la photo reste apparente. D'où les multiplications de photos sur les réseaux sociaux, albums vivants de nos activités mais aussi de nos attachements.

LA DERNIÈRE CARTOUCHE

Pour terminer cette balade dans la séduction, j'ai choisi une étude palpitante, qui peut nous donner ce petit sursaut de confiance qu'il nous manque parfois lorsque nous aimerions vraiment plaire à quelqu'un.

C'est une piste mécanique. Lorsque nous sommes amoureux, nous avons le cœur qui bat. Avant de retrouver l'autre ou en le retrouvant, nos papillons intérieurs accélèrent notre rythme cardiaque. Si être séduit fait battre le cœur, est-ce que le cœur qui bat fait succomber ?

Raj Persaud rapporte une expérience dans laquelle une jeune femme prétextait un sondage pour interpeller des passants à la sortie d'un pont. Avec deux variantes. Dans un cas, le pont était parfaitement stable, tandis que dans l'autre il se réduisait à une passerelle de corde balayée par les vents. La jeune femme s'approchait, faisait son sondage, puis proposait son numéro de téléphone pour pouvoir être jointe si la personne interrogée avait des compléments à apporter.

Le rythme cardiaque de ceux qui avaient traversé la passerelle était beaucoup plus rapide que celui des passants du pont et ils ont été plus nombreux à la rappeler. Parce que leur cœur battait plus fort, ils pensaient, en la voyant s'approcher, qu'ils la trouvaient particulièrement attirante. D'autres études dans le même ordre d'idée ne sont pas parvenues à démontrer que faire des montagnes russes ensemble était une bonne idée pour se plaire, au contraire (le potentiel de panique y est décuplé), mais que regarder un thriller côte à côte a cet effet-là. Le cœur bat un peu plus vite, de peur, et du coup pour l'autre. Les fans de vampires cinématographiques l'ont bien compris.

5

Créer sans être artiste

Hier soir, je me suis rendue dans un endroit d'une beauté inattendue, les anciennes carrières du village de Lacoste, dans le Vaucluse. Mitoyennes aux ruines du château du marquis de Sade, elles ont été transformées en un théâtre rudimentaire : chaises en gradin, une scène noire avec un fond en pierre brute. Aucune fioriture, tout est en plein air.

Je suis allée voir un ballet. La grâce des danseuses était manifeste, mais leur énergie ne me touchait pas. Vraiment pas mon truc. Incontestablement, la créativité qui me frappait le plus dans cet ensemble était tout le reste du lieu. L'idée d'installer un théâtre à cet emplacement, la hauteur des falaises qui nous encerclaient, creusées par la main de l'homme, les jeux de lumière dans cette clairière, les tonnes de pierres extraites pour laisser place à ma chaise.

Deux heures plus tôt, Jean-Charles « pédassait » une bouffigue dans mon garage. Il colmatait un renflement que le gel avait percé dans les canalisations. Intervenu pour une consultation (j'imaginais pouvoir le faire moi-même !), il a remis l'installation à neuf à partir de morceaux divers trouvés dans son camion. Puis l'évier de la cuisine s'est bouché. Il y a des jours comme ça ! Mais le moment ne pouvait être mieux choisi. J'ai assisté à son enquête minutieuse et inventive. Aucun liquide magique ne serait venu à bout de la situation. Avec les moyens du bord, en essayant, en se trompant, en imaginant et en testant, Jean-Charles a fait un tour complet des installations et, deux heures plus tard, les eaux s'écoulaient de nouveau. J'ai observé son raisonnement éclairé, ses hypothèses appliquées et son expérience inestimable. Impressionnée et intéressée.

Cette journée était une parfaite entrée en matière pour attaquer ce chapitre. Car la créativité, quelles qu'en soient ses formes, est l'expression de la vie. C'est le ressort qu'utilise notre cerveau pour nous mener au port que nous devons atteindre, par obligation, par engagement ou par envie. Tout le monde est créatif – même sans être officiellement artiste, car les formes d'art sont infinies.

La créativité est l'une des cinq clés de mon trousseau. Elle me vient naturellement. Dans ma tête en activité, les idées s'enchaînent plus rapidement que les questions n'ont parfois le temps de se poser. Je m'en sers à tout-va. Mon imagination m'entraîne parfois aussi vers de réelles déceptions. Une force bien utilisée s'exprime avec justesse et sans excès – je suis souvent rappelée à l'ordre.

Dans les ateliers que j'anime, il arrive que les gens apprécient moyennement de voir la créativité en bas de leur liste de forces de caractère. Alors que personne ne se plaint d'un sens de la justice trop faible. De même que nous savons tous charmer, nous savons tous créer – mais à notre propre façon.

TROUVER SON ÉLÉMENT

Ken Robinson est professeur d'éducation. Il travaille auprès d'agences gouvernementales dans le monde entier sur les questions d'apprentissage. En 2006, il a donné une conférence TED pour expliquer en quoi l'école tue la créativité. Drôle et lumineuse, la vidéo de sa performance a été vue depuis par plus de 17 millions de personnes. Score historique qui reflète à quel point le sujet est sensible chez beaucoup d'entre nous : qu'ai-je donc fait de celui ou celle que j'étais avant de passer par la moulinette d'une éducation qui cherche à révéler les dénominateurs communs plutôt que les singularités ?

Robinson rappelle un phénomène très simple. Si on demande à une classe d'enfants de six ans qui est créatif, tout le monde lève la main. Si on repose la question en terminale, il n'en restera que quelques-uns. Et ce seront probablement les « bons en dessin ». Nous naissons tous avec une panoplie de potentiels dont beaucoup s'éteindront à petit feu si nous n'en prenons pas soin.

Ken Robinson appelle « Élément » la conjonction entre nos aptitudes et ce que nous aimons vraiment faire. Être dans son élément. Plus que jamais, face à l'accélération permanente du monde dont nous sommes les témoins, il est essentiel de savoir trouver son élément. Un espace créatif et propulseur qui nous est tout à fait propre. Un espace de super-pouvoir.

La méthode qu'il propose permet de réveiller sa créativité pour découvrir ses talents. Avec, une fois de plus, la connaissance de soi et l'utilisation de ses envies comme leviers pour découvrir le chemin à suivre. Ken Robinson a rencontré des artistes, des musiciens, des chanteurs, des comptables, des danseurs, des chercheurs, le créateur des Simpson, Patti Smith, des prix Nobel, etc. – des individus aux origines et au destin très différents – pour décortiquer la substance de leur expression créative.

Il commence par désigner trois limites qui peuvent nous inhiber :

- *Nous sous-estimons l'ampleur de nos capacités.* Nous naissons tous avec des pouvoirs extraordinaires d'imagination, d'intelligence, d'émotions, d'intuition, de spiritualité et de perceptions physiques et sensorielles. Nous n'en utilisons qu'une infime partie et de certains, nous ne nous servons pas du tout. Beaucoup de gens n'ont pas encore trouvé leur élément car ils ne comprennent pas l'étendue de leurs propres pouvoirs.
- *Nous ne saisissons pas toujours le lien entre toutes ces capacités.* Nous sommes nombreux à considérer que notre esprit, notre corps, nos émotions et nos relations aux autres opèrent indépendamment les uns des autres, comme des systèmes séparés. Beaucoup de gens n'ont pas encore trouvé leur élément car ils ne comprennent pas qu'ils forment un tout.
- *Nous sous-évaluons notre potentiel de croissance et de changement.* Nous sommes nombreux à considérer que la vie est linéaire, que nos capacités déclinent en vieillissant, et que les opportunités que nous avons ratées ne se représenteront plus jamais. Beaucoup de gens n'ont pas encore trouvé leur élément car ils sous-estiment leur capacité à se renouveler.

Nous ne sommes pas totalement responsables de cet état de fait. Le système éducatif qui nous accompagne depuis le XVIIIe siècle a été conçu pour répondre aux impératifs économiques de la révolution industrielle en Europe. L'algèbre, les sciences et la maîtrise de la langue étaient essentielles lors de cette première accélération. Nous sommes allés au plus pressé en oubliant ce qui développe les capacités du cœur, du corps et des sens.

Le super-pouvoir de la créativité qui nous intéresse ici n'est pas celui que recherchent les annonces d'emploi dans le domaine artistique. C'est celui qui nous épanouit et nous permet de vivre la vie la plus alignée possible, avec tous les fragments de nous réunis. Selon Robinson, même si le monde se mettait à tourner dans l'autre sens, notre élément ne changerait pas. Être dans son élément rappelle l'expérience du flux décrite par Mihaly Csikszentmihalyi et qui caractérise les instants de nos vies où nous sommes le plus authentique. Les activités dont nous ne pourrions pas nous passer sont un bon indicateur de ce qui nous entraîne. Pas parce qu'elles nous sont vitales *pour survivre*, mais parce qu'elles nous sont vitales *pour nous sentir en vie*. Elles sont bien plus qu'un moment de joie ou que le plaisir éprouvé devant un joli coucher de soleil : elles nous connectent à notre identité profonde, à l'expression de nos besoins et de nos capacités.

Robinson résume l'affaire en quatre séquences : je pige, j'adore, j'en veux, j'en trouve où ?

S'il était facile de trouver son élément, nous le saurions. Mais « pas facile » ne veut pas dire « compliqué ». Cela implique d'avoir le courage, la gourmandise, l'humilité et la curiosité de chercher à connaître ses aptitudes et ses passions pour identifier les occasions de les exercer. Parfois, c'est l'inverse qui se produit, et une opportunité nous permet de tomber dans notre élément. Si je n'avais pas accompagné une copine pour aller marcher sur le feu un jeudi soir à Santa Monica en Californie à l'âge de dix-neuf ans, je n'aurais peut-être jamais découvert le potentiel original du développement personnel. Aurais-je passé ma route, raté mon tour pour ce coup-là, simplement perdu du temps ou vécu une tout autre vocation ?

DES INTELLIGENCES DIFFÉRENTES

Activer sa créativité suppose d'abord d'accepter l'idée que chacun de nous interprète le monde à sa façon. Car il n'existe pas qu'une seule intelligence. Certains chercheurs coupent nos capacités en trois : analytiques, créatives et pratiques – l'analyse nous permet de résoudre des problèmes, la créativité de trouver des solutions innovantes et le sens pratique de traiter les situations de la vie courante. D'autres parlent d'intelligence mathématique, musicale, spatiale, kinesthésique, linguistique, interpersonnelle ou intrapersonnelle ; certaines dominent et d'autres dorment. Il y a aussi les partisans de l'intelligence digestive : notre tête n'est pas seule à réagir à ce qui nous entoure et tout ce qui touche aux tripes solliciterait un réseau parallèle de nerfs et de cellules.

Retenons surtout la diversité de nos approches. Les codes de nos sociétés sont conçus pour nous permettre de vivre ensemble, mais nous conservons chacun une force d'interprétation et d'expression propre. Il n'y a pas de normes en matière de créativité. Nous sommes des êtres dynamiques, capables de créer des connexions ou des relations entre deux objets ou deux idées. Et c'est souvent de là que les idées jaillissent.

Notons enfin à quel point notre fonctionnement est personnel. Comme ces souris vivant dans les mêmes conditions, notre latitude d'interprétation et d'action est totale. De même que notre combinaison de forces de caractère est personnelle et que nos traits physiques sont singuliers, nous sommes un cocktail unique de passions, de compétences et d'appétits.

Lorsqu'il se trouve face à un groupe, Ken Robinson demande aux participants d'évaluer leur intelligence sur une échelle de 1 à 10. La plupart se situent vers le milieu et rares sont ceux qui s'attribuent un score de 1 ou 2. Il leur demande ensuite d'évaluer leur créativité. Les résultats sont alors plus variés. Une pincée s'est attribué 10 et une poignée 1. Robinson observe que les trois quarts des personnes interrogées « scorent » différemment leur intelligence et leur créativité. Or, pour lui, les deux sont intimement liés. Nous ne pouvons pas agir intelligemment sans être créatif.

Car « être intelligent » ne consiste pas à avoir de bons résultats scolaires ou académiques. Ce raccourci peut nous priver de la sensation d'être agile intellectuellement. Robinson résume : « Si quelqu'un ne sait ni lire ni écrire, on ne part pas du principe qu'il n'en est pas capable, mais juste qu'il n'a pas encore appris à le faire. C'est également vrai pour la créativité. Lorsque quelqu'un dit qu'il n'est pas créatif, c'est généralement parce qu'il ne sait pas comment s'applique sa capacité d'invention aux situations qu'il traverse. »

Précisons aussi que la créativité n'est pas limitée à certaines activités. Pas besoin de dessiner ou composer pour créer. Nous connaissons tous des domaines « créatifs » : le cinéma, la publicité, la décoration, la mode ou les arts, par exemple. Mais la science, le commerce, l'enseignement, le sport, le management, les collections, être parent ou amoureux sont tout aussi gourmands en imagination et en action, c'est-à-dire en création. Tout comme nous sous-estimons la capacité de l'imagination.

L'imagination est LA faculté qui nous distingue des autres espèces. Nous pouvons avoir à l'esprit des choses qui ne sont pas physiquement devant nous. Nous pouvons faire appel au passé ou au présent mais, surtout, nous pouvons imaginer des choses que nous ne connaissons pas encore et dont nous n'avons jamais fait l'expérience. C'est un super-pouvoir.

Pour Ken Robinson, être créatif, c'est « avoir des idées originales qui ont de la valeur ». En plus d'activer notre imagination, elles entraînent une action. Et dès qu'il y a une action, il y a de la création.

Reste à s'occuper de l'originalité. « Original » désigne ce qui est « nouveau ». À ses propres yeux et parfois aux yeux du monde. Mais une nouveauté pour son propre cerveau est déjà de l'originalité. La manière dont vous disposez vos tomates dans un saladier pour la première fois est donc une idée originale qui a de la valeur.

Un hyper-pouvoir peut se travailler et se muscler. Je suis donc allée explorer comment développer sa créativité. Je me suis plongée dans son apprentissage pour mieux comprendre ce qui peut nous libérer et nous pousser tous à nous exprimer.

FAIRE ENTRER DE L'AIR DANS NOS CIRCUITS

Nous sommes dans un sous-sol à Arles. En plein été de canicule, c'est une bénédiction. Autour de moi, une vingtaine de personnes venues du monde entier pour accéder à des parties dissimulées d'elles-mêmes. L'objectif de cet atelier de cinq jours animé par Shelley, coach d'auteurs en panne, et Alejandro, artiste, est d'agiter notre intérieur pour attiser notre liberté de création.

Un bloc de papier, des crayons noirs et de couleur, une gomme et un taille-crayon. Rien d'autre ne sera nécessaire. Zéro technologie. Avant de venir, on nous a demandé de prendre des photos : une spirale dans la nature, un animal dans les nuages, un jeu d'échecs en gratte-ciel, deux objets qui s'aiment, etc. Une chasse au trésor qui réveille l'œil. Je me suis entendue pester contre les instructions : une goutte de pluie féminine ou masculine… Bien sûr ! Ne réfléchissez pas trop, nous dit-on. Car plus nous réfléchissons, plus nous nous coupons de nos idées ou de nos perceptions.

Pas besoin d'en parler autour de nous non plus. Les autres nous influencent. Et encore, ce ne sont pas les plus critiques sur notre travail. Nous sommes nous-même notre pire détracteur. De fait, les photos des autres avaient du charme et de l'esprit. Plus que je n'en trouvais aux miennes. Le plus intéressant était de découvrir l'interprétation d'une même instruction par vingt personnes différentes. Une volute en fer forgée sur une façade de Florence ou un morceau de boudin chez le boucher : spirales dans la nature.

Il faut faire preuve d'esprit critique pour créer. Mais ne pas le faire trop tôt dans le processus. Au cours d'une création, on peine, on se trompe et il faudra encore échouer pour progresser. Pour la plupart d'entre nous, créer ne relève pas de l'inspiration divine. Et nous n'aimons pas nous tromper car nous sommes des créatures sociales, qui ont besoin d'acceptation et de reconnaissance.

C'est une raison supplémentaire qui nous fait passer à côté de nos capacités. Si elles ne sont pas reconnaissables par les autres au premier coup d'œil, nous ne leur accordons pas de valeur et ne cherchons pas à les laisser s'exprimer.

Je dessine comme un pied. Je suis tentée de dire comme un enfant, mais ça ne serait pas gentil pour les enfants. Donc, je ne dessine jamais. Même pour essayer. Ma critique intérieure ne me laisse plus essayer. Mais ma créativité pourrait tout à fait jouer avec ce média auquel elle ne connaît et ne comprend rien spontanément pour se libérer plus encore.

Développer sa créativité ne veut pas dire réaliser une œuvre à tout prix. Créer est un processus. Sur une IRM, on peut lire le moment où le cerveau a une idée, car il est toujours précédé par des images : manifestation physique du phénomène. Connexions cérébrales, tempête dans un cerveau, lien entre deux idées, sensations ou images, la création est dynamique. Au cours de l'atelier, nous serons presque toujours interrompus dans notre travail par un : « Vous pourrez terminer plus tard. » Aucune perfection possible, donc. Nous restons centrés sur l'objectif : faire entrer de l'air autrement dans nos circuits pour nous réveiller. Et si nous ne comprenons pas toutes les instructions, c'est tant mieux. Nous devrons alors les interpréter, donc nous serons en train de créer.

SE LAISSER GUIDER

Nous nous sommes presque tout de suite installés par terre. Comme les enfants lorsqu'ils sont concentrés. À plat ventre ou comme on voulait – rien que cela fait entrer un vent nouveau. Nous nous sommes couchés souvent, aussi. Parfois guidés dans des visualisations qui nous entraînaient sur un promontoire pour y voir l'endroit le plus inspirant de notre monde, enchaînés par une descente au fond de la mer pour y croiser notre grand-mère bienveillante qui nous remettait un objet précieux, attaqués dans la foulée par un monstre qui voulait nous le voler.

« Ouvrez les yeux, dessinez le monstre. »

Comique.

« Dessinez maintenant la manière dont vous avez résisté au monstre, conservé votre objet et continué votre route. »

Nous devions nous regrouper deux par deux pour partager nos dessins et stratégies. Mais en chuchotant. Et là cst survenue ma grande découverte de la semaine.

Chuchoter crée instantanément une autre sphère. Libératoire. En chuchotant, on n'a rien à prouver car on ne peut pas la ramener. La conspiration est immédiate, la connexion aussi. On n'éclate pas de rire en chuchotant comme on le fait parfois pour exprimer une gêne face à des situations sociales nouvelles. Et notre attention est décuplée. Pour nous entendre, nous devons tendre l'oreille et nous regarder de plus près.

Je déplore qu'il soit si incongru de le faire dans la vie de tous les jours. Des réunions chuchotées auraient un impact tellement plus fort. L'intimité du chuchotement crée un monde magique que nous contrôlons. Et nous nous exprimons autrement. Car l'idée la plus forte, comme la voix la plus forte, n'est pas toujours la meilleure. Se raconter avec un paramètre aussi simple que celui-ci nous pousse à nous raconter autrement. Parce qu'on nous en a donné l'instruction, nous y avons pris goût pendant toute une semaine. Mais saurons-nous continuer à le faire dans la vie de tous les jours, animaux sociaux que nous sommes ? Essayons quand même.

Nous nous relaxions aussi au cours de ces visualisations. Car lorsque notre esprit est au repos, nous dirigeons notre attention vers l'intérieur, vers un flux d'associations aléatoires qui proviennent de l'hémisphère droit de notre cerveau. À l'inverse, quand nous sommes tendus sur un objectif, notre attention se porte sur les détails du problème qui nous préoccupe. Cette concentration est nécessaire, mais elle nous empêche parfois de trouver la clé par un enchaînement imprévu d'idées.

La création est libératoire. On dessere quelque chose de nous. On ne se retient plus. Pour relâcher, l'esprit doit se détendre. Aidons-le, aidons-nous et, dans les moments de création, multiplions les méthodes pour laisser faire : respirer, faire autre chose, bouger, visualiser, se défouler.

VISER L'OUVERTURE

Alejandro nous demande de tracer un cadre sur une grande feuille blanche. Puis d'y ajouter un symbole, n'importe où sur la page. C'est ainsi qu'on supprime l'angoisse de la page blanche, puisqu'elle n'est déjà plus blanche. Nous avons ensuite fermé les yeux et dessiné n'importe quoi au crayon.

Dans tous les sens et à toute vitesse. C'est du dessin automatique. N'avoir aucune intention et laisser faire sa main pendant cinq minutes environ. Le cadre crée l'autorisation de divaguer.

On rouvre les yeux et, armé de son crayon et d'une gomme, on cherche les formes qui ont un sens pour les surligner, les nettoyer, les colorier ou les encadrer. Ce ne sont plus les doigts qui dessinent, mais notre regard qui interprète et trouve de l'ordre dans le chaos. Puis on échange sa feuille avec son voisin.

Déjà petits, nous n'aimions pas beaucoup que quelqu'un vienne gribouiller sur notre cahier. Car tout ce qui sort de nous est presque sacré. Même, et surtout, si on ne le fait que très rarement. Dans ce cas précis, l'expérience n'a rien de sacré. Nous recevons l'ordre de gommer ou de colorier les volutes d'un autre. L'exercice est salutaire. Nous visons l'ouverture, la multiplicité des points de vue, l'explosion de nos barrières personnelles, le mouvement, la sève qui s'écoule, la création dans toutes les directions. Vol, partage, ingérence, inspiration et inspection des travaux finis. En utilisant tous nos recours, notre œil s'aiguise et se réveille.

Indéniablement, le mouvement nous met d'humeur. Dans toutes les situations, nous y mettre nous y met. La semaine dernière, nous dînions chez Gilles et Aline. Terrasse, chaleur d'été, la mer n'était pas loin. Gilles a sorti la guitare qu'il a « achetée pour son fils ». Mon œil ! C'est clairement pour lui qu'il l'a emportée en vacances. Il a joué ce qu'il savait. C'était franchement pas mal. Frédéric, qui lui joue dans un groupe, prend le relais. Suivi par Larry, qui ne s'est pas dégonflé. En vingt ans d'amitié, je ne savais même pas qu'il savait jouer. Chacun de nous dissimule une ou plusieurs formes d'expression enfouies depuis longtemps. Claquettes, pas de danse, chansons, instruments, poésie ou fantaisie. Larry, d'habitude, écrit des romans – c'est son métier –, et écoute beaucoup de musique – c'est sa passion. Mais il pourrait aussi en jouer plus souvent. Sous prétexte de ne pas savoir le faire aussi bien que ses idoles et de ne pas l'avoir fait depuis longtemps, il ne le fait plus du tout.

L'écrivain dessinateur américain Austin Kleon insiste sur l'importance de laisser nos passions interagir. Ne pas arrêter la musique parce qu'on écrit mieux, plus souvent ou professionnellement. Adolescent ou jeune adulte, nous essayons différentes formes d'expression : la BD, la couture, la photo, le maquillage, le graph, la fabrication de bijoux, la mécanique, la danse, mixer, les vidéos entre copains, le stylisme, la musique sous toutes ses formes, y compris simplement pour écouter. Une fois qu'on a grandi, qu'en reste-t-il ? Des vestiges que l'ont peut raviver.

Adolescente, mon occupation préférée était de passer des heures au bout du fil avec mes copines. Je rentrais de l'école pour me jeter sur le téléphone de la maison et continuer l'échange de nos commentaires sur la journée, sujet de conversation intarissable. Je ne peux donc pas prétendre avoir étouffé une vocation artistique, car ma créativité s'exprimait dans mes commentaires et opinions sur les histoires des uns et des autres. Je continue, du reste, à le faire. Mais c'est en commençant à travailler que j'ai éprouvé le besoin de pratiquer d'autres activités plus concrètes. Époque couture et broderie, ère albums de photos, période bricolage, etc. Activités inspirées par l'âge de mes enfants, les déménagements, les retours de voyage. Je me suis aussi mise à la cuisine. Hobby durable, quotidien et formidable car j'y ai progressé. Tout comme un autre dont je ne me lasse pas : aller chiner pour trouver ce que je ne cherche pas. Pour nourrir mon coup-de-foudrisme acharné.

Si quelque chose nous plaît, doit-on pour autant en faire sa vie ? Non. Austin Kleon parle de la différence qu'il y a à faire quelque chose pour soi ou dans l'optique d'une rémunération. La création n'est pas la même. Une étude menée dans les années 1960 au School of the Arts Institute de Chicago a déterminé que les étudiants qui travaillaient pour le plaisir de créer ont produit plus tard de bien meilleures œuvres que ceux qui attendaient une récompense pour leurs efforts. Ils se sont surtout montrés mieux équipés pour faire face aux aléas de la vie d'artiste : revenus et reconnaissance en dent de scie. Être motivé intrinsèquement plutôt que par l'extérieur nous fait travailler mieux.

J'en ai fait l'expérience. Il y a deux ans, ma sœur Camille m'a proposé de lui envoyer des objets à San Francisco, où elle vit. Je chinerais ici et elle vendrait notre marchandise en Californie. Ce plan sur la comète nous a occupées un été entier. Mais à la rentrée, à chaque fois que je trouvais quelque chose digne d'intérêt, non seulement je voulais le garder, mais je doutais sincèrement que quelqu'un d'autre que moi veuille l'acheter. Donner une valeur commerciale à mes choix spontanés les a totalement tués. Incapable de m'engager ou de parier sur un objet s'il était destiné à d'autres. J'étais comme paralysée.

Une autre étude du Harvard Business School a réuni les œuvres de vingt-trois artistes : certaines étaient commissionnées par des mécènes, d'autres produites par pur plaisir. Experts et critiques ont évalué la qualité des réalisations à l'aveugle, sans connaître ni le nom de l'artiste, ni les conditions de réalisation. Les œuvres de commande ont été jugées beaucoup moins créatives que les autres – à qualité technique identique. Les artistes eux-mêmes rapportent se sentir beaucoup plus contraints quand ils créent une œuvre de commande. La liberté joue sur la qualité.

ÉCRITURE AUTOMATIQUE

Se libérer de nos habitudes est aussi une autre voie. Les surréalistes s'y sont frottés et ont changé le monde littéraire en se donnant le droit d'inventer des jeux pour enrichir la puissance de créativité. Ils ont inventé *l'écriture automatique*, un processus littéraire permettant de « s'émanciper de l'étroitesse de la pensée régie par la raison » (André Breton). Donc, de nous libérer de nos schémas habituels d'enchaînement d'idées. Cette technique est largement préconisée pour contourner ses propres barrières.

1. Prendre un crayon et une grande feuille de papier.
2. Écrire un mot sur la feuille pour la déblanchir, elle aussi.
3. Fermer les yeux.
4. Écrire.

Écrire quoi ? Écrire, tout simplement. Laisser faire, se faire porter, porter sans but, butiner pour s'évader, s'évader de ses idées. Suivre, pour une fois, au lieu de guider.

Cet exercice est recommandé comme une méditation quotidienne. Dans un moment d'effort créatif, si vous avez besoin de trouver une solution ou si vous souhaitez vous lancer dans un projet, vous pouvez commencer la journée par vingt minutes d'écriture automatique. On peut même faire cet exercice au lit, le plus près possible de la demi-conscience de fin de nuit. Comme une toilette de l'esprit. Écrire automatiquement évacue les soucis et laisse la place à autre chose. On n'écrit pas pour se relire – même si on peut s'en servir comme source d'inspiration –, on écrit pour se lâcher. Peu importe ce qui est sur la feuille. Le bénéfice de l'écriture automatique est dans l'abandon.

À Arles, nous l'avons pratiqué. Extrait : « Respire tes genoux, trompe ton monde là-bas bleu détente, plus près gros mou violet, écrire gros, glisser les fronts de mer et de pères de terre, c'est ce qu'on aime qui met du bleu sur les yeux, trompe-toi, va !… »

En repartant de ces mots, nous avons ensuite fermé les yeux pour un nouveau tour de manège. Puis il fallait lire le fruit de son délire à son voisin. Abigail parlait de désert, de tickets, de raccourcis, de San Francisco et de limbes. Beaucoup de limbes. Elle a écrit des phrases très droites. Moi pas du tout, je sortais même de la feuille.

Puis nous avons prélevé des mots ou des expressions dans la feuille de l'autre. Et récrit à partir de là. Il est vrai qu'à ce stade on contrôle encore moins ce que l'on fait. Avoir le vocabulaire d'autrui au bout de son crayon ouvre forcément de nouvelles portes. Étrangement, cet exercice nous a beaucoup rapprochées, Abigail et moi. Éprouvant l'une pour l'autre une forte proximité et une douce empathie. J'ai aimé me promener dans ses limbes. Abigail est anglaise et n'écrit pas français. Pour que l'exercice soit possible entre nous, je l'ai fait en anglais, faisant sauter ainsi un verrou de plus dans ma tête.

En sortant de l'atelier, j'ai eu envie d'instaurer une écriture automatique matinale, preuve de ma confiance dans ses bienfaits. J'étais alors enfermée pour quatre semaines pour finir ce livre. J'ai tenu deux jours. Finalement pas tant mon truc que cela. Et comme je pratique déjà la méditation et la course à pied pour me mettre en jambes avant de m'asseoir pour travailler, le moment de l'effort commençait à être sacrément retardé. C'est du moins l'excuse que je me suis trouvée pour ne pas le faire. Cependant, j'ai joué à dessiner. Les gens en face de moi, un objet sur la table, n'importe quoi en fait. Pour que mes mains me servent à autre chose qu'à taper des mots. Je comprends mieux pourquoi j'aime tant faire la cuisine dans les périodes d'écriture. Voilà une activité concrète de transformation visible et sensuelle, créativité pluridimensionnelle.

VOLER EST PERMIS

La création, par ailleurs, ne se fait jamais à partir de rien. Il nous faut des images et des idées pour nous inspirer et créer notre formule originale. Créer est un acte de transformation. Léonard de Vinci lui-même regardait le mur devant lui pour trouver des idées. Il ne les sentait pas venir de l'intérieur, il les voyait clairement à l'extérieur de lui. Une idée neuve part de l'agglomération d'idées qui l'ont précédée.

Salvador Dali disait : « Ceux qui ne veulent rien imiter ne produisent rien. » Nous nous construisons en imitant. Bébés, déjà. Comment aurions-nous pu inventer tous les comportements qui sont les nôtres à partir de rien ? C'est impossible. Passionné par les mécanismes de la création, Kleon encourage notre capacité de nous inspirer des gens que nous aimons et de ceux que nous admirons… Mes deux parents sont sensibles à l'harmonie visuelle qui me plaît tant. Le *mash-up* de leurs esthétismes a donc normalement contribué au mien.

Puisque nous puisons nos idées dans ce que nous avons sous le nez, ne le mettons pas n'importe où. La responsabilité de tout créateur est de collecter les meilleures inspirations possible. Plus nous avons de choix, plus riche sera notre sélection finale. Alors, qu'est-ce qui vous influence ? Qu'est-ce qui vous parle ? Les vieux films, la structure d'un pont, des conversations au café ? Je dresse ma liste : les panneaux de signalisation, les nuages dans le ciel, les jouets, les robots, les brocantes, les chignons, les couleurs mélangées, les casseroles, les lampes et aussi les romans. Quel est le lien entre tout cela ? Peu importe. Il s'agit de particules qui sustentent ma créativité.

Mais pour créer à notre tour, nous allons devoir aller plus loin. En imitant, nous copions. L'étape suivante est d'interpréter. Car c'est en échouant à être comme les autres que nous réussissons à devenir vraiment nous-même.

ENFILER SON COSTUME

Pour faire quelque chose d'extraordinaire, c'est-à-dire d'inhabituel, la mise en scène peut nous aider. Chaque métier, par exemple, a sa tenue. Se glisser dans une panoplie ou pénétrer dans un lieu particulier nous donne l'autorisation de devenir un personnage. De fonctionner d'une façon particulière. Donc, créative. Ainsi, Shelley a deux bureaux. Un pour écrire sur son ordinateur, l'autre pour gribouiller. Aucun outil hight-tech sur le second. Des crayons, des cahiers, des gommes, des autocollants et des trucs en tout genre qui peuvent l'inspirer. Lorsqu'elle écrit une pièce de théâtre, elle attaque rarement sur son écran. Elle griffonne d'abord, prend un cahier et un crayon pour faire de l'écriture automatique, ou dessine. Une fois les vannes ouvertes et les préoccupations neutralisées, elle change de place. Deux petites tables suffisent à lui faire cet effet.

Lorsque j'anime des conférences ou des ateliers, je ne conçois de le faire que dans un état d'alerte maximum. Concentrée et à l'écoute, je dois souvent inventer ce qui se passera sur place. Car chaque groupe, chaque individu, chaque question ou réaction est différent. J'ai besoin de tout ce que je sais et de tout ce que je suis. Alors j'y vais déguisée. Bon, « déguisée » est un grand mot, mais j'ai choisi ma tenue comme une avocate enfile sa robe ou un footballeur son maillot. Une fois attifée, je peux me concentrer. Les chaussures et la coiffure soutiennent ma flexibilité, même si mes jolis souliers me font parfois mal aux pieds. Grâce à ces codes, nous jouons à… À écrire une pièce de théâtre ou un livre, à conférencer, à partir en voyage, à répondre à un client, à faire de la musique, à chanter, à travailler, à tout ce que vous faites qui mobilise votre capacité d'invention. Prétendre être quelqu'un de précis ou quelqu'un d'autre, comme dans un jeu de rôles, nous incite à plus de liberté. On fait un peu semblant, même si c'est bien nous qui sommes là. Et faire semblant donne la force de faire autrement. Même jouer à faire la cuisine rend la tâche plus vivante et procure plus de joie.

Une étude a d'ailleurs démontré que jouer à être un enfant permettait de décupler nos idées. On a demandé à des étudiants d'imaginer ce qu'ils feraient s'ils n'avaient pas classe l'après-midi même. Une moitié d'entre eux devaient simplement y réfléchir alors que l'autre moitié devait se mettre dans la peau d'un enfant de sept ans. Les seconds ont été beaucoup plus ingénieux et plus originaux. Et plus ils étaient introvertis, plus la différence était frappante. Car il est pénible, parfois, pour un introverti, d'imaginer des activités qui impliquent d'autres personnes, donc il ne les met pas sur sa liste des possibilité. À sept ans, on ne se pose pas encore la question en ces termes, même pour de faux.

Quand nous sommes sortis du ventre de notre mère, nous ne savions pas ce que nous allions faire plus tard. Pour trouver notre élément, il faut avoir essayé… « Faire comme si… » est un très bon entraînement pour découvrir ce qui nous sied, sentir ce qui nous donne le plus d'occasions de créer et la confiance que cela nous procure.

DIS MA VIE

Au second jour de l'atelier, nous avons testé une technique utilisée par les acteurs. Nous avons été priés d'aller nous balader dans les ruelles d'Arles pour faire la connaissance de notre premier partenaire en chuchotement. Assises à proximité l'une de l'autre, Michelle et moi nous étions naturellement rapprochées. Elle est sud-africaine et nous avons le même âge. L'exercice consiste à s'interviewer pour pouvoir se présenter mutuellement au reste du groupe.

Antipodes géographiques et familiaux, pour une empathie totale. Nous ne savions pas encore que nous allions raconter la vie de l'autre à la première personne. Décrire quelqu'un reste extérieur. L'incarner change la perspective. Le récit de ses anecdotes en disant « je » nous rend meilleur conteur et nous nous glissons dans la peau de quelqu'un de différent. Les humains savent se métamorphoser pour occuper une autre enveloppe, l'espace de quelques instants. La créativité s'exprime alors par le corps tout entier puisque tout y est différent. En parlant de Michelle, je m'exprime autrement. De son récit, je me souviens de ce qui m'a marquée, ce qui m'a touchée, chatouillé les tripes. Habiter la vie d'un autre est un excellent moyen de s'y prendre autrement.

Et puis entendre quelqu'un parler de vous à votre place fait aussi son petit effet. Plus étrange encore que d'entendre sa propre voix enregistrée. Les mots sont les miens, mais leur ordonnancement ne l'est pas. On a envie de rectifier, de recadrer, de préciser, tout cela pendant une fraction de seconde, et puis on laisse tomber. Entendre ses propres anecdotes les rend plus effarantes. On prend un air navré face à l'assistance qui ne vous regarde même pas, puisque c'est l'autre qui cause. C'est singulier.

Créer une distance avec soi renforce la créativité. Au cours d'une étude, on a demandé à des participants de dessiner deux extraterrestres. Le premier pour illustrer une histoire qu'ils allaient écrire, le second pour une histoire qui serait écrite par quelqu'un d'autre. Les seconds martiens ont tous été plus inventifs que les premiers.

Par ailleurs, plus nous réfléchissons aux problèmes de gens qui nous sont éloignés, plus nous trouvons de solutions pour eux. Et plus ces personnes nous sont proches ou plus les problèmes nous concernent, moins nous sommes imaginatifs. Le phénomène se répète dans notre capacité à prendre des décisions pour les autres. Notre raisonnement est plus riche pour autrui que pour nous-même. Moins nous sommes concernés, plus nous savons innover. Donc, n'oublions pas de nous faire aider par des gens beaucoup moins concernés que nous par notre sujet.

UN ÉTAT D'ESPRIT HEUREUX

Lors d'un autre exercice, nous avons apporté un objet de notre enfance qui nous rend heureux. J'ai choisi une boîte d'allumettes qui m'a été offerte, ronde et ancienne, « souvenir de Florence », ornée de quatre détails de chefs-d'œuvre de Botticelli. L'exercice consiste à raconter publiquement pourquoi on aime cet objet.

Cette boîte est un cadeau et illustre à mes yeux la magie des merveilles de la vie que l'on n'avait pas prévues. Les premières libertés que j'ai prises, adolescente, ont été d'aller chiner porte de Clignancourt avec ma copine Catherine Chalumeau et cette boîte a elle aussi été chinée. Nous prenions le RER de nos banlieues opposées et nous retrouvions pour aller débusquer jupons et chapeaux de paille à la David Hamilton. Je vivais mes premiers moments de liberté. Ce style vestimentaire m'est passé très vite, mais le goût de la sérendipité est devenu un pilier de mes vies futures.

Sheena est venue avec une paire de chaussons roses, mémoire de ses années de danse classique avant un accident de voiture. Comme symbole de son libre arbitre, Yasmine a apporté l'alliance de sa mère, mariée de force avec un monsieur qu'elle n'aimait pas. Caroline a brandi une photo d'elle à huit ans, espiègle. Ronan est venu avec son ours en peluche en mille morceaux.

Cet exercice a pour objet de nous mettre dans un état d'esprit heureux. Raconter des circonstances positives a cet effet sur nous. Les études pour le démontrer affluent :

- Être d'humeur positive nous permet aussi d'avoir deux fois plus d'idées. Pas un peu plus, le double.
- Et ça durera jusqu'au lendemain ou au surlendemain.
- Rire devant un film augmente aussi notre capacité à inventer. Bien plus que si nous regardons une scène effrayante ou ennuyeuse. Rire tout court marche aussi.
- Écouter la musique que nous aimons peut nous mettre de bonne humeur et, par ricochet, nous apporter de nouvelles idées.

J'ai dans mon téléphone portable quelques morceaux de musique que je me passe avant d'entrer en scène ou de faire quelque chose de difficile. Ce sont mes rehausseurs d'humeur. Un lifting immédiat du moral de ma disposition générale et de ma réactivité.

La mélancolie inspirante

Et si on ne se sent pas heureux, que se passe-t-il ? Panne créative ?

Pas exactement. L'Australien Joe Forgas a cherché à comprendre le lien entre la mélancolie et l'attention. Il a placé des jouets disparates, petits soldats, voitures et toupies, à proximité de la caisse d'un magasin. À leur sortie, les clients étaient interrogés pour savoir de combien d'objets ils se souvenaient. Pour modifier leur humeur, on accentuait la morosité de l'ambiance, les jours de mauvais temps, en passant le *Requiem* de Verdi sur la sono. Et de la musique joyeuse les jours de beau temps. Les résultats ont démontré que les clients aux humeurs les plus sombres ont su nommer quatre fois plus d'objets que les plus joyeux. La tristesse nous rend plus attentifs et plus précis. Elle fonctionne comme une dose légère d'amphétamines qui permet à notre cerveau de passer plus de temps sur la recherche d'un mot, d'un souvenir ou d'un détail. Forgas a aussi projeté des extraits de films sur le cancer à des sujets avant de leur demander d'écrire de la prose. Les productions étaient plus belles et mélodieuses que celles du groupe de contrôle qui n'avait pas visionné le film.

À la Columbia Business School, un professeur a demandé à ses élèves de présenter en trois minutes le job de leurs rêves. La moitié d'entre eux étaient accueillis par des mines réjouies, les spectateurs hochaient la tête et souriaient pour marquer leur approbation. À l'autre moitié, les mêmes spectateurs faisaient la tête, levant les yeux au ciel et négligeant même parfois de les écouter. Une fois les présentations terminées, chacun devait réaliser un collage. Ces « œuvres » étaient ensuite évaluées par des artistes. Les élèves ayant reçu un feed-back négatif ont réalisé de bien plus jolis collages que les autres. Ils ont travaillé leur création plus profondément, l'améliorant en déplaçant les morceaux plusieurs fois. L'angoisse concentre l'attention et nous aide à persévérer.

Créer induit de se tromper, de faire des demi-tours et de recommencer. La tristesse nous apprend à avancer malgré tout, à nous « y coller » : lorsque nous sommes tristes, nous nous forçons à tout et c'est un bon apprentissage La joie crée des idées, la tristesse permet de les travailler. La variation de nos humeurs alimente notre potentiel créatif.

LES ACTIVATEURS

L'hyper-pouvoir de la créativité a lui aussi ses activateurs, qui accélèrent et agitent nos idées. Des trucs et des astuces qui peuvent aider à phosphorer.

Faire comme pour soi

La façon la plus simple de créer, quand on part de rien, est de faire comme si c'était pour soi. Écrire le livre ou la chanson qu'on aurait envie de lire ou d'écouter. Créer l'entreprise dans laquelle on a envie de travailler, tricoter l'écharpe qu'on a envie de porter, cuisiner le repas qu'on a envie de goûter. On se concentre sur les objets ou les services que l'on aurait l'intention d'utiliser. On peut aussi se raconter des histoires comme on aimerait qu'on nous les raconte, enrichies des détails qui nous plaisent. Les personnages, par exemple, s'aimeraient comme on aimerait être aimé. Puis on s'en décollera pour aller plus loin.

Les meilleures idées sont souvent venues d'expériences, de besoins ou de désirs personnels, et si ce ne sont pas nos meilleures idées, au moins, pendant ce temps-là, nous travaillons à créer notre style en laissant s'exprimer notre personnalité.

Multiplier les projets

Notre créativité s'applique à ce qui nous donne le sentiment d'être vivant et à ce qui nous fait du bien. Courir plusieurs lièvres à la fois nous permet de passer de l'un à l'autre et nous évite parfois le découragement. Si je mets tous mes efforts sur la réalisation d'une œuvre, la pression sera très lourde. Trop d'attentes tuent le plaisir. Jongler distrait le cerveau à partir du moment où nous ne quittons pas complètement la route – et encore. N'oublions pas que, jadis, les êtres les plus créatifs survivaient en priorité. Rester en vie pendant la préhistoire était une affaire de créativité et de réactivité. Aujourd'hui, les menaces ont pris d'autres formes et nous pouvons considérer que la vie nous lance des invitations. À nous de choisir de les accepter.

Dormir

Le réveil est un moment propice à l'inspiration. Le cerveau ensommeillé est alors désorganisé et détendu, ouvert aux idées farfelues. C'est pourquoi le matin est idéal pour l'écriture automatique… Mais il est souvent suivi d'un moment de pression intense. Il faut préparer tout le monde pour la journée, ne pas être en retard, etc. Pour ceux qui ne peuvent pas traîner au lit, il est recommandé, lorsque nous avons besoin de résoudre une question ou de trouver des idées originales, de programmer le réveil un peu plus tôt. Depuis un an, j'ai avancé d'une demi-heure l'horloge de la chambre. À chaque fois que j'ouvre les yeux dans un demi-sommeil, je ne m'en souviens plus et il me faut quelques instants pour réaliser que je n'ai pas besoin de me lever tout de suite. C'est un instant de somnolence volé en toute légalité.

Je suis par ailleurs narcoleptique. Lors des moments de concentration solitaire que demande la fabrication d'un texte tel que celui-ci, mon écran se met à tournoyer plusieurs fois dans la journée et je dois m'endormir quasiment sur-le-champ. Je m'en passerais volontiers, car j'ai beaucoup de difficulté à contrôler ces survenues du sommeil et il n'est pas toujours facile d'accommoder. Au travail, notamment. La bonne nouvelle, c'est que ce handicap, en terme de créativité, pourrait presque être un avantage. Dans ces courts laps de sommeil, nous incubons : les plages de demi-conscience font avancer la création.

Rêvasser éveillé est aussi un accélérateur d'idées. Bien plus que se cramponner à son objectif pour trouver une solution originale coûte que coûte. Rêvasser est à la portée de tout le monde. Les pensées s'échappent et vadrouillent. La création intervient dès lors qu'on s'en rend compte et que l'on est capable d'attraper au passage une de nos idées. L'ennui conscient peut donc se traduire en monotonie créatrice.

Distraire ses neurones

Même sans substances illicites, il y a déjà deux parties de nous qui nous proposent des idées : notre conscient et notre inconscient. L'inconscient est le frère – où la sœur – introverti qui n'aime pas beaucoup prendre la parole. Le conscient tient le devant de la scène et parle plus fort. Il incite l'inconscient à la discrétion autant qu'il le soulage de ne pas devoir parler trop souvent. Seulement voilà, être silencieux n'est pas un obstacle pour créer. Au contraire, presque.

Face à un défi, tel que trouver des noms de pâtes innovants, un groupe a été séparé en deux parties. À tous on a présenté cinq noms fictifs de pâtes se terminant en « i ». On a donné trois minutes au premier groupe pour trouver de nouveaux noms à voix haute. Pendant ce temps, le second groupe a été placé pendant trois minutes devant un écran pour suivre un point en mouvement et cliquer sur la souris dès qu'il changeait de couleur. Puis, ces participants cherchaient eux aussi de nouveaux noms.

Les chercheurs voulaient comparer la créativité des résultats. Les seconds, c'est-à-dire ceux dont l'esprit conscient a été occupé à autre chose pendant quelques instants, ont gagné haut la main. Leur inconscient a travaillé. À l'arrivée, les résultats étaient beaucoup plus libres tandis que le premier groupe n'a proposé que des noms en « i ».

LA clé est donc de laisser de la place à ces deux parties de nous-même. Car l'incubation – toujours elle – travaille à fond quand on distrait le cerveau conscient. La solution, d'après Wiseman, est de se concentrer sur la tâche qui nous préoccupe pendant un moment, puis de passer tout à fait à autre chose. Feuilleter un magazine, faire des mots croisés, des sudokus ou des anagrammes. Se mettre en veille, mais en occupant quand même le cerveau pour duper la partie consciente et laisser les bulles de l'inconscient remonter à la surface.

Petite, j'adorais faire des crapettes. On distribuait des cartes et on les retournait une à une. Aujourd'hui, mes enfants ne savent pas qu'un solitaire électronique s'est appelé une crapette. Tous ces jeux sont désormais dans nos téléphones. Il est donc facile de brandir son smartphone à tout moment pour s'offrir une trêve et enrichir le processus.

Proximité

Se détendre peut parfois prendre trop de temps, surtout lorsque l'on doit faire fonctionner sa créativité sur commande. Alors il y a d'autres « trucs » qui peuvent nous aider.

Étrangement, pour avoir plus d'idées, il suffit de tirer sur la table devant laquelle on est assise, comme pour s'en rapprocher. Si, au contraire, nous la repoussons comme cela peut avoir lieu dans un moment de réflexion, nous aurons moins d'idées. Voici donc le super-pouvoir caché des fauteuils à roulettes qui incitent toujours à tirer sur la table pour s'en approcher et s'installer confortablement.

Par ailleurs, croiser les bras est un signe non pas de fermeture, mais de persévérance. En croisant les bras, nous cherchons deux fois plus longtemps à résoudre des anagrammes que si nos mains sont posées sur nos genoux. Nous restons ainsi en place intellectuellement. Et réfléchir à une grille de mots croisés allongé permet de la terminer 10 % plus vite. Cela s'explique par une meilleure irrigation du cerveau.

Changer de point de vue

Wiseman propose également de changer de point de vue. Et si un enfant, un ami, un imbécile ou un expert comptable se penchait sur ma question, comment s'y prendrait-il ? Utiliser des analogies : si animer une conférence est comme jouer dans une pièce de théâtre, comment s'y prendrait le metteur en scène ? Et si je faisais tout le contraire de ce à quoi j'ai déjà pensé, qu'est-ce que cela donnerait ?

Réfléchir la tête en bas à pour effet de *nous réveiller*. Voilà peut-être mon combat préféré. Rien de tel, pour créer plus, avoir plus de chance et tenter plus. C'est l'un de mes super-pouvoirs favoris. Non pas de me suspendre les pieds en l'air, mais de tenter la nouveauté et m'y prendre autrement. Wiseman appelle cela « passer du mode automatique au mode manuel ». Au cours des ateliers, je demande à chacun de changer de place, de voisin et d'angle de vue à chaque pause. Certains restent rivetés à leur chaise en clamant que si tout le monde bouge, ils n'ont pas besoin de le faire – et ils sont ravis de leur astuce. Mais l'élasticité est une des clés d'une vie plus riche. Et conserver un œil « extérieur » sur ce que nous traversons ou faisons est nécessaire pour activer le mode manuel.

Plus nous sommes jeunes, plus notre œil est « frais». Nous avons encore peu de points de repère et tout est découverte. Pour Jonah Lehrer, seuls de très jeunes musiciens pouvaient inventer le rock punk – et, d'après mes souvenirs il fallait être encore plus jeune pour l'écouter avec plaisir, ce qui fut mon cas. Mais, au fil de nos expériences, une invention *pur jus* devient statistiquement plus incertaine.

Car la créativité n'augmente pas avec la maturité. Les physiciens font leurs meilleures découvertes et les poètes publient leurs meilleures œuvres très jeunes. Sommes-nous programmés pour que notre capacité d'invention décline avec l'âge ? Non. Ce qui décline est notre aptitude à nous étonner et à nous renouveler, à accepter de changer de chaise. Il a même été observé que, si les deux premières années universitaires nourrissent la créativité, les deux suivantes l'étouffent déjà. Le formatage asphyxie les idées et les connexions que nous établissons entre deux idées, images ou intuitions. Sauf si…

Sauf si nous continuons à trouver de nouveaux défis. Pour penser comme lorsque nous étions jeunes. Mon père et sa femme sont de ce point de vue une démonstration vivante de ces observations. Un laboratoire de créativité en activité permanente. Incollables sur les dernières tendances, ils captent l'air du temps en capitalisant sur leur expérience. À 75 et 68 ans, alors que beaucoup de gens préfèrent prendre une retraite méritée, ils ont relancé un magazine furieusement contemporain. Leurs quatre mains dans le cambouis. L'invention n'est pas reléguée aux plus jeunes, mais la marmelade des profils qu'ils ont choisis pour les entourer entretient leur incroyable capacité d'étonnement. Car inventer induit de poser des questions idiotes, de se tromper, de fréquenter des gens qui savent ce que l'on ignore et de ne pas la ramener. De tester les eaux froides au risque d'y tomber, jusqu'à très tard dans sa vie.

Voyager

Notre cerveau s'encroûte dans le confort. Car il s'adapte à tout. Plus il se sent à son aise, plus il est rassuré et plus ça roule automatiquement. Mais il profite moins du relief, de la fraîcheur et de l'environnement. Si on le peut, il est important de s'exiler de temps à autre. De quitter sa maison et son connu. Le monde s'est tellement rétréci que nous avons l'impression de savoir des choses sur d'autres parties de la planète sans avoir besoin d'y aller. Mais un village voisin qu'on n'a pas encore visité est déjà une autre partie du monde et y aller ne nous fait pas le même effet que d'en avoir entendu parler.

S'exposer à autre chose et naviguer parmi des gens qui s'y prennent autrement donne un aspect neuf au monde. Et tout ce qui est neuf fait travailler notre cerveau plus fort. Voyager est une nourriture créative, sociale, spirituelle et littérale.

Mais aussi économique. Une étude réalisée il y a dix ans a révélé que plus les ressortissants d'un pays effectuaient de voyage d'affaires, plus ce pays déposait de brevets. 10 % de voyageurs d'affaires en plus augmentent l'innovation globale d'un pays de 1 %. L'échange crée de la valeur et de la nouveauté.

Avoir vécu à l'étranger semble aussi être un facteur de créativité augmentée. Le simple souvenir d'une situation où nous avons été obligés de nous adapter pendant ce séjour nous rend plus aptes à résoudre des problèmes autrement et nous permet de trouver plus de liens sous-jacents entre deux éléments : c'est une source de nos idées. Tout cela est inconscient, bien sûr, mais cette gymnastique a musclé d'autres parties du cerveau. Erasmus, Erasmus, tous en Erasmus !

Et si on procrastine ?

Malgré la batterie de techniques et de moyens à notre disposition, nous avons toujours la tentation de la procrastination. Lorsqu'on se renseigne sur les mœurs productives de chacun, 20 % des personnes interrogées se considèrent procrastinateurs chroniques.

Remettre à plus tard se justifie par un ensemble de causes ou de raisons :

- La peur d'échouer nous empêche de nous lancer ; celle de réussir, parfois aussi. Souvent, nous remettons à plus tard ce qui compte le plus, car il est moins impliquant de rêver que d'agir.
- Le perfectionnisme nous tétanise. Puisque je doute de ma capacité à faire les choses comme il le faut, il est beaucoup plus simple de ne même pas essayer. La peur de se décevoir n'est pas porteuse.
- Le manque de confiance en soi ou en ses capacités est une autre raison de tergiverser. Toujours cette difficulté à être

bienveillant et confiant envers nous-même alors que nous savons l'être avec ceux qui nous entourent.

- Quand les projets sont trop lourds, car nous les envisageons dans leur ensemble, une grosse masse. Par où commencer ? En les décomposant en morceaux accessibles. Une étape à la fois, et une étape après l'autre.
- La peur de s'ennuyer. L'état de flux que nous générons lors des activités qui nous conviennent n'est pas instantané. Pour le ressentir, nous devons démarrer à froid. Comme un moteur au petit matin. Difficile de définir à l'avance que nous décollerons et que le voyage sera fantastique. Pour qu'il le soit, il faut prendre le risque qu'il ne le soit pas et commencer à grimper.
- L'incapacité à définir combien de temps nous allons mettre pour finir. Se dire qu'on n'aura pas le temps d'aller jusqu'au bout nous freine aussi. À quoi bon, si c'est pour abandonner en route ?

Pour vaincre toutes ces raisons, Tal Ben Shahar recommande une seule chose : se lancer ! Et survivre aux cinq premières minutes. Car ne pas avoir achevé quelque chose alimente l'anxiété qui nous incite à terminer. Il faut avoir fini pour ne plus y penser. Se dire qu'on s'y met pour « quelques instants » est donc moins menaçant et très efficace.

Combien de matins je m'élance sur le trottoir à reculons pour ma course à pied, mais en sachant que si je dépasse la pharmacie, j'irai jusqu'au bout ? C'est le temps qu'il faut à ma tête pour oublier ce que mon corps est en train de faire et combien cela peut être casse-pieds de fouler le macadam humide des hivers parisiens.

SE CRÉER DE LA MÉMOIRE

Quand on est dans un processus de création et qu'on s'inspire de tout, peut-être serait-il déjà utile de se souvenir des informations à notre disposition et de les canaliser.

Audrey Akoun et Isabelle Pailleau accompagnent des enfants dont l'intelligence déborde du cadre. Des enfants qui ont surtout des difficultés à répondre aux exigences du dénominateur commun de nos écoles. Elles sont rompues aux ressorts qui activent les morceaux des talents. Leurs interventions et enseignements visent précisément les parties créatives des personnalités pour que chacun trouve sa voie de mémorisation ou de compréhension. Elles font parler le corps, les sens, le cœur aussi. Dans leur travail m'attendait ce que je cherchais sans le savoir : le mindmapping. Lorsque j'ai fait leur connaissance, ma fille Pénélope venait de rentrer de l'université pour les congés de Noël et Léon passait son brevet quelques mois plus tard. Nous avons tous les trois suivi un de leurs ateliers de mindmapping.

Mindmapper, c'est cartographier. Disposer de manière visuelle l'ensemble de ses idées, souvenirs, connaissances, découvertes, rencontres ou projets. C'est une technique qui touche la mémoire ou la capacité à se projeter, autrement.

L'objectif est de construire le réseau de ses idées sur une feuille blanche. Comme un feuillage qui part du centre de la page ; il peut aussi se décliner en couleurs si on le souhaite. La variété visuelle facilite l'organisation et la mémorisation. Par exemple, pour imaginer ce livre, je place son titre au centre de la page. Et de ce titre partent des branches. Une par idée – chacune est devenue un chapitre. De là, chaque branche laisse pousser ses feuilles : une citation, un texte, une histoire, une expérience, un lien sur Internet, un paragraphe. Peu importe ce que c'est. L'écriture se fera plus tard. Pour l'instant, je moissonne et je plante cet arbre aux rameaux illimités.

Bien que je ne me souvienne jamais de rien, je peux presque tout vous raconter sur les pandas. Avec Isabelle et Audrey, nous avons mindmappé un texte plein de détails sur cette espèce pour ouvrir les portes de notre cervelle. Et ça a marché. La mémoire était activée grâce aux couleurs utilisées pour souligner le texte. Que nous avons restitué sous la forme d'un arbre. C'était une nouvelle langue que l'on parlait à nos neurones, contre laquelle ils ne savaient pas encore se défendre. Au contraire, ils ont eu l'air d'en redemander.

La beauté du mindmapping est qu'il se pratique sur des logiciels dont la plage de construction est illimitée. Sur un ordinateur ou sur une tablette, on peut assembler ses idées sans limites. Je prévois ainsi le contenu d'une conférence, par exemple. Au cœur, son titre. Autour, les grandes idées ; au bout de chaque branche, les anecdotes. Si je manque de temps, je coupe les petites feuilles du bout plutôt que de faire une impasse sur une grosse branche entière.

Pénélope a regretté de ne pas avoir appris cette technique plus tôt. Les fiches qu'on lui a fait faire au cours de sa scolarité ne lui parlaient simplement pas. Les lignes d'informations dansaient devant ses yeux sans trouver la porte de la mémorisation. La pédagogie positive d'Isabelle et Audrey est une histoire de clés qui tournent dans un autre sens. Une idée originale pour nos esprits, qui nous apporte de nouvelles possibilités. Je n'ai jamais autant kiffé un troc. Une préface de leur livre contre un atelier familial, deux amies de plus et un nouveau département de mémoire dans ma tête. Franchement, merci.

Ken Robinson recommande aussi le mindmapping comme approche décalaminante, décomplexante et propice aux nouvelles associations. Il en recommande l'usage pour trouver son élément. Créer un arbre de tout ce que l'on fait dans sa vie en plantant une branche pour ce que l'on fait bien, une pour ce que l'on fait moyennement bien et une pour ce que l'on ne fait pas bien. À partir de là, on prend des couleurs et on souligne en mauve ce qu'on aime vraiment faire, en jaune ce qu'on aime moyennement et en gris ce qu'on n'aime pas du tout. On construit ainsi le cageot qui va permettre de transporter les fruits de notre épanouissement. Formes et couleurs entrent en ligne de compte. Quitte à trouver sa vocation, autant le faire créativement.

Le mindmapping se découvre soit par ses propres moyens, en explorant des logiciels gratuits ou en participant à des webinaires, soit en s'inscrivant à des ateliers. S'il vous plaît, faites-le découvrir à vos enfants. Apprenez-leur à apprendre en sollicitant ce qui va leur permettre de goûter à ce qui leur convient.

Alex était tout surpris de notre engouement. Il y a bien longtemps, il a collé sur le mur de son bureau un tableau blanc sur lequel il conçoit tous ses projets en arbres multicolores. Alex est inventeur. La cartographie correspond aussi à son mode de fonctionnement. Rien qu'en les dessinant, il est dans son élément. Je le regardais faire sans me sentir concernée. Sans savoir que le bénéfice serait immense pour moi le jour où je m'y mettrais…

CHOISIR SA COULEUR

Les couleurs sont elles aussi des activateurs. Une étude a réuni six cents étudiants auxquels on a demandé de répondre à des tests d'aptitudes cognitives projetés soit sur des fonds rouges, soit sur des fonds bleus, soit sur des fonds neutres. Les différences entre les résultats ont été significatives.

Les étudiants qui ont eu les meilleurs scores aux exercices de précision et d'attention aux détails, comme de trouver des fautes d'orthographe, travaillaient sur fond rouge. Sans doute parce que le rouge est associé au danger, donc à un état d'alerte. On a ainsi constaté que les professeurs qui corrigeaient des copies au stylo rouge repéraient plus d'erreurs et attribuaient de plus mauvaises notes que ceux qui se servaient d'un stylo noir ou bleu.

Mais la capacité à imaginer tout ce que l'on peut faire avec un tas de briques ou à concevoir un jouet pour enfants a été décuplée lorsque le fond des instructions était bleu. Exposés au bleu, nous produisons deux fois plus d'idées que si nous travaillons sur fond rouge.

Ainsi, un environnement bleu est déclencheur d'idées. Car nous l'associons inconsciemment au ciel, à la mer et à l'horizon. Grands espaces, grandes possibilités. Cette sensation stimule la production d'ondes alpha qui libèrent notre imagination. J'ai donc installé une magnifique photo de ciel bleu en face de ma table de travail. La couleur verte réserve aussi son lot de surprises. Une étude sur la créativité au travail conduite pendant huit mois au Japon a révélé que des fleurs et des plantes dans un bureau permettent à ses occupants masculins de trouver 15 % d'idées supplémentaires et à ses occupants féminins de faire preuve de plus de souplesse face aux problèmes à résoudre. Et dans une cour d'école, les enfants inventent des jeux plus sophistiqués s'il y a des plantes.

Les stylos verts ont aussi leur puissance. Lors d'études sur la créativité, on demande souvent aux participants de résoudre des anagrammes (inverser les lettres d'un mot pour en obtenir un autre, comme *chien/niche*). Nous résolvons 15 % d'anagrammes en plus lorsque nous utilisons de l'encre verte plutôt que rouge.

Le vert, surtout naturel, nous met de bonne humeur. Dans les ensembles urbains qui contiennent de la verdure, on dénombre 48 % de vols et 52 % de crimes violents en moins que dans ceux qui sont entièrement bétonnés. Dans les hôpitaux, les patients qui ont vue sur des arbres guérissent plus vite que les autres, et les prisonniers dont la fenêtre donne sur la campagne ou une forêt ont moins de problèmes médicaux que les autres. Mais pourquoi ?

Parce que l'évolution de l'humanité a beaucoup dépendu de la nature. Un paysage sain et verdoyant est dans notre inconscient synonyme d'abondance, donc de tranquillité. Nous n'aurons pas à nous inquiéter pour le repas du jour, il est à portée de main. Le feu de circulation qui indique que la voie est libre est vert, celui qui indique le danger est rouge. Instruction universelle rendue possible par des milliers d'années d'évolution de l'espèce humaine.

Forte de ces informations, j'ai continué cet ouvrage les ongles de la main gauche peints en bleu et ceux de la main droite en vert. On verra bien où tout cela me mènera.

LA FORCE DES VILLES

J'aime la ville. L'été, je m'en sauve pour la période la plus longue possible, mais le reste du temps, je sais instinctivement que j'y puise de l'inspiration. Nous créons à partir de ce qui nous entoure et les connexions Internet ne remplaceront jamais un trottoir ou une rame de métro bondée. Il existe des données surprenantes pour le démontrer.

Des spécialistes se penchent sur les personnalités des villes, cherchant à comprendre pourquoi certaines sont vibrantes et d'autres moribondes. Les corrélations sont de plus en plus claires. Plus une agglomération grossit, plus elle devient productive et créative. Les économistes mesurent notamment le nombre de dépôts de brevet qui attestent l'innovation. Plus la ville se développe, plus les dépôts s'accélèrent. Un couple de chercheurs, Marc et Helen Bornstein, ont comparé la vitesse des piétons dans une douzaine de métropoles du monde, de Genève à Jérusalem. Ils ont relevé que plus nous y sommes nombreux, plus nous marchons vite. Et plus nous marchons vite, plus nous avons d'idées. Car la ville provoque des collisions, sources de créativité.

Cette particularité d'accélération liée à la croissance ne se retrouve nulle part dans la nature. Les villes sont une anomalie biologique. C'est d'ailleurs de ce phénomène que découle la modernité contemporaine.

Une collision est une rencontre inopinée. Avec une image, une scène particulière ou un individu. Il va de soi que trop de collisions n'est pas toujours plaisant. C'est l'une des raisons pour lesquelles certains préfèrent déménager vers des endroits plus calmes. Mais la stimulation générale provoque la nouveauté, des rebondissements et de l'inattendu. Une ville peut être 28 % plus créative que sa voisine si elle est beaucoup plus dense – lorsque les gens se regroupent, ils produisent plus de tout. Volontairement ou non.

Et cela se vérifie dans tous les pays. La croissance de la population est toujours suivie des mêmes conséquences : une productivité individuelle accrue. Nous y faisons plus de choses, car il nous y arrive plus de choses. Non parce que la culture y est plus présente mais parce que les débordements liés à tous ces frottements sont plus nombreux. Pédaler à vélo dans Paris pousse toujours à s'arrêter quelque part pour regarder quelque chose. Les transports en commun sont aussi une source d'aventures et de contacts. Souvent trop, mais bien plus imprévus que les trajets en véhicule individuel.

Steve Jobs avait lui aussi compris ces mécanismes. Lors de l'installation des studios Pixar dans de nouveaux locaux, il avait tenu à conserver le centre du rez-de-chaussée libre pour que les gens puissent s'y croiser. Comme sur une place de centre-villc. Mais il trouvait la quantité de rencontres fortuites tout à fait insuffisante. Pour lui, on ne pouvait créer les meilleurs films qu'en étant le plus ouvert et le plus nourri possible par une variété d'individus et de talents. Il a fait installer un café et des aires de repos. Insuffisant, encore. Il a finalement demandé que l'on déplace les toilettes de l'immeuble dans ce cœur du bâtiment. Obligés de se déplacer plus loin, les collaborateurs ont râlé, mais l'effet recherché a été atteint. Les collisions étaient installées.

PLUS CRÉATIFS ENSEMBLE ?

La création à plusieurs est omniprésente : en ville, au bureau, en famille, en amour, sur Internet. Combien de brainstormings ont été organisés depuis leur apparition dans les années 1940 ? Mais depuis peu, les chercheurs essayent de confirmer l'hypothèse selon laquelle nous sommes plus productifs réunis autour de la même table. Et des éléments contradictoires apparaissent. En donnant les mêmes instructions à un groupe ou à des individus placés seuls dans une pièce, on récolte plus d'idées de la part des solitaires. Et elles sont de meilleure qualité.

Car lorsqu'on fait quelque chose tout seul, le résultat dépend intégralement de nous-même, qu'il soit positif ou négatif. Lorsqu'on se met en groupe, on lève spontanément le pied en sachant qu'on ne récoltera pas tous les lauriers et qu'on pourra toujours pointer les autres du doigt en cas d'insuccès. Intéressant. Seuls, nous sommes aussi plus bruyants qu'en groupe. C'est un phénomène universel.

Faut-il rester dans son coin pour autant ? Non, ça serait trop simple. Certains travaux ou projets requièrent l'intervention de compétences diverses et il vaut parfois mieux être plusieurs sur le coup.

N'oublions jamais que se voir en face à face reste le moyen le plus sûr de résoudre un problème complexe. L'université du Michigan a mis en situation deux groupes chargés de la même tâche. L'un d'eux se réunissait dans une salle alors que, dans le second, chacun travaillait à distance par mail ou messagerie instantanée, sans se parler directement. Le premier groupe a résolu la question rapidement et astucieusement. Le second ne l'a pas dénouée. Bien que la même quantité d'informations ait été échangée, ce sont les imprévus, non dits et alchimies qui ont permis de trouver la solution.

Lorsqu'on travaille sur un projet à moins de dix mètres de ses collègues, le résultat est meilleur que si on est à plus d'un kilomètre les uns des autres. Non, Internet n'a pas tué et ne tuera pas la richesse de se voir, de s'observer, de se comprendre et de s'adapter. Nos écrans ne nous inspirent pas autant que la présence des autres.

INTELLIGENCE COLLECTIVE

On comprend aussi de mieux en mieux l'incroyable mécanique de l'intelligence collective. Mon cousin Émile Servan-Schreiber, docteur en sciences cognitives, invente des solutions pour les entreprises et les gouvernements qui souhaitent s'appuyer sur l'intelligence collective de leurs employés ou de leurs citoyens pour prendre de meilleures décisions. Dans toute réflexion, dit-il, un groupe est souvent plus intelligent, plus informé et moins biaisé que la personne la plus intelligente du groupe. D'ailleurs, quand on mesure le QI d'un groupe – à l'aide d'une batterie de tests, comme pour les individus – on se rend compte qu'il ne résulte pas simplement des QI des membres du groupe : un groupe de gens très intelligents peut être idiot, alors qu'un groupe de gens au QI moyen peut être supérieurement intelligent. Ce qui est déterminant, plus que tout, c'est la qualité de l'écoute dans l'ensemble.

Quand il s'agit de prévoir l'avenir, il vaut mieux aussi mettre en commun les réflexions d'un grand nombre de gens. On sait par exemple que les meilleurs analystes du renseignement américain ont l'habitude de se pencher sur l'économie, les faits de société, la politique internationale et les tendances en tout genre pour avoir un coup d'avance et aider le gouvernement à prendre des décisions. Ils décortiquent, observent et rendent des rapports prospectifs remplis de raisonnements éclairés. C'est la méthode classique. Mais un panel réunissant quelques centaines de lecteurs de la presse quotidienne de qualité a été constitué par l'université de Pennsylvanie, à la demande de la CIA. Ce sont des volontaires érudits, passionnés d'actualité, qui se prêtent au jeu sans contrepartie financière. On leur demande leur avis sur les conséquences des mêmes événements géopolitiques probables : chute d'un chef d'État, élection d'un chef de parti, fin de la guerre en Syrie, dégradation d'un conflit territorial, etc. Chacun parie sur les hypothèses proposées, exprimant ainsi son opinion le plus simplement possible, sans avoir à se justifier d'un raisonnement expert. Les paris produisent alors une cote pour chaque hypothèse, comme pour un cheval de tiercé. Puis on attend de voir ce que réserve l'avenir. Et lorsqu'on compare la réalité aux prévisions, celles du panel d'amateurs armés simplement de leur connexion Internet s'avèrent jusqu'à 30 % plus justes que celles des experts professionnels ayant accès à toutes les informations classifiées du gouvernement américain. Encore un super-pouvoir.

Il s'agit bien du phénomène de l'intelligence collective : la sagesse des foules. Nous ne parlons pas ici de brainstorming, mais d'agrégation d'opinions informées dont la somme prédit la réalité mieux que les meilleurs raisonnements. Pour que cela fonctionne, pour que l'on produise bien de l'intelligence plutôt que de la pensée unique, il faut cependant recueillir une grande diversité d'opinions exprimées en toute indépendance.

Cette technique s'applique aussi pour stimuler l'innovation. Plutôt que d'ouvrir une boîte à idées classique dans une entreprise ou au sein d'un groupe, on ouvre un site Internet pour récolter les idées anonymes de chacun. Tous les invités peuvent participer, commenter, contester, soutenir et voter. C'est ainsi que l'on donne aux meilleures idées les meilleures chances de réussir. Lorsqu'une équipe est constituée d'un nombre limité de personnes, une discussion en réunion peut parfaitement suffire à faire avancer un projet. Mais lorsqu'on veut impliquer des centaines ou des milliers de personnes dont l'opinion et les idées nous intéressent, de telles plate-formes s'avèrent très efficaces pour stimuler la créativité et propager l'enthousiasme.

ALORS J'Y VAIS...

Cette année, j'ai animé soixante-douze conférences et ateliers. Lorsque j'interviens, il m'est impossible de répéter la même chose, dans le même ordre. J'en deviendrais zinzin. Parfois, je parle une heure, parfois deux jours. La variété de mon métier m'est indispensable. Mais plus j'ai d'expérience, moins j'ai peur. Et pour prendre un train à 6 h 50 le matin pour rejoindre les quatre coins de France, j'ai besoin d'avoir le trac et de partir surmonter quelque chose. Dépasser une peur ou un morceau de moi : terrasser ma dragonnette.

Au mois de juin dernier, à la soixante et onzième intervention, j'ai eu la sensation de ne plus habiter mon corps. Florence parlait et je la regardais faire, détachée, épuisée en fait. Trop. À la soixante-douzième, je me suis ancrée les deux pieds dans le sol en choisissant de profiter de ces derniers instants et en me jurant que plus aucun ne serait comme celui-là. Que la rentrée se ferait autrement, ressourcée et renouvelée. Il faut absolument que j'apprenne quelque chose de nouveau !

Pour écrire son livre *Imagine*, Jonah Lehrer est allée visiter les coulisses du Second City Theater de Los Angeles. Second City est une école d'improvisation et d'expression théâtrale. Les plus grands acteurs comiques américains y ont fait leurs armes et Lehrer a eu envie d'aller voir comment on pouvait apprendre à être drôle. Car un des talents créatifs qui nous semble inné est celui de faire rire les autres. On est marrant ou on ne l'est pas. Mais avoir raconté une histoire drôle la semaine dernière ne suffit pas pour être comique professionnel. Pour improviser, la première chose à faire, c'est de se lâcher. Faire taire la petite voix d'inhibitions qui contrôle nos impulsions. Lorsque cette partie du cerveau nous voit quitter la rampe du bienséant ou de l'habituel, elle se dresse pour que nous restions dans le rang. Les élèves de Second City ne se forment pas qu'à l'humour, ils entraînent leur cerveau à les laisser faire.

Les séances d'échauffement commencent par des jeux d'enfants : la chandelle, Jacques a dit, etc. Puis on se déplace dans la pièce en émettant le plus de sons corporels possible : rots errants et pets tonitruants. On passe ensuite aux râles et hurlements pour crier sa colère. S'ensuivent cinq minutes assis en rond, pour une confession éclair, un secret partagé, l'expression d'une émotion réprimée.

Un comédien qui n'est pas drôle sur scène cherche encore les idées « dans sa tête ». Ses filtres restent actifs et les spectateurs ressentent une gêne. La plupart d'entre nous sommes très doués pour réprimer nos élans. Apprendre l'improvisation inverse cette mécanique. Les meilleurs artistes de stand up le font tellement bien qu'ils ne se souviennent pas toujours de ce qu'ils ont dit en descendant de scène. Ils ont la sensation d'avoir disparu et ont laissé parler leur corps.

J'en rêve. D'étouffer l'autocensure et de m'envoler. J'aimerais de tout mon cœur progresser pour jouer davantage. Je ne suis pas comique, mais j'aime tellement rire que je trouve poli de savoir faire rire un peu aussi.

Alors, pour que l'année prochaine ne ressemble pas à la dernière, pour qu'elle ait sa propre couleur et inauguration, pour que je ne sois pas allée à Londres pour rien, j'ai décidé, non pas de prendre des cours de théâtre pour devenir Mary Poppins, mais des leçons d'improvisation. C'est une mesure pour ne pas m'endormir. Et une récompense pour avoir mis les bouchées doubles. Il est beaucoup trop tôt pour savoir si mes progrès seront visibles ou bénéfiques, mais la destination est choisie.

6

Aimer tous azimuts

J'ai vécu cette année tant d'expériences bienveillantes que je regrette de ne pas les avoir toutes notées. Chacune est une dose de réjouissance, de connexion, de difficulté surmontée ou de chaleur. Elles me rappellent combien j'ai de la chance d'être dans mes souliers. Même le départ de mes enfants, vécu comme une amputation, m'a offert des découvertes imprévues. Chaque épisode, à sa façon, m'apporte du soutien, de l'aide, de la confiance, du renouveau, et je découvre que dans chacun d'eux il y a de l'amour. Car il existe plusieurs formes d'amour : les élans que nous éprouvons pour et partageons avec d'autres personnes, connues ou étrangères ; puis un amour que nous devons apprendre à nous destiner, l'autocompassion, et enfin la gratitude, qui permet d'aimer sa vie telle qu'elle est.

AIMER ÊTRE ENSEMBLE

Barbara Fredericksson qualifie l'amour d'émotion suprême. Dans nos vies de nantis, où nos besoins sont assouvis, où nous sommes abrités, éduqués, nourris et même exprimés, l'amour alimente notre corps et notre esprit comme la nature abreuve les plantes. Plus nous en faisons l'expérience, plus nous nous ouvrons, nous épanouissons et activons notre résilience. Plus nous sommes heureux, efficaces et en bonne santé. En partie parce que, dans l'amour, nous nous sentons réellement connecté à quelqu'un. Notre relation et notre loyauté s'approfondissent. Il fait bon d'être ensemble.

L'amour 2.0

Le verbe « aimer » recouvre plusieurs parties de notre fonctionnement. Parfois, il s'agit du désir irrépressible de se voir, parfois de l'engagement que l'on ressent envers quelqu'un et de l'attachement qu'on lui voue. Parfois les deux. Frederickson propose de donner un nouveau contour à la définition de l'amour interpersonnel et de le ramener à un micromoment de chaleur et de connexion que l'on partage avec un autre être humain. Un tel instant est encore plus puissant que les autres émotions positives de notre répertoire : il nous rend vivant et exprime toute notre humanité. La chercheuse avance même qu'il s'agit de la sensation la plus influente pour s'épanouir.

Au cours de ces interactions bénéfiques, nous faisons l'expérience d'une résonance positive composée de trois facteurs :

- nous partageons une émotion positive avec quelqu'un ;
- nos comportements et notre biochimie se synchronisent ;
- nous sommes attentifs à un bien-être mutuel et nous prenons soin l'un de l'autre.

Il se produit en quelque sorte une réverbération d'énergie entre des individus qui fonctionnent presque en miroir. Et c'est ce qui rend cette émotion particulière : elle crée une synchronie entre nous.

Les micromoments d'amour (MMA) imposent d'être au même endroit – ou au minimum au téléphone. Car dans ce nouveau regard porté sur nos interactions, on ne parle pas de l'attachement à distance, mais bien de ce qui se passe dans l'instant, quand nous sommes en présence d'autres individus. Ces instants de résonance peuvent concerner tout un stade qui vibre ensemble, une conversation autour d'un café, une interaction avec un inconnu dans le train ou un échange avec un livreur. L'intimité se caractérise alors par une réponse mutuelle à la sensation que l'on se comprend, qu'on est sur la même longueur d'onde et qu'on utilise pour le bénéfice de chacun la connaissance privilégiée que l'on capte de l'autre à ce moment-là. On se détend et on se laisse porter, ouvert à l'instant qui se déroule sous nos yeux.

De tels instants n'ont rien de sorcier. Leur description par Frederickson est précise car nous avons affaire à une scientifique, mais nous en vivons tous les jours. Avec des étrangers, avec des gens que nous aimons au long cours, avec des collègues, des clients, des employés, des enfants, etc. En acceptant qu'éprouver de l'amour ne signifie pas systématiquement « être amoureux », nous pouvons commencer à entrevoir toutes les opportunités d'épanouissement profond et cumulatif que nous laissons passer. Nous pouvons profondément aimer un instant avec une personne. Les bénéfices de tels instants nous constituent des réserves de bien-être et agrandissent notre périmètre intérieur, puisque nous y laissons entrer autre chose que nous-même.

Des chercheurs ont souhaité mesurer les effets à long terme de la résonance positive. Et leurs découvertes encouragent sérieusement à l'initier. Entretenir des relations chaleureuses diminue la quantité de rhumes, fait baisser la tension, les risques d'accidents cardiovasculaires, de diabète, de maladie d'Alzheimer et de certains cancers. Les ravages de l'isolement sur notre santé sont plus forts que ceux de la cigarette, de l'alcool en excès ou de l'obésité. Pour Barbara Frederickson, les conditions qui menacent notre espérance de vie peuvent être contrecarrées par la qualité de contacts que nous avons avec les autres. Chaque MMA étant, par définition, partagé, il contribue aussi au bien-être des personnes avec lesquelles nous nous trouvons et nous donnons autant que nous recevons à cet instant. L'amour, même minute, est un super-pouvoir.

Car mieux nous nous sentons, plus nous sortons de notre cocon et plus nous augmentons notre capacité à nous intéresser aux autres. Nous avons alors beaucoup plus conscience de leur présence et savons mieux prendre leurs besoins en compte. Nous devenons capable de regarder les situations de leur point de vue et nous montrons plus attentif à leurs préoccupations, soutenu par l'instinct de les protéger et de leur vouloir du bien.

Nous sommes faits pour aimer

Depuis la nuit des temps, nos compétences relationnelles ont joué en notre faveur pour survivre. Bien sûr, la reproduction de l'espèce en dépend et, malgré ce que l'on peut penser, l'humain est un mammifère sélectif : il ne se reproduit pas avec n'importe qui. Même les rats de laboratoire se choisissent. Mais face au danger, attaques, pillages et animaux féroces, les liens avec d'autres humains étaient une condition de survie. Notre corps est conçu pour faire face aux bonnes et aux mauvaises situations. Pour se défendre et s'attacher. La capacité d'amour est inscrite dans notre évolution.

Elle se caractérise du reste par des manifestations biochimiques. La première est la circulation d'ocytocine dans notre cerveau. Connue comme l'hormone de l'attachement, des nuées d'ocytocine se déclenchent lorsqu'une femme met un bébé au monde ou lorsqu'elle l'allaite, mais aussi pendant les relations sexuelles, chez les hommes comme chez les femmes. Elles constituent une explosion d'attachement à l'occasion de moments de connexion interpersonnels très forts. Pendant longtemps, les chercheurs ont pensé que son rôle exclusif était d'organiser la survenue et la protection d'une descendance. Mais des observations récentes ont montré que l'ocytocine se manifeste aussi lors d'activités plus banales : discuter avec son voisin, demander des indications, collaborer avec ses collègues ou jouer avec des enfants. Sous son influence, nous regardons beaucoup plus les gens dans les yeux et sommes plus à l'écoute de leur sourire. La peur est inhibée et la présence exacerbée ; nous sommes donc en confiance et notre interlocuteur nous semble alors plus attirant. Il semblerait que le séminaire de Tantra auquel ont participé Isabelle et Vincent soit un programme de fabrication volontaire d'ocytocine. Tous les ingrédients d'une confiance connectée y étaient réunis.

Une forme synthétique d'ocytocine en spray nasal a été utilisée dans une série d'études pour en tester les effets dans des situations de la vie courante.

Une pulvérisation a suffi à faciliter la prise de parole en public ou une discussion potentiellement conflictuelle avec son conjoint. Non parce que l'ocytocine nous rend insensibles au danger, mais parce qu'elle nous offre une meilleure lecture des signes – à peine perceptibles – d'accueil ou de bienveillance de la part des autres. Une sorte d'hyperperception des possibilités de connexion qui développe notre intuition pour savoir si nous sommes en confiance ou non. L'ocytocine fonctionne d'abord comme un radar, puis comme un connecteur. Lorsqu'un parent et son enfant se câlinent, par exemple, leurs niveaux d'ocytocine, mesurés avant et après le câlin, se sont synchronisés. Les gestes de tendresse et de complicité excitent notre capacité à aimer.

Je vois bien l'intérêt d'un petit spray dans le sac à main avant d'entrer dans une salle pleine d'inconnus, mais on n'en trouve pas dans le commerce. En tout cas, à la lueur de ces explications, je comprends mieux quelque chose qui m'a attirée chez Alex et que je ne m'étais pas expliqué. Lorsque j'ai fait sa connaissance, sa chienne venait de mettre bas une flopée de chiots. Et Alex jouait avec eux. Il leur avait fabriqué un toboggan dans lequel les bébés glissaient gaiement. Sa joie à lui était totale, il les traitait avec beaucoup de tendresse et d'attention.

Ce spectacle m'a probablement alertée sur sa facilité à déclencher des flux d'ocytocine en compagnie de ses futurs petits. Je me souviens m'être dit que j'avais envie de ces sensations-là dans ma portée. Pour avoir une idée pareille, je devais moi-même en être inondée à le regarder faire…

L'amour conserve

L'amour se détecte aussi dans notre nerf vague, l'un des dix nerfs qui relient le corps au cerveau. Il provoque toute une série de réactions parfaitement inconscientes et stimule, notamment, les micromouvements du visage qui nous permettent de nous synchroniser avec une autre personne. Il règle aussi, dans l'oreille interne, notre faculté à nous concentrer sur une voix en particulier pour nous permettre, dans une foule, d'avoir une conversation avec une seule personne choisie. Le nerf vague est aussi responsable de notre capacité à nous calmer et à profiter pleinement du moment présent.

La mesure de sa tonicité s'appuie sur notre rythme cardiaque et notre respiration. La vigueur du nerf vague est importante, car elle sert à réguler nos émotions et à éviter leur impact négatif sur l'organisme. Par exemple, calmer le cœur qui s'emballe sous l'effet de la peur ou du stress. À partir de cette mesure, on sait prédire la durée de vie d'une personne et par quel type de maladie elle risque d'être emportée. Rien que ça. Car plus notre tonicité vagale est bonne, plus nous sommes capables de nous adapter sur les plans physique, social et mental.

Ces ajustements sont inconscients. Sur le plan physique, nous régulons mieux les taux de glucose et d'inflammation, nécessaires pour éviter une brouette de maladies compliquées. Mentalement, ce sont nos émotions, nos comportements et notre attention qui s'ajustent. Sur le plan social, nous développons notre capacité à naviguer parmi des individus très différents en sachant créer de meilleures connexions avec eux. En d'autres termes, plus notre nerf vague est tonique, plus nous pouvons faire l'expérience de micromoments d'amour. Et plus nous ferons l'expérience de MMA, plus nous renforcerons sa tonicité. La cohérence cardiaque, sur laquelle nous reviendrons plus loin, est un des moyens qui nous permettent de prendre soin de ce nerf vague. Aimer conserve donc.

Car en apprenant à générer plus d'amour, nous en prenons déjà soin. Nous devenons plus attentifs aux gens qui nous entourent, nos actions sont plus agiles et génératrices de cette résonance positive. Grâce au nerf vague, pratiquer l'amour appelle l'amour. C'est son second super-pouvoir.

À l'inverse, plus nous nous sentons coupés des autres, plus les taux de cortisol augmentent dans notre cerveau. Tout le système immunitaire devient au fil du temps moins performant et nous développons des inflammations chroniques comme l'arthrose ou des maladies cardiovasculaires. Au passage, la sensation d'isolement est beaucoup plus toxique que la solitude objective. Car il ne s'agit pas tant de la quantité que de la qualité de nos interactions. Je peux voir peu de monde, mais en profiter vraiment ou voir beaucoup de gens sans me sentir entourée. Et lorsque nous nous sentons seul, nous mettons notre santé en danger.

Démultiplier les MMA

Scruter l'amour dans des laboratoires se fait désormais grâce à des techniques dynamiques. Fini les premières tentatives à partir de photos d'expressions, forcément figées. On explore désormais chaque indice non verbal lors de conversations positives recueillies par une caméra. Quatre caractéristiques des MMA ont ainsi été identifiées :

1. La quantité de sourires entre les interlocuteurs. Sourires authentiques qui plissent le coin des yeux.

2. La fréquence à laquelle les sujets pointent affectueusement leurs mains ouvertes l'un vers l'autre (pointer un doigt menaçant est exclu de la liste).

3. La fréquence à laquelle ils se penchent l'un vers l'autre, en rapprochant physiquement leurs cœurs.

4. La fréquence à laquelle ils hochent la tête pour marquer leur approbation.

Non seulement ces quatre particularités prouvent qu'on est en cours de MMA, mais elles sont également inerprétées dans ce sens par l'autre. Reste à savoir quels ressorts nous permettent de multiplier de tels instants. Comme les moments de flux, les situations de résonance positive renforcent nos systèmes immunitaires psychologique et physiologique. Et, surtout, embellissent tout.

AIMER LES PASSANTS

Notre potentiel d'amour est donc infini. Un peu comme les instants de gratitude qu'il nous suffit de grappiller en nous demandant là tout de suite pourquoi nous nous sentons bien. Calé pour lire, vous êtes sans doute confortablement installé, sans python écrasant vos voies respiratoires ni fourmis rouges vous rongeant les orteils. Que demander de plus ? En scannant les raisons pour lesquelles nous éprouvons de la gratitude dans l'instant, nous cumulons le bon et réalisons à quel point il est plus abondant que nos craintes. Les MMA possibles sont eux aussi illimités. En grande partie parce que les émotions positives ont don d'ubiquité. Les humains sont des créatures ultrasociales. Il suffit de compter le nombre de personnes que nous croisons chaque jour pour le mesurer. L'amour et la sensation de connexion peuvent infuser toutes ces rencontres. Et même plusieurs à la fois.

Éprouver de l'amour est un sentiment qui s'accompagne de caractéristiques physiques et mentales.

- Physiquement, le corps est détendu. Il se crée une sensation de chaleur et d'ouverture dans la poitrine, comme si le cœur s'ouvrait pour laisser entrer ou embrasser quelqu'un. C'est la raison pour laquelle nous avons envie de nous rapprocher de l'autre, pour mieux l'entendre et être plus attentif à ce qu'il nous dit.
- Mentalement, nous lui souhaitons le meilleur. Sincèrement, en ayant à cœur de lui montrer à quel point il compte pour nous. Tendresse et prévenance.

C'est un état que nous avons tous vécu dans les bras d'un aimé ou avec un bébé contre soi. Sensation qui nous envahit quand nous nous retrouvons après une absence, par exemple. Les gares et aéroports sont des centrales à micro-moments d'amour.

Barbara Frederickson propose de ressentir cet état avec beaucoup plus de gens et en dehors de notre premier cercle. Dès lors que nous avons l'opportunité de vivre une interaction avec tendresse, chaleur, relaxation et bonnes intentions, nous pouvons lancer la machine. Il ne s'agit pas d'empoigner son boucher à chaque visite, bien que… Les ressorts sont multiples et variés.

Pour nous entraîner, elle recommande de commencer par des activités solitaires dites de germination. On travaille dans son coin. Nous allons éprouver de l'amour pour pouvoir en reconnaître les contours. N'oubliez pas qu'il faut du temps pour cultiver un regard positif authentique. Il faut donc s'entraîner pour éduquer la voix qui nous accompagne à un autre refrain. Plus ouvert, plus aimant, plus compatissant, plus tolérant, plus bienveillant et plus englobant. Orienter son regard sur les autres un peu plus vers le sud suppose de renoncer à l'autoabsorption du « moi d'abord ». Ces quelques activités ne vont pas faire naître de moments de résonance positive, mais elles vont en labourer le terrain.

Trois MMA par jour

Le premier exercice recommandé est une variante du rituel des trois kifs par jour. Il consiste, le soir, à repenser à la journée qui vient de s'écouler et à noter les trois interactions les plus réussies que nous avons vécues depuis le matin. Puis d'identifier, pour chacune d'elles, à quel point nous nous sommes senti connecté ou vraiment en lien avec notre interlocuteur. Il peut s'agir de n'importe quelle personne ayant croisé notre chemin. Connue ou inconnue. Une seule et même personne peut même apparaître deux fois dans la même journée, l'important étant de décortiquer chaque moment.

Fredrickson et son équipe ont découvert presque par hasard le potentiel de cet exercice. Ils cherchaient à mesurer l'augmentation d'émotions positives ressenties par un groupe formé à la méditation. Il fallait donc proposer autre chose au groupe de contrôle. En général, ils ne leur demandaient que de consigner les émotions qu'ils avaient ressenties dans la journée, mais cette fois-là ils ont ajouté la question portant sur leurs interactions sociales. Ce petit plus a suffi à faire grimper le niveau de bonheur des personnes du groupe de contrôle et à faciliter leurs relations au cours de la semaine.

Donc, avoir conscience de l'importance qu'ont nos relations les améliore d'elles-mêmes. Mais le plus surprenant est que la tonicité vagale des sujets observés a également augmenté au cours de l'expérience. Avoir de meilleurs rapports avec les autres joue directement sur notre santé, notre physiologie et notre bien-être. Préparer le terrain suffit à enclencher le progrès. Troisième super-pouvoir.

MMA télécommandés

Un autre exercice consiste à provoquer trois occasions de se connecter à quelqu'un en faisant preuve de chaleur, de respect et de bonne volonté. En d'autres termes, se montrer disponible avec trois personnes de notre choix, les regarder dans les yeux, et leur accorder toute notre attention pour qu'ils se sentent en confiance avec nous. Tous les moyens sont bons : regards, conversations, attention, écoute, et même se toucher si cela semble approprié. Partageons nos sensations avec légèreté et restons attentif lorsque ces personnes nous font part des leurs. Écoutons vraiment.

Puis prenons un instant pour observer comment nous nous sentons et nous attarder successivement sur certaines sensations que nous pouvons éprouver, comme celles d'unité, de résonance positive, de légèreté ou de facilité. Les grands voyages se font un pas à la fois.

Lorsque j'ai dévoré le livre de Barbara Frederickson, j'ai d'abord sauté cette étape. J'ai passé deux jours à tenter de provoquer des MMA, mes yeux plantés dans ceux du kiosquier et de la boulangère. Mais je ne savais pas mieux quoi leur dire que d'habitude au-delà de nos échanges courtois. Mimer la résonance ne la crée pas forcément. Mais au moins, j'ai pu réaliser qu'il y a beaucoup de gens auxquels je parle souvent sans vraiment les regarder ni les écouter à 120 %.

Débusquer les opportunités de MMA

Il existe un troisième exercice, adapté du DRM (Day Reconstruction Method), une technique mise au point par le psychologue et économiste Daniel Kahneman, prix Nobel d'économie en 2002. Elle consiste à revisiter une journée entière, celle de la veille étant probablement la plus accessible à notre mémoire, pour évaluer la qualité des interactions que l'on a vécues.

- Décomposez votre emploi du temps en un chapelet d'activités au cours desquelles vous étiez en présence d'autres personnes. Par exemple : 1. réveillé Léon ; 2. pris le métro ; 3. acheté un journal, etc. Comme si vous racontiez votre journée relationnelle sous la forme d'une pièce de théâtre.
- Décortiquez chaque épisode en répondant aux questions suivantes. Nous cherchons à détecter du potentiel d'amélioration, donc vous devez faire preuve de la plus grande honnêteté possible.

1. Pendant quelle proportion de ces actions avez-vous été en mesure de vous concentrer respectueusement et authentiquement sur les personnes présentes ? 0 à 100 %

2. Pendant quelle proportion de ces actions avez-vous été en mesure de vous relier et de vous connecter aux expériences racontées par les personnes présentes ? 0 à 100 %

3. Pendant quelle proportion de ces actions vous êtes-vous senti porté par la présence des autres ? 0 à 100 %

4. Pendant quelle proportion de ces actions avez-vous partagé un flux de pensées ou d'émotions avec des personnes présentes ? 0 à 100 %

5. Pendant quelle proportion de ces actions vos gestes ont-ils reflété la facilité de rapport entre vous ? 0 à 100 %

6. Pendant quelle proportion de ces actions avez-vous senti un investissement réciproque dans le bien-être de l'autre ? 0 à 100 %.

7. Et enfin, quelle proportion de votre temps éveillé avez-vous passé en présence d'autres personnes ? 0 à 100 %.

Les évaluations sont destinées à nous sensibiliser à ce qui compose des MMA et à mesurer l'intensité de notre attention dédiée à nos relations. Par exemple, si nous avons passé trois heures en compagnie d'autres gens, mais n'avons consacré que 20 % de ce temps à les écouter vraiment, il nous reste un potentiel de 144 minutes pour trouver plus d'amour dans une journée. C'est encourageant.

Ne vous laissez pas impressionner par la minutie de l'opération. Le message de Barbara Frederickson est que nous ne devons pas nous étonner de nous sentir seul si nous passons notre temps libre à surfer sur Internet au lieu de porter notre attention vers d'autres individus. Bien que ce soit un comportement normal, inévitable et même plaisant, voire ressourçant, il se peut qu'au bout du compte nous manquions tout simplement d'amour pour vivre la vie qui nous convient.

AIMER AVEC BIENVEILLANCE

Dans *3 kifs par jour*, j'ai déjà raconté mes tâtonnements pour me tenir à une pratique régulière de la méditation. Après avoir essayé plusieurs techniques, je me suis sentie tout à fait à l'aise avec la metta-bhavana, ou méditation de la bienveillance. L'intention de cette méditation pratiquée dans plusieurs traditions bouddhistes est de conditionner son cœur pour y faire circuler plus d'amour et de bienveillance.

Concrètement, c'est une méditation qui peut prendre une forme bavarde puisqu'on se parle intérieurement pour se guider. Comme une succession de visualisations. Sharon Salzberg, papesse occidentale de la metta méditation, qui l'enseigne depuis plus de trente ans, s'est rapprochée de chercheurs comme Barbara Frederickson pour, ensemble, démontrer les bienfaits de cette pratique en s'appuyant sur les progrès des neurosciences ; les résultats étaient tels qu'elles ont pris la peine d'aller les présenter au dalaï-lama. Entendre Sharon décrire avec ses mots les bénéfices de cette pratique donne vraiment envie d'avoir accès à ce supplément de joie, de paix et de lâcher-prise. Sa voix, pour moi, est associée à jamais à mes premiers pas en méditation, un casque sur les oreilles pour suivre ses enseignements. Son timbre me rassure. Quelles que soient les idées qui me traversent la tête, je les accueille et les laisse passer. Je ne me juge plus, je me sens reliée au reste du monde, aux autres, à *mes* autres, et à vous aussi.

Mais nos esprits cartésiens ont besoin de preuves pour vivre une vie plus libérée de nos doutes et jugements. Pour qui n'a jamais pratiqué la méditation, voici quelques données pour en expliquer les vertus :

- C'est un outil pour créer de la résonance positive.
- Il nous aide à reconditionner la façon dont nous réagissons aux autres.
- La méditation de bienveillance nous ouvre les yeux, l'esprit et le cœur pour considérer les gens qui nous entourent avec chaleur, gentillesse et tendresse.

Il y a donc beaucoup plus de place à laisser aux autres dans nos vies. Pas tant en terme de temps qu'en terme d'espace intérieur et d'accueil, de considération, d'empathie, de bienveillance. Juger ne rapproche pas et se comparer non plus. Si la vie que nous menons ne nous satisfait pas, c'est probablement parce que nous manquons de connexions de qualité. On peut se lamenter de ne pas être amoureux, on peut se plaindre de son conjoint, on peut pleurer l'absence de ses enfants, on peut faire des reproches à ses collègues, on peut aussi ignorer les passants. Mais n'en attribuons pas la faute aux autres, car il est en notre pouvoir de créer de meilleures et de nouvelles relations à tout moment.

Notre histoire personnelle a créé en nous un être vulnérable et attachant. Digne d'aimer et d'être aimé. Chaque individu que je rencontre dans mon travail parle de la puissance des relations à sa manière. Nous naviguons chacun sur une petite barque ballottée et la méditation de bienveillance est une des méthodes de navigation possibles pour ne pas chavirer. Un moyen puissant d'activer l'élasticité de notre conscience. Je parle à peine de spiritualité : je suis très terre à terre, j'essaye, je goûte et je choisis ou non d'en reprendre une cuillère. Je ne suis traversée par aucun esprit et je fais rarement les choses parce qu'il faut les faire.

Mais un de mes micro-super-pouvoirs est d'entendre, lorsque plusieurs avis convergent, qu'il y a là une source d'allégement de l'expérience d'être soi et la possibilité d'éprouver le ravissement d'être plus proches.

Ma méditation est une pratique matinale, certainement pas au niveau de celle de Sharon Salzberg, et mon ouverture aux autres n'arrive toujours pas à son orteil. Mais lorsque je m'assieds sur mon coussin, je me sens responsable. De mes émotions, de mes actions, de mon regard, de ma volonté d'une vie plus douce et de ce que je peux donner autour de moi. Je ne sais pas bien expliquer ce qui nous dépasse et nous relie. Je m'y prends comme je peux avec mes petites jambes pliées sous moi. Sans prétendre vous expliquer quoi que ce soit, si ce n'est que je reprends plein de cuillères de cette sensation-là. Elle m'a réchauffée quand il a faisait très froid. Elle a accompagné mes pires moments et chacune de mes peurs. Elle m'a aussi procuré des sensations très douces. L'occidentalisation de tout cela me convient bien. Pratiquer la méditation de bienveillance nous ouvre plus de portes pour aimer.

Comment s'y prendre

Dans les faits, il s'agit bien d'une méditation assise et silencieuse, qui se pratique dans une posture à la fois détendue et dynamique. Pas besoin de se mettre en lotus ou même en tailleur, mais il faut avoir le dos droit et les épaules relâchées. On se concentre sur sa respiration ou sur la région du cœur. J'ai commencé avec un minuteur. Rassurée de savoir que je n'avais pas à me surveiller la durée de la pratique. Une inquiétude de moins.

Pour ressentir les bénéfices de cette méditation, il n'est pas nécessaire de se transformer en moine birman et de pratiquer plusieurs heures chaque jour. Les expériences en laboratoire conduites sur plusieurs mois ont montré que 60 minutes de méditation par semaine suffisent, soit trois fois 20 minutes ou quatre fois 15 pour avoir un impact. Je médite en général par tranches de 15 minutes. Parfois même moins. L'essentiel est de s'y mettre. Je n'ai rien à prouver à la science, je ne me sens en compétition avec personne et je suis presque fière de chacune de mes tentatives. Il faut dire que je me sens bien à chaque fois que le gong de mon smartphone m'annonce la fin. Je pratique le matin, après m'être brossé les dents et avant de m'habiller.

Techniquement, il s'agit de répéter dans sa tête une série d'intentions positives à l'égard de soi-même et d'autres personnes. La positivité ne se décrète pas : si ça ne vous convient pas, vous le saurez très vite. Mais on peut plus facilement qu'on ne croit faire appel à des sentiments et émotions bienveillantes.

Introduire un regard authentiquement plus doux sur soi et sur les autres peut sembler aussi naïf que ponctuer un texte de *smileys* – les études démontrent d'ailleurs que si on pourchasse le bonheur à tout prix, c'est probablement l'effet inverse qui se produira. Mais il s'agit ici d'être simplement ouvert et réceptif à plus de positivité. Inutile de s'imposer des performances. S'asseoir et respirer, c'est déjà pas mal.

Et peut-être que, à force de pratique, cette tendance à attraper plus de joie, à considérer avec compassion la souffrance – la sienne et celle des autres – et à s'éveiller à l'intensité de la vie, infusera le reste de votre journée. Comme une nuance plus douce qui se glisse dans la lectur nous traversons. Cette modification peut même se tr physiquement : on se tient un peu plus droit et plus ouvert, en position de recevoir plus des instants vécus. Nos paroles et nos expressions se font aussi plus chaleureuses et plus accueillantes. Il n'y a là rien de magique ni d'ésotérique, il s'agit juste de subtiles adaptations de notre corps et de notre cerveau aux émotions que nous éprouvons.

Si cette forme de méditation vous tente, je vous conseille de procéder en deux étapes. La première est d'écouter la conférence faite par Sharon Salzberg quand elle a enseigné pour la première fois en France, en mai dernier (traduite en français[1]). Elle explique mieux que quiconque l'intention d'une telle pratique et termine par une méditation guidée. La simplicité apparente des instructions est encourageante, elle en parle avec beaucoup de justesse. Initiation motivante.

La seconde étape consiste à systématiser sa pratique. Choisissez le moment de la journée et les jours de la semaine qui vous conviennent. Pas de salut sans rituel, à moins d'avoir une volonté en titane. Il est beaucoup plus simple, pour y prendre goût, de se fixer un programme précis non négociable. C'est la meilleure façon de ne pas laisser trop de place à sa flemme. Quand le pli est pris, c'est un délice – mais comme sur un tissu neuf, il doit d'abord être travaillé.

---

1. Retrouvez cette conférence du 3 mai 2013 sur www.powerpatate.com

En pratique

Voici les étapes de la méditation complète. Pour plus de détails, je conseille de lire Barbara Frederickson ou Sharon Salzberg.

Allons-y.

Assis confortablement, le dos droit, les mains posées et détendues, prenez conscience de votre respiration. Comptez-en quelques-unes avant de poursuivre.

1. Commencez par tourner votre esprit vers vous-même et cherchez à développer une attitude de bienveillance à votre égard. Adressez-vous les intentions suivantes :

- Puissé-je me sentir fort
- Puissé-je me sentir en sécurité
- Puissé-je me sentir heureux
- Puissé-je ressentir de l'amour
- Puissé-je me sentir en paix
- Puissé-je vivre dans la douceur

Ces intentions sont les miennes (au féminin, bien sûr) mais vous pouvez choisir celles qui vous conviennent le mieux. Je les répète plusieurs fois.

2. Choisissez un ami ou un proche et imaginez cette personne à côté de vous. Essayez d'évoquer et de ressentir sa présence. Puis adressez-lui les mêmes attentions. Passez ensuite à d'autres personnes très proches, toujours selon le même principe.

3. À la troisième étape, choisissez une personne neutre – quelqu'un que vous connaissez suffisamment pour pouvoir

évoquer sa présence, mais pour qui vous n'éprouvez pas de sentiment particulier (un commerçant, un voisin, un collègue, un contact récent, etc.). Évoquez sa présence et essayez de lui destiner votre bienveillance. Adressez-lui vos attentions.

4. Au quatrième stade, choisissez une personne que vous n'aimez pas, avec qui vous avez des difficultés ou avec laquelle vous êtes dans une relation qui vous fait souffrir. Cherchez à évoquer ce qui est positif en elle, malgré les difficultés que vous ressentez. Imaginez ce que ses amis apprécient en elle. Cherchez à reconnaître vos erreurs vis-à-vis d'elle. Profitez de cet espace pour regarder les choses plus calmement et pour porter un regard plus juste sur ce qui se joue entre vous. Adressez-lui vos intentions.

5. À la cinquième étape, étendez ce désir de bonheur et de bien-être vers l'extérieur pour y inclure de plus en plus de personnes. Commencez, par exemple, avec toutes les personnes aux alentours, dans votre ville, puis dans le pays, le continent, puis étendez votre évocation au monde entier, à toutes les personnes qui souffrent et, enfin, à tous les êtres vivants. Adressez-leur vos intentions. Je cale chaque intention sur une respiration, je la visualise, je la ressens et je l'entends. Les mots comptent moins que les sensations elles-mêmes.

Pour terminer, quittez la pratique en douceur en retrouvant votre corps, les bruits à l'intérieur de la pièce, puis à l'extérieur, et ouvrez les yeux doucement.

Bravo.

Je me surprends parfois à créer dans la journée des moments de méditation express, dans une salle d'attente, dans les transports en commun. Une façon de faire taire le bruit ambiant, d'éviter l'ennui parfois aussi et de raviver la douceur.

J'ai appris à y inclure ceux auxquels je tiens le plus, mais aussi ceux qui me peinent. Et il est indéniable que ce passage-là adoucit mes émotions à leur encontre. Je sors gagnante de ces sessions. Car lorsque nous pensons à une personne, nous faisons appel à une ou plusieurs de ses qualités pour nous la représenter : généreuse, inspirante, soutenante, attendrissante, gentille. Le faire ne nie pas ses défauts, mais permet de décaler l'angle de vue qu'on porte sur elle.

Inclure un dialogue imaginaire positif avec quelqu'un crée pour quelques instants un circuit dépouillé de ressentiment. J'ai remarqué que lorsque je retrouve ces personnes dans la vie réelle, la relation est moins tendue. Leur vouloir du bien m'en a rapprochée. Destiner des pensées bienveillantes à ceux que j'aime et dont je suis privée me relie aussi à eux, ils me semblent moins loin. C'est une bonne manière de réaliser le pouvoir que nous avons sur la cartographie de nos émotions.

Je ne suis qu'une élève/utilisatrice de cette pratique et ne prétends nullement l'apprendre à quiconque. Mais en découvrant le lien entre notre capacité à vivre plus d'amour, à sécréter plus d'ocytocine et à tonifier notre nerf vague, tout en profitant des bienfaits de cette méditation matinale, j'ai eu envie de vous offrir l'accès à ce super-pouvoir.

D'autres personnes ne méditent pas, mais prient. Dans une étude menée par l'université du Michigan, les chercheurs ont observé que plus on prie pour le bien-être des autres, moins on est préoccupé par nos problèmes d'argent.

C'est précis. Mais prier pour plus de biens matériels, pour nous ou pour quelqu'un d'autre, ne provoque pas cet effet. Décerner de la bienveillance est notre meilleur pourvoyeur de paix intérieure. Et pour rester dans le domaine de l'argent, savez-vous que plus la part des sous que nous dépensons nous sert à offrir des cadeaux, mieux nous nous sentons ?

S'AIMER SOI

L'aventure de l'amour n'est pas terminée. La résonance positive a besoin d'un autre super-pouvoir pour contribuer à notre épanouissement : l'autocompassion.

Avant toute chose, il est important de s'aimer soi. De se soutenir. Les psychologues ont longtemps considéré que l'estime de soi était l'étalon du bien-être et qu'il fallait en éprouver pour se sentir bien. S'estimer suppose de s'accorder de la valeur ou de s'évaluer selon des critères extérieurs, puis de se plaire. On sait qu'une faible estime de soi entraîne démotivation et dépression, mais une forte estime de soi pose d'autres difficultés.

Notamment celle de se considérer si différent des autres. Car le narcissisme nous éloigne des qualités que nous pourrions trouver à ceux qui nous entourent. Le modèle éducatif qui consiste à répéter à un enfant qu'il est formidable en toutes circonstances a produit aux États-Unis une génération de jeunes adultes qui ne savent réagir à la critique que par la colère ou l'agressivité. Car ils connaissent aussi mal leurs qualités réelles que leurs défauts. Mieux vaut souligner chez un enfant ses efforts et son implication, qu'il ait gagné ou perdu. De plus, calquer l'estime de soi sur ses réussites ou ses échecs la rend bien vulnérable et précaire.

Une nouvelle notion a fait son apparition dans le vocabulaire des chercheurs et on s'intéresse désormais à l'autocompassion. Nous savons tous éprouver de la compassion. Il ne faut pas être bon ou beau pour l'attirer, c'est une attention qui ne se mérite pas et nous y avons tous droit. Si nous nous prenons les pieds dans le tapis, notre peine peut être considérée avec chaleur et indulgence. La compassion est disponible en toutes circonstances, c'est une émotion. Le moyen le plus simple de se la représenter est d'imaginer qu'un de vos amis vous fait part d'une difficulté : triste, peiné, blessé ou embarrassé, quel que soit son état, vous aurez pour lui de la sympathie. Vous allez reconnaître sa douleur, l'encourager, et vous aurez l'élan de le consoler et de le rassurer à votre manière.

Faites-vous la même chose pour vous-même ? Vous prenez-vous la main, reconnaissez-vous votre douleur comme normale et difficile ? Prenez-vous le temps de vous serrer dans vos bras quand on vous a fait mal ? Ou vous reprochez-vous de vous être laissé entraîner dans cette situation ? Vous punissez-vous d'avoir laissé faire ? Voilà ce qu'est l'autocompassion : l'élan de savoir se consoler sans se juger. Et nous en faisons tous, des erreurs, des gaffes, moi la première.

Savoir accuser réception de sa peine entraîne une meilleure résilience, une vision plus claire de soi, et nous permet de vivre des relations plus profondes avec les autres, de souffrir moins de narcissisme et d'avoir moins d'accès de colère. Chercheuse à l'université d'Austin, au Texas, Kristin Neff travaille sur l'autocompassion depuis plus de dix ans.

Elle rappelle que la culture occidentale insiste sur les deux extrêmes, l'autodépréciation et l'estime de soi, mais se défile face à la notion d'amour de soi. Nous sommes bien plus prêts à nous critiquer – ou, pour certains, à nous encenser – qu'à nous accepter tels que nous sommes avec nos joies et nos manquements.

En Thaïlande, pays bouddhiste où l'autoacceptation et l'amour de soi sont plus courants, on compte beaucoup moins de cas de dépression et d'insatisfaction. Déperfectionnisons les attentes que nous avons envers nous-même, surtout quand les choses ne se passent pas comme nous l'aurions voulu, et sachons nous en consoler.

L'un des enseignements majeurs de la méditation est que si je me trompe, si je me parle mal, si mon esprit part en balade, si mes idées me harcellent, je ne me juge pas et je repars. Avoir la liberté de reconnaître son imperfection nous permet ce nouveau départ. Il y a une deuxième, une troisième ou une énième chance. Sans nous être puni au passage. Notre entourage s'en charge déjà assez pour nous. Si mon cœur saigne, devrais-je en plus me le reprocher ?

Nous vivons un peu comme si nous avions pris l'engagement d'être toujours parfait, ce qui nous éloigne des autres, car nous avons aussi peur de leur regard que du nôtre. La langue française dit « faire preuve d'indulgence », comme si nous devions prouver notre droit à pardonner. Le verbe « indulger » n'existe pas.

Kristin Neff souligne que c'est par crainte de tomber dans l'autocomplaisance que nous nous montrons aussi peu compatissants avec nous-même. Et nous sommes persuadés que l'autocritique nous maintient sur le droit chemin. C'est ainsi que nos conversations intérieures vont bon train sur ce que nous devrions ou ne devrions pas faire. Au cours d'une étude réalisée par l'université de Wake Forest, quatre-vingt-quatre étudiantes coutumières des régimes ont été conviées à une dégustation de doughnuts. Celles qui en ont mangé le plus sont également celles qui présentaient, avant de commencer l'expérience, le plus haut niveau de culpabilisation. Plus elles avaient un discours intérieur sévère et répressif, plus elles en ont mangé.

La metta méditation peut nous aider à nous plaire et à nous considérer digne de notre propre amour, mais aussi de celui des autres. Nous pouvons visualiser la réciprocité des intentions que nous destinons aux autres. Eux aussi me souhaitent de me sentir en sécurité, heureuse, forte, aimée, en paix, et de vivre en douceur. Eux aussi me reconnaissent des qualités, sinon ils ne seraient pas dans mon entourage. Choisissez une ou deux de ces qualités et laissez la sensation de votre valeur vous envahir. Comment se manifeste-t-elle dans vos actions ? Revivez de tels moments. Certes, vous avez aussi des défauts, mais ne les laissez pas rejoindre la discussion à cet instant. Ils savent très bien prendre leur place le reste du temps. S'accorder de la tendresse n'en prive personne autour de nous, mais nous offre de bien jolies vacances de nous-même. J'en ai fait l'expérience en jeûnant, la paix que j'ai ressentie était de cet ordre : plus aucun reproche et une pointe d'admiration avouée. Mais pourquoi ne me l'autoriser que dans des conditions aussi inhabituelles ?

Je peux vous donner un truc pour mieux apprécier d'être soi : redressez-vous, rapprochez légèrement vos omoplates l'une vers l'autre. Votre cage thoracique est légèrement remontée. Respirez profondément en fermant les yeux. Voilà. C'est déjà plus léger, non ?

Mon amie Cédrine a instauré des journées « sans dire de mal ». Du mal des autres, mais aussi d'elle-même. À chaque « Je suis trop bête, trop faible, trop lente, trop ceci ou trop cela », elle se reprend. Dans le même ordre d'idées, Barbara Frederickson conseille de s'acheter un petit compteur manuel, et à chaque reproche, rumination ou tension, tac ! En agissant ainsi sur toute une journée, nous saurons combien de fois nous nous sommes dit du mal de nous ou avons laissé primer le négatif. Incitation assurée à l'autocompassion. Car la vie est compliquée, et les occasions de se rabaisser sont nombreuses.

Pour terminer ce voyage vers les autres, revenons à la petite voix qui nous accompagne. Celle par laquelle nous pouvons espérer vivre plus d'amour. Nous pouvons la laisser libre de courir où elle l'entend et nous parler avec sévérité. Mais ce n'est pas une fatalité. Comme toutes les habitudes, celle-ci aussi peut évoluer. Les gens arrêtent de manger certains aliments du jour au lendemain quand ils se découvrent une allergie. Nous méritons tous une ordonnance pour arrêter de nous parler mal si cela peut nous forcer à le faire. Il en va vraiment de notre longévité bienheureuse. Les maladies mortelles sont-elles assez convaincantes pour nous engager à changer de fonctionnement ?

L'enjeu est de taille. Il s'agit de vivre plus de MMA avec soi-même pour préparer le terrain qui accueillera ceux que l'on vivra avec les autres. Tous les autres. Ceux que nous connaissons déjà, dans une intensité renouvelée ; et ceux dont nous n'avons pas encore fait la connaissance et qui attendent bien sagement au coin de la rue que nous acceptions de nous sentir aimable, ouvert et chaleureux. Impatient que tout ce potentiel nous fasse plus envie que peur, et de tester l'expression de nos pouvoirs l'un après l'autre, un jour après l'autre, pour progresser petit à petit.

L'une des caractéristiques qui lient les amoureux, les familles et les amis dans une atmosphère saine et durable est de se réjouir de la bonne fortune des autres. Pour s'y entraîner, un petit jeu consiste, en marchant dans la rue ou en croisant des gens, à repérer ceux qui ont l'air bien, joyeux ou contents. Plutôt que de les regarder avec circonspection, souhaitons-leur intérieurement que cela s'amplifie. Au passage, nous sentirons un lien entre nous et cette personne. Pas besoin de le lui dire ou de l'aborder, il suffit juste de ressentir autre chose que nos tourments et concentrations habituelles. Alors notre cœur se muscle.

AIMER SA VIE

Pour activer les super-pouvoirs de l'amour, on peut aussi commencer par se réjouir de ce que l'on a. Car éprouver plus de gratitude transforme la perception de ce qui nous arrive. La gratitude a le pouvoir de nous faire rajeunir tout en nous régalant. Depuis la parution de *3 kifs par jour*, j'ai eu l'occasion de parler de ses effets plus d'une centaine de fois. Lors de conférences, de tous les sujets que j'aborde, détecter les cadeaux cachés est celui qui touche et remue le plus. Par sa simplicité et sa puissance. Par son efficacité et sa couleur aussi. Il est vraiment très simple de mieux profiter.

Personne ne reste indifférent à cette proposition. Celle de noter chaque jour, dans sa tête, sur un cahier ou au cours d'une conversation, les trois événements qui nous ont gratifié pour simplement se réjouir qu'ils aient eu lieu. Cet exercice permettra toujours de se redresser, de se rattraper ou de profondément se réjouir du fruit de nos efforts et de notre chance.

Parce que éprouver plus de gratitude :

- nous rend plus heureux,
- améliore notre état de santé et notre longévité,
- renforce nos relations amoureuses,
- nous rend plus sincère,
- et améliore la vie autour de nous par contagion.

L'amour et la gratitude font excellent ménage. Pour être mariée depuis vingt-six ans, je mesure tous les détours que demande une relation à long terme pour rester au cœur d'un projet de vie. Notre douce Pénélope, romantique inconditionnelle, nous demande souvent si nous nous aimons toujours comme au premier jour et ma réponse est invariable : aucune journée ne ressemble à une autre. Des périodes se succèdent, des pires, des meilleures, des aggravantes et des réparatrices. Une relation est comme un être qui se glisse entre deux individus et qui a besoin de vitamines, de repos, de distractions et de gratitude.

La preuve par le manque

Aimer sa vie passe aussi par la mesure des risques qui auraient pu empêcher vos rencontres en amour, en amitié, professionnellement aussi, et donne immédiatement du lustre à ce qui est. La gratitude porte alors sur l'instant qui a tout fait basculer, et c'est l'ensemble de notre histoire qui devient bien plus belle. Il en va ainsi du soir où j'ai été placée à côté du même Alex lors d'un dîner à Malibu. Je ne m'y rendais pas très à l'aise, ne connaissant personne dans une ville nouvelle, bien plus prête à me coucher tôt qu'à rencontrer le futur père de mes enfants. Comme je ne m'y attendais pas, j'éprouve toujours la sensation qu'il m'a été envoyé comme une récompense. Que cette place à table appartenait à un dessein bien plus large et que j'aurais pu discuter avec Pierre, Paul ou Bradley, sans savoir que mon meilleur partenaire se cachait derrière ses lunettes.

Mais la gratitude conjugale a besoin, pour durer, de plus de travail. Voici un exercice recommandé par les thérapeutes de couple, mais on n'a pas besoin d'être au bord du gouffre pour le pratiquer. Il consiste à faire la liste de tout ce qui a suivi la rencontre. Depuis que vous êtes ensemble, quelles sont les données de votre vie dont vous auriez été tristement privé si vous ne vous étiez pas croisés ?

L'une des choses les plus fortes que m'apportent les lunettes de mon mari est de voir plus loin que moi. Quand il me regarde vivre, il a toujours un coup d'avance. Je crois qu'il me voit plus grande, plus courageuse, plus sûre de moi, peut-être plus brune aussi que je ne le suis vraiment. Mais, comme l'ont montré John et Julie Schwartz-Gottman, nous finissons par devenir ce que l'autre voit en nous. La confiance nous pousse à répondre aux attentes exprimées ou induites par notre partenaire. Sans Alex, je saurais et ferais probablement beaucoup moins de choses. Et j'en ferais d'autres, dans tous les cas. J'aurais laissé parler ma peur par deux mille fois déjà et je ne serais peut-être pas assise à vous raconter tout cela. Quant à lui, ses yeux seraient sûrement moins brillants s'il en aimait une autre. Chaque amour fonctionne comme un miroir. Le regard de l'autre nous soutient ou nous saccage, et faire appel à la gratitude ne doit pas servir de compensation pour maintenir en vie des rapports toxiques et trouver une justification à l'enfer. Elle est là pour souligner le meilleur de relations qui nous permettent de nous révéler et renforcer l'attachement que l'on éprouve pour son partenaire.

Pardonner

La gratitude peut aussi être une première étape vers le pardon. Ruminer est naturel quand nous sommes blessé. On a demandé à trois groupes d'étudiants de revenir sur un passage de leur vie où quelqu'un leur a fait du tort (insultes, infidélité, abandon ou rejet).

Les membres du premier groupe devaient décrire le mal qui leur avait été fait et leur souffrance, ceux du deuxième groupe devaient en outre dire ce que la situation leur avait permis de découvrir de positif et ceux du troisième devaient simplement parler de ce qu'ils projetaient de faire le lendemain.

Seuls les participants du deuxième groupe sont parvenus à envisager de transformer leur colère en pardon. Concrètement, leur désir de vengeance s'était dissipé, tout comme celui d'éviter la personne en question.

Et pour ceux qui seraient tentés de considérer que les bonnes intentions ne sont que des pensées pieuses, je propose d'essayer. Même si on a besoin de s'y prendre à plusieurs reprises (nombreuses, parfois), raconter par écrit la situation calamiteuse puis lui trouver un bénéfice (sans se forcer) nous libère de la douleur, permet de tourner la page et d'activer notre résilience pour reprendre le cours de notre vie.

Remercier

La gratitude contient toujours une part de remerciements, et Barbara Frederickson en a identifié deux types. Dans le premier, je remercierais Alex pour les légumes qu'il rapporte lorsqu'il a fait les courses – le bénéfice de l'action – car ils vont me permettre de cuisiner. C'est de la politesse. Dans le second je m'adresserais au bienfaiteur : « Merci de nous donner de ton temps. J'admire la joie avec laquelle tu le fais et ta générosité me touche. » Une reconnaissance authentique permet de se sentir reconnu et compris. Au passage, Alex aura alors une meilleure estime de lui-même et du coup entretiendra de meilleures relations avec ceux qui l'entourent. Quand à moi, j'éprouverais de l'authentique reconnaissance pour la richesse qu'il m'apporte.

Et nous avons tous besoin de reconnaissance. Pour une relation épanouie, il faut trois fois plus de témoignages positifs que de critiques – trois pour un, la règle d'or des couples qui durent et des équipes professionnelles qui atteignent leurs objectifs. La plupart des gestes d'attention courants sont vite jugés comme allant de soi et on ne pense plus à les souligner.

Ces témoignages d'attention, moments de grâce, de tendresse, de fous rires et de complicité fonctionnent par ailleurs comme une banque de ressources. Les Gottman soulignent ainsi que l'accumulation de MMA à deux renforce le potentiel de résilience d'un couple. Plus nous en avons vécu ensemble, mieux nous allons pouvoir nous disputer et traverser des contrariétés. Cela s'applique à toutes nos relations, y compris celles avec nos collègues. La complicité et la reconnaissance sont les meilleurs activateurs pour progresser ensemble.

LE JOURNAL IDÉAL DE L'AMOUR

Pour clore ce chapitre, je vous propose de retrouver Richard Wiseman dans un exercice tout à fait pratique. Fort de toutes les études sur le bonheur et le bien-être qu'il a décortiquées, il a constitué ce qu'il appelle le journal idéal. C'est un programme qui dure une semaine, à pratiquer de temps en temps, et qui allie gratitude, amour et écriture.

Tenir un journal consiste à conserver une trace du passé, mettre de l'ordre dans ses idées et ses émotions et, dans la plupart des cas, permet d'apaiser nos tourments. C'est aussi un moyen très efficace contre la rumination. Organiser la pensée permet de nous en libérer.

Ce journal est un peu différent, puisqu'il célèbre et aiguise nos super-pouvoirs. Cinq jours de suite, asseyez-vous quelques minutes pour effectuer les exercices suivants. Vous devriez en ressentir assez rapidement les bénéfices : meilleure humeur et satisfaction générale.

Lundi : 3 kifs

Notre vie comprend de multiples sources de gratitude. Avoir un ami proche, vivre une relation amoureuse nourrissante, appartenir à une famille qui nous soutient, être en bonne santé, aimer sa maison, avoir suffisamment à manger, etc. On peut aussi aimer son travail, avoir de jolis souvenirs, avoir vécu une belle expérience récemment, bu une bonne tasse de thé tout à l'heure, échangé un sourire avec un inconnu, avoir été accueilli par son chien en rentrant, ou senti une rose en passant. Repensez à la journée qui vient de s'écouler et listez trois kifs pour lesquels vous avez envie de dire merci.

1. ....

2. ....

3. ....

Mardi : c'était trop bien

Repensez à l'une des plus belles expériences de votre vie. Un moment où vous étiez particulièrement satisfait : amoureux ou en train d'écouter un morceau de musique, face à un spectacle magnifique ou lors d'un moment d'amitié inoubliable. Choisissez un de ces instants et imaginez que vous y êtes. Décrivez l'épisode et la façon dont vous vous sentiez. Que se passait-il autour de vous ? Racontez toutes vos sensations. Peu importe l'orthographe ou la grammaire. Privilégions la spontanéité.

Mercredi : le meilleur de moi-même

Vous allez maintenant décrire votre vie à venir. C'est l'exercice de la lettre bleue (voir page 101). Imaginez que tout s'est passé formidablement bien. Soyez réaliste mais du bon côté, autorisez-vous à considérer que tout s'est passé le mieux possible. Vous avez travaillé dur et réalisé vos ambitions. Vous êtes devenu la personne que vous souhaitiez sur le plan personnel et professionnel. Remerciez-vous et félicitez-vous de l'avoir fait, racontez à quoi ressemble votre vie maintenant. Cet exercice ne vous garantit pas que vous arriverez à tout faire, mais il vous mettra de très bonne humeur sur -le-champ.

Jeudi : la lettre de gratitude

C'est le gros morceau. Choisissez une personne de votre vie. Partenaire, ami ou membre de votre famille. Imaginez lui dire combien elle compte pour vous et pourquoi. Maintenant, écrivez-le-lui sous la forme d'une lettre qui la remercie et lui décrit l'impact qu'elle a dans votre vie. Pour vous aider, imaginez ce qui manquerait à votre vie si vous ne la connaissiez pas. Et si vous voulez vivre un peu plus longtemps, envoyez la lettre. Et si vous voulez ressentir ce qu'est le super-pouvoir de la gratitude en direct et vivre beaucoup plus longtemps, allez la lui lire.

Vendredi : revue de chance

Revisitez la semaine que vous venez de passer et notez trois occasions pour lesquelles vous considérez avoir eu de la chance : une place de parking libre, la proposition d'un nouveau job, la découverte du livre qui vous manquait, etc. Elles peuvent être triviales ou majeures. Racontez pour chacune, en une phrase, comment ça vous est arrivé.

Voilà, c'est tout.

Chacun des exercices de ce journal donne une clé d'ouverture aux autres, à la chance, à la gratitude, à l'amour et à la bonne humeur. On peut aussi simplement, de temps en temps, écrire des lettres d'affection : l'université d'Arizona a demandé à des volontaires d'écrire pendant 20 minutes à propos de quelqu'un qu'ils aiment tandis que le groupe de contrôle devait faire de même sur quelque chose qui leur était arrivé durant la semaine. Trois séances en cinq semaines. La sensation de bonheur des affectueux a progressé tout en faisant baisser leur niveau de stress et de cholestérol. Toujours ce super-pouvoir du stylo pour enchanter son expérience.

Aimer, comme nous le recommande Barbara Frederickson, consiste à considérer que l'amour est un micronutriment. Il nous reste à déterminer le dosage dont nous avons besoin pour que notre régime soit équilibré. Cette exploration peut prendre des années. Quand nous commençons à bien nous connaître et si nous restons attentif à l'évolution de notre épanouissement, nous pouvons alors détecter si nous manquons d'amour. Pas seulement du grand amour, mais aussi de ces micro-instants de satisfaction pour les petites choses, de contacts chaleureux et attentifs, de connexions variées, souples et inattendues, de chaleur à notre propre égard, de bienveillance pour la difficulté à tracer notre route du mieux que nous pouvons avec les petits moyens humains dont nous disposons. Il se peut que nous ayons juste envie qu'on nous prenne par la main ou de tendre la nôtre à quelqu'un, de se regarder dans les yeux, pour savourer que l'on ne va pas si mal que cela, et même qu'on se sent très très bien.

LES CARBURANTS

Pour enrichir sa présence,
s'ouvrir, se détendre et accueillir
toutes les possibilités
d'une vie explosive.
Car un super-pouvoir s'exprime
toujours mieux sur un terrain
favorable.

7

Respirer par le nez

La fameuse tonicité du nerf vague que nous pouvons obtenir en éprouvant plus de gratitude ou plus d'amour dispose d'un autre interrupteur, le souffle, que nous pouvons activer à n'importe quel moment. Respirer est le super-pouvoir de base de l'humanité. Notre capacité à le faire sans être branché à une source permanente d'énergie extérieure est d'ailleurs tout à fait miraculeuse. Mais respirer en cohérence offre des bénéfices supplémentaires : car cela sert à nous détendre, à développer notre intuition, nous sentir plus légers, prendre de meilleures décisions et entreprendre ce qui nous tente. Mais aussi à vivre.

En 2008, dans son livre *Guérir comme outil de gestion du stress et de prévention de la dépression*, David Servan-Schreiber racontait l'histoire d'un patient qu'il avait rencontré à l'hôpital à la suite d'un infarctus. Le cœur de ce dernier s'était remis à fonctionner, mais son nerf vague restait à plat. Le psychiatre qu'était David a identifié chez cet homme une difficulté manifeste à exprimer ses émotions et, surtout, à se concentrer sur des sensations positives. Il acceptait le stress excessif de son métier sans le remettre en question et il refusait d'en parler. Préférant se comporter en bon petit soldat de la finance qu'il était. Cet homme est mort six mois plus tard d'un second infarctus ; il avait trente-deux ans.

Cette rencontre a été l'indice, pour David, qu'il existait un lien étroit entre le cœur et le cerveau émotionnel. Les neurosciences ont démontré depuis que le cœur possède en effet son propre cerveau. C'est un système nerveux indépendant composé d'environ quarante mille neurones, dont l'impulsion influence nos émotions.

Comment ça marche? Nous sommes pourvus de deux systèmes nerveux autonomes qui évoluent conjointement et en parallèle : le système nerveux sympathique, chargé des accélérations et de l'agitation, et le système nerveux parasympathique, qui ralentit et nous calme. En fonction de ce que nous traversons (physiquement, émotionnellement ou mentalement), ces deux compères valsent en permanence pour nous permettre de nous adapter à ce qui se présente. La variabilité cardiaque est une fréquence détectable qui atteste de cette danse. Lorsque les deux systèmes nerveux sont au repos, nous sommes alors en cohérence cardiaque.

L'institut américain Heartmath© a déterminé que, volontairement et en quelques instants seulement, nous avons le pouvoir de provoquer cette cohérence et nous libérer de tensions psychologiques et physiologiques. Grâce aux logiciels qu'ils ont développés, des indicateurs de couleur désignent les zones pendant lesquelles nous sommes agités et celles de centrage. C'est, du reste, assez amusant à manier. Le premier exercice auquel m'avait exposé David avait été de me brancher à son ordinateur et de me poser des questions de calcul mental. Mon pouls ne s'est pas modifié, mais ma courbe de cohérence s'est emballée. L'angoisse de la mauvaise réponse est universellement reliée à notre système nerveux et l'agitation intérieure est un réflexe. Je me suis immédiatement retrouvée en zone rouge.

Grâce à de tels instruments, nous voyons notre agitation s'aggraver ou s'apaiser sous nos yeux par le fait d'une action volontaire. Nos émotions et leurs évolutions sont visibles à l'œil nu.

L'état de cohérence cardiaque existe au naturel, sans effort particulier. Il ne s'agit pas de relaxation, mais d'harmonie. Et sous capteur, on réalise comme il est facile de l'atteindre. Les chercheurs de Heartmath© en listent les bénéfices :

- une diminution immédiate du stress et de l'anxiété ;
- une réduction des maladies cardio-vasculaires : le chaos les provoque, la cohérence les éloigne ;
- de meilleures performances aux examens et épreuves par une meilleure gestion du trac ;
- une régulation de la tension artérielle, avec un bénéfice physiologique immédiat pour les artères ;
- une amélioration de la production de DHEA : plus qu'un ralentissement du vieillissement, on atteint même des niveaux de rajeunissement ;
- un meilleur équilibre émotionnel, celui du corps participant à celui de l'esprit ;
- une baisse de la sécrétion du cortisol, une hormone du stress qui fait des ravages sur l'organisme ;
- une stimulation du système immunitaire par la sécrétion de globules supplémentaires pendant les six heures qui suivent un épisode de 5 minutes de cohérence cardiaque.

Pratiquer la cohérence cardiaque est un super-pouvoir manifeste car c'est un acte volontaire et accessible en toutes circonstances. Je ne résiste pas à nous rappeler ce que David en disait : « La cohérence induit un calme intérieur, mais ce n'est pas une méthode de relaxation : c'est une méthode d'action. La cohérence se pratique dans les situations de la vie courante... Les résultats obtenus par les hommes et les femmes qui la pratiquent régulièrement sont presque trop beaux pour être crédibles. » Il en était émerveillé.

Je me souviens d'une soirée qu'il a passée avec ma fille Pénélope, alors âgée de dix ans, pour l'aider à se préparer aux interrogations écrites qui lui faisaient perdre tous ses moyens. Pour lui, aucun enfant ne devait être soumis à de telles doses de stress sans être équipé pour y faire face. Par de simples exercices de respiration, Pénélope soulevait et faisait voler une montgolfière sur l'écran de l'ordinateur. Elle visualisait la puissance du calme. De son calme. Elle l'ancrait dans une image positive et poétique. Elle se sentait prendre le contrôle. Elle trouvait le tout assez étrange mais souhaitait continuer. Un peu pour faire plaisir à David, mais surtout pour la joie de se sentir bien et d'en être responsable.

LA GRATITUDE NOUS ALIGNE

Une des raisons de mon attachement à la cohérence cardiaque vient de son lien avec la gratitude dans l'arsenal des découvertes sur le bien-être. Il a été établi que les personnes qui éprouvent et expriment leur gratitude peuvent gagner jusqu'à sept ans d'espérance de vie. Une des explications concerne le fond de notre cœur. L'état de cohérence cardiaque s'atteint naturellement lorsqu'on prie, que l'on éprouve de la compassion ou cet émerveillement chanceux qu'est la gratitude. Se sentir béni, gâté et comblé nous met en cohérence.

Selon le docteur David O'Hare, pratiquer la cohérence cardiaque permet même de rajeunir. Éprouvé par notre mode de vie, notre corps peut être plus « vieux » que notre âge réel. Le stress, avec sa production de cortisol qui détruit vitamines et minéraux, abîme nos organes et provoque des troubles digestifs, mais aussi endocriniens, des troubles de la mémoire, des maladies infectieuses, des cancers, des dépressions, de l'inflammation, etc. Et nous y sommes exposés chaque jour.

On a ainsi étudié les conditions de vie de religieuses dans un couvent et les émotions qu'elles ressentaient afin de comprendre pourquoi certaines étaient en meilleure santé, et surtout vivaient plus longtemps que d'autres. Et on a constaté que ces femmes savaient mieux que leurs voisines éprouver de la gratitude et l'exprimer. Elles font sans le savoir l'expérience de la cohérence cardiaque à forte dose. C'est peut-être aussi simple que cela. Ce ne sont pas les voies du Seigneur qui les protègent, mais ces moments de légèreté positive dont bénéficie leur organisme.

Prendre soin de son organisme ne consiste pas qu'à faire du sport. Les émotions positives et une respiration particulière l'entretiennent aussi. Comment pratiquer ?

Il suffit d'induire sciemment cet état et/ou en prendre conscience pour bénéficier de ses bienfaits. Respirer, visualiser et aimer sont les trois méthodes dont on peut faire l'expérience pour nous mettre en cohérence. Ensemble ou séparément. À tester pour choisir nos préférences. Le seul risque que vous prenez, c'est de connaître un calme durable et productif et d'offrir des vacances à votre organisme.

1. Respirer

Il s'agit de respirer à un rythme régulier et relativement soutenu pendant cinq minutes. Voici concrètement comment vous y prendre :

- Équipez-vous d'une montre à trotteuse ou d'un chronomètre.
- Dans un endroit calme, assis sur une chaise, le dos bien droit et les jambes décroisées, prenez deux respirations lentes et profondes.
- Maintenant, expirez pendant cinq secondes,
- Puis inspirez pendant cinq secondes.
- Recommencez.
- Continuez à ce rythme-là pendant cinq minutes.

La respiration se fait naturellement, par le nez, sans forcer, quasi silencieuse, mais à un rythme particulier : six respirations par minute. C'est le chiffre magique. Celui de la résonance à la fréquence de 0,1 Hz qui crée cet équilibre cardio-respiratoire.

Vous allez probablement sentir qu'il ne s'agit pas d'une respiration de relaxation. Si vous pratiquez déjà la méditation ou le yoga, cette respiration-là est plus rapide. Mais il ne s'agit pas de détente, il s'agit d'alignement.

Cette respiration agit aussi sur notre nerf vague et provoque une baisse de la tension artérielle. Les personnes dont la tension est naturellement basse peuvent éprouver le besoin de s'allonger. Cela m'arrive assez souvent et je limite alors la séance à 3 minutes. J'ai poussé l'expérience en prenant ma tension pendant des périodes de cohérence : elle commence par baisser légèrement, puis se stabilise.

Le docteur David O'Hare propose la combinaison 3-6-5 comme aide à la pratique : procéder trois fois par jour, à six respirations par minute, pendant cinq minutes. Une fois le matin, une fois en milieu de journée et une dernière vers 17 heures, pour tenir jusqu'au soir. L'état de cohérence est atteint dès la fin de la première minute de respiration, mais les bénéfices se récoltent au bout de trois minutes et irriguent l'organisme pendant les trois heures qui suivent la pratique. Les minutes suivantes (deux ou plus) sont conçues pour en profiter et accentuer les effets.

Consacrer plusieurs fois cinq minutes dans sa journée à se poser et à réaligner son organisme permet aussi de récupérer et d'interrompre notre course. Et même, pourquoi ne pas associer la respiration avec un instant de méditation ? Je vous encourage vivement à ritualiser votre effort. Trois fois cinq minutes semblent peu, mais caler cinq minutes par jour constitue déjà un vrai effort – croyez-en mon expérience. Alors trois fois cinq minutes, c'est trois fois plus d'effort. Commencer la journée par une première séance est le plus facile. Avant d'allumer radio, téléphone, cafetière ou bouilloire, voire les lumières de la maison, glissez-vous dans un coin tranquille sans avoir réveillé les enfants, le chien ou votre chéri.

Les transports en commun sont également parfaits pour pratiquer. On s'y trouve souvent pour plus de cinq minutes. Et assis, on peut tout faire. Je m'abstiens de le faire quand je conduis –pour ne prendre aucun risque. Ou alors juste trois respirations au feu rouge pour me calmer parfois. Mais pas de double activité au volant.

Le retour de déjeuner est aussi un moment facile à réserver. Être assis derrière son écran, pour ceux qui retrouvent un bureau, est propice et pratique. D'autant que l'on peut se servir de celui-ci pour lancer un guide respiratoire.

Reste le dernier moment à organiser selon ses disponibilités. Par expérience, c'est celui que j'ai oublié le plus souvent. Dernière chance, le moment d'endormissement. S'assoupir en cohérence ne fait aucun mal, mais on passe juste à côté des sensations bénéfiques, qui se trouvent noyées dans le sommeil.

Les guides respiratoires

Au cours de mes ateliers, je propose d'expérimenter cette respiration. Collectivement, de surcroît. Je projette au mur la vidéo apaisante d'un oursin qui se dégonfle et se regonfle pendant 5 secondes dans chaque sens. Nous entrons alors tous en résonance.

Les guides respiratoires – comme la vidéo de l'oursin, mais cela peut être aussi un guide audio – sont une bonne aide pour débuter. Au début, on affiche la vidéo sur son écran ou on écoute la bande son dans son baladeur. Avec de la pratique, on apprend à trouver ce rythme distinct et on finit par pouvoir se passer de ces soutiens.

Souvent, lorsqu'on est en cohérence, le ventre se met à gargouiller. Signe que les systèmes nerveux autonomes sont en train de lâcher. Manifestation physiologique de notre succès, le parasympathique est au travail.

On trouve de nombreux guides gratuits sur Internet. L'oursin est le plus joli, à mon avis. Mais les développeurs d'applications pour smartphones se sont aussi lancés sur le marché. Leurs produits sont très faciles à utiliser. J'y ai recours dans l'autobus, le train ou le métro. Assise, bien sûr. Petite précaution cependant : la vitesse de ces guides est parfois réglable. Or, pour atteindre l'état de résonance, il faut précisément compter six respirations par minute. Donc à vérifier avant de l'adopter.

2. Ouvrir son cœur

C'était la technique favorite de David. Et elle a le mérite d'être d'une grande simplicité. Voilà comment s'y prendre.

Commencez par deux respirations lentes et profondes... Laissez votre attention accompagner le souffle tout au bout de l'expiration et faites une pause d'une ou deux secondes avant que l'inspiration suivante ne se déclenche d'elle-même...

Pendant ce temps, portez consciemment votre attention sur la région du cœur dans votre poitrine. Vous pouvez même y poser la main pour que ce soit plus clair. La respiration est lente, profonde et naturelle. Visualisez l'air qui enveloppe votre cœur. Imaginez que l'inspiration lui apporte, au passage, l'oxygène dont il se régale et que l'expiration évacuera tous les déchets dont il n'a plus besoin.

La troisième étape consiste à vous connecter à la sensation de chaleur et d'expansion qui se développe dans la poitrine, de l'accompagner avec la pensée et le souffle. Elle est souvent timide au début, mais s'impose progressivement. La durée de cet exercice est libre, avec un minimum de 3 minutes, mais il peut se pratiquer aussi longtemps qu'on le souhaite, comme une méditation.

Cette méthode est la plus facile à utiliser avec des enfants. Les orienter vers une représentation du cœur est le meilleur cadeau qu'on puisse leur faire pour qu'ils prennent conscience de leurs émotions. Apprendre à respirer simplement leur donne le pouvoir de ne plus avoir peur de ce qui les dépasse. De sentir quand la pression monte – ce qui leur permet de savoir qu'il est normal et même fréquent que la pression monte. On nous apprend tellement peu à gérer le stress quand on est petit… Nous nous débrouillons comme nous pouvons, alors que la conscience du phénomène, la préparation et l'acquisition de quelques outils font une réelle différence.

Cet exercice avec visualisation produit les mêmes effets physiologiques que la respiration comptée dans une version plus mentale.

3. Éprouver de jolies choses

La troisième technique, pour moi la plus spectaculaire, consiste à se concentrer sur des émotions positives : l'attendrissement, la joie, l'émerveillement, l'affection, la tendresse, la gratitude, l'anticipation, le calme, la sérénité, etc. Dans ce vaste répertoire, l'amour est celle que je préfère. Comme nous l'avons vu au chapitre précédent, tout se rejoint. Il suffit de penser à quelqu'un ou à une circonstance positive pour se trouver en cohérence. Il peut s'agir d'un souvenir ou d'une scène fabriquée. Pour se connecter à une émotion, une simple évocation suffit, mais on peut aussi choisir une image qui l'incarne pour nous. Une scène de nature, un bébé emmitouflé, un visage aimé, des animaux aussi, s'ils nous touchent, un jardin paisible, une vue sur la mer. L'évocation est un pouvoir puissant. Au point de nous entraîner sans trop d'efforts vers des sensations qui nous alignent.

La méditation de bienveillance, par définition, nous met aussi en cohérence. Ce qui explique ses retombées physiologiques démontrées.

Agnès-Laure Bigorie anime avec moi des ateliers de bonheur. Avant de nous rejoindre, elle était chanteuse lyrique. Elle a une maîtrise impressionnante de la respiration et des variations qu'on peut lui apporter pour se centrer, booster sa créativité ou faire exploser ses limites. Elle entraîne nos participants à élargir leur répertoire de respirations. Grâce aux logiciels qui mesurent notre niveau de cohérence cardiaque, nous avons mis au point un jeu. Plus que les détecteurs de mensonges qui font fantasmer les espions en herbe, ce qui nous plaît est d'avoir à notre disposition un détecteur d'amour. Une machine à vérifier ses sentiments.

On s'accroche le capteur à l'oreille en se branchant sur une version graphique du logiciel et on respire normalement. Apparaissent sur l'écran des étoiles rouges qui manifestent notre état de chaos naturel. On évoque alors la personne aimée. Plus l'émotion prend de place, plus la variabilité cardiaque s'aligne. Petit à petit les étoiles tournent au bleu, manifestant plus de 50 % de cohérence, pour finalement passer au vert lorsqu'on est en résonance à 100 % : le sentiment d'amour est alors totalement présent. Pour les débutants, l'exercice est aussi étrange qu'impressionnant. À quelques microsecondes de décalage, dès qu'on se connecte à cette sensation chaude, les étoiles passent au vert. L'exercice consiste alors à les maintenir dans cette couleur. En alimentant les images positives dans sa tête et en les ressentant dans son corps.

Cet exercice a des vertus multiples. Se prélasser dans nos sensations les plus agréables, mais aussi, parfois, sortir de la colère ou du ressentiment. Là aussi, en partant de notre chaos naturel après une altercation ou une déception, les étoiles rouges rendent visible notre agitation. Quelques respirations et visualisations positives plus tard, elles passent déjà au bleu. Et plus l'exercice avance, plus nous lançons des geysers d'étoiles vertes. Preuve que nous avons transformé une émotion toxique pour l'organisme en soutien. Nous avons inversé les forces de nos sensations et détenons ainsi une preuve tangible de nos progrès, ce qui nous permet de prendre de plus en plus confiance dans notre capacité d'autoguérison.

Vous pouvez, du reste, essayer dès à présent. Asseyez-vous droit, décroisez vos jambes et fermez les yeux si cela peut vous aider. Prenez deux grandes respirations et repensez à un instant ou à une personne que vous aimez. Nos enfants ou une scène de tendresse sont des valeurs sûres en cohérence cardiaque. La sensation de ce bébé blotti marche à tous les coups, en ce qui me concerne. Mais sachez juste qu'évoquer du positif de façon continue requiert un effort. Pas toujours évident au début.

Ne cherchez pas en plus à contraindre votre respiration, car l'ajustement va se faire naturellement. Profitez-en pour ressentir les endroits de votre corps où s'expriment les sensations. Se sentir protégé, entouré, satisfait ou chanceux soutient cet état. Voyagez d'une perception positive à une autre, embellissez les scènes et les souvenirs, anticipez les retrouvailles, offrez-vous ces seules sensations que vous préférez, de proximité ou de paix, de douceur et de chaleur. Petit à petit, votre corps vous suit. Le système nerveux autonome se soumet et rend les armes. Lui aussi préfère la fête pour révéler ses super-pouvoirs.

Agnès-Laure et moi faisons d'autres expériences sur la transitivité de la cohérence cardiaque. Nous nous tenons la main et l'une se met en cohérence. Est-ce que l'autre se synchronisera sans effort ? On cherche à voir si le calme de l'une peut se communiquer à l'autre – ou aux autres dans un groupe élargi. En écoutant de la musique, en parlant, en travaillant. L'agilité de cet exercice nous plaît. Elle et moi faisons preuve d'une bonne souplesse de sensations et aimons jongler avec. Mais tout notre entourage ne réagit pas aussi facilement. Et c'est essentiel de garder cela en mémoire quand on veut partager la simplicité de cet outil.

UNE INTRODUCTION À LA MÉDITATION

Pratiquer la cohérence cardiaque peut être une bonne introduction à la méditation. Lorsqu'on nous interroge sur ce qui nous empêche de nous mettre à la méditation, voici les cinq réponses les plus courantes :

- le manque de temps,
- l'absence d'autodiscipline,
- le manque d'espace ou de calme,
- la somnolence,

- ne pas savoir méditer.

Les manuels de méditation peuplent désormais kiosques et librairies. Livres, CD, applications ou vidéos à l'appui, on peut s'initier sans chercher trop loin. Savoir méditer ne signifie rien en soi. Méditer suffit. S'y mettre, s'y tenir, se sentir de plus en plus nourri par la pratique est le seul signe de progrès. Signe que nous l'apprivoisons. Et que nous nous apprivoisons.

Il reste que la méditation intimide encore. Alors je propose aux participants à mes ateliers de commencer par la cohérence cardiaque, dont le mode d'emploi, plus « technique », est facile à appréhender. Mais on réalise vite que l'on peut passer de l'un à l'autre. Peu importe la voie d'entrée, puisqu'il s'agit dans les deux cas d'un moment privilégié avec soi-même, qui permet de se recentrer.

LE SUPER-BIJOU

Il y a quelques mois, j'ai été contactée par Julie, étudiante en design interactif et industriel. Elle travaillait, sans le savoir encore, sur une mise en évidence de nos super-pouvoirs. Elle cherchait à concevoir un objet qui manifesterait le meilleur de nous-même pour nous inciter à repérer de tels moments et situations et les reproduire à volonté. Sans le savoir, elle s'était mise sur la piste de la cohérence cardiaque et j'ai accepté de l'accompagner, comme tutrice, jusqu'au jour de son examen.

Elle a trouvé des moyens graphiques et techniques pour créer un bijou auquel de nombreux développeurs n'avaient pas encore pensé. Pendentif raffiné, esthétique et très technique. Dès que nous entrerions naturellement en cohérence, il dégagerait une douce chaleur pour nous en informer et signalerait ce moment dans notre journal électronique, nous permettant ainsi de revisiter notre journée ponctuée de ses meilleurs touches. Gratifié, nous pourrions alors remercier ceux qui ont contribué à créer cet instant ou le raconter à d'autres. Formant un cercle positif et vertueux. Super-pouvoirs cumulés de bien-être, de gratitude et d'échanges.

Elle a tout designé, des nanotechnologies indispensables pour se relier à notre organisme aux contours organiques du bijou pour avoir envie de le porter. Fini les logiciels et capteurs volumineux à installer. Tout était minutieux et miniaturisé. Elle a fabriqué un prototype.

Le jour de son examen, quelques minutes avant d'entrer dans l'arène, je l'ai naturellement rejointe pour une respiration de préparation. Et Julie m'a bluffée. Centrée et cohérente, elle a tout enchaîné, expliquant, démontrant et racontant avec brio l'histoire de ces sensations particulières qui nous traversent à un jury qui n'en connaissait même pas l'existence. Le verdict est tombé en fin de journée : Julie était reçue et la cohérence cardiaque a fait son entrée dans le design. Il lui reste maintenant à convaincre un fabricant de l'importance d'un tel objet.

8

Développer son intuition

Se faire confiance demande aussi d'être plus à l'écoute. D'évaluer ce que l'on sait, ce que l'on veut, ce que l'on doit faire, mais aussi ce que l'on sent. De nouveau, le travail de David O'Hare est tombé à pic, car il a choisi d'explorer les liens entre la cohérence cardiaque et l'intuition. L'intuition réunit nos perceptions extérieures et intérieures. Les informations que nous captons sur notre environnement et notre état interne alimentent toujours notre réflexion et nos délibérations. C'est ce qui nous permet de sentir qu'une situation présente un danger et d'engager une réaction rapide et instinctive, par exemple. Mais l'intuition nous sert tout autant dans la vie courante, et avoir envie de la développer suppose de choisir d'écouter d'autres canaux que ceux de la raison, d'être attentif aux messages du corps et à ses émotions. Quand on sait qu'une décision se prend à 90 % de façon intuitive, on mesure mieux l'importance de rassembler des informations qui dépassent largement la réflexion. C'est donc le tout de nous qui nous informe.

Comme le système nerveux autonome, les perceptions intuitives se nichent dans la partie la plus archaïque du cerveau et fonctionnent en pilote automatique. Respirer est un acte non pas réfléchi, mais instinctif – c'est ce qui nous permet de respirer en dormant, par exemple. Ressentir appartient au même domaine, mais là, nous pouvons affiner notre écoute et aller chercher en nous plus de finesse et de confiance.

Dans leur livre *Intuitions. Apprenez à écouter votre voix intérieure pour prendre de meilleures décisions*, David O'Hare et Jean-Marie Phild racontent comment développer son intuition en se servant de la pratique de la cohérence cardiaque. Ils ont observé que pratiquer la cohérence cardiaque nous rendait plus sensible à la perception de nos réactions et beaucoup d'exercices intuitifs commencent par un moment de respiration au métronome : six respirations par minutes.

À partir de là, j'ai travaillé avec David O'Hare sur un programme d'entraînement qui permet de laisser plus de place à notre voix intérieure pour prendre de meilleures décisions. La première étape consiste à définir ce qu'est une bonne décision. Est-ce la qualité de la décision au moment où nous la prenons ou est-ce l'évaluation de ses conséquences qui nous permettent d'affirmer qu'elle a été bonne ou mauvaise ? Parfois c'est l'un, parfois c'est l'autre, parfois ce sont les deux. Comme toujours, c'est notre interprétation finale qui comptera le plus.

LES DILEMMES

Les décisions que nous préférons prendre sont celles dont nous pouvons entrevoir les bénéfices et les comparer. Choisir ou arbitrer implique souvent de préférer ceux qui nous plaisent le plus. Dans un dilemme, par contre, les deux solutions présentent des avantages égaux et/ou des aspects douloureux équivalents. Ce sont les situations dans lesquelles nous aimerions avoir le beurre et l'argent du beurre, alors que ça n'est pas possible. Si nous choisissons A, nous nous privons de B et inversement. La difficulté vient de l'impact émotionnel de l'arbitrage. Dans les deux cas, nous devrons renoncer à quelque chose. Nos émotions seront malmenées. La littérature et la culture sont pleines d'exemples de ces tragédies. Le livre *Le Choix de Sophie*, de William Styron, où l'héroïne doit choisir de sauver de la déportation un seul de ses deux enfants, illustre à la puissance mille le tourbillon d'émotion et de peur que provoque un dilemme. Rien que d'y penser, mon invariabilité cardiaque s'emballe.

Voilà donc pourquoi et en quoi la respiration peut nous venir en aide. Nous parlons ici de décisions que nous pouvons mûrir, sans caractère tragique immédiat. Mais dès lors que nous avons la possibilité de réfléchir et de ressentir, nous pouvons nous appuyer sur la physiologie de nos émotions.

Face à un dilemme, nous avons peur de souffrir et notre cerveau est programmé pour nous en protéger. O'Hare explique même que prendre une décision est parfois un dilemme en soi. Si je la prends maintenant, je souffrirai vite ; mais si je ne la prends pas, je souffrirai de ne pas le faire. Éviter de prendre une décision est un dilemme de plus.

Nous attendons souvent qu'un événement extérieur fasse basculer la situation, nous obligeant à choisir une voie malgré nous : c'est moralement plus simple mais émotionnellement plus lourd. Combien de ruptures amoureuses prennent ainsi corps ? Attendant que le couperet d'une relation insatisfaisante tombe de l'extérieur pour ne pas avoir à s'y précipiter, tout en marinant dans son malheur. L'un attendra que ça vienne de l'autre, pensant ainsi faire moins mal. Mais le résultat est rarement celui-là.

DANS LA PRATIQUE

Quand une situation est pourrie, l'idée est de nous y confronter, non pas pour précipiter les décharges de désagrément, mais pour en explorer les écueils avec plus de contrôle. Voici comment s'y prendre.

La première question à se poser est ma préférée : pour quand cette décision a-t-elle besoin d'être prise ? Souvent, nous nous tourmentons bien avant que le problème ne se pose réellement. Il arrive que nous n'ayons pas encore les données en main. Cette question vaut pour toutes les décisions.

Je me souviens d'échanges avec François, qui venait de reprendre une entreprise de high tech. Dans la corbeille de la société se trouvaient quatre collaborateurs, dont l'un tenait les rênes de l'entreprise. Ancienneté, réseau, relations avec les fournisseurs et partenaircs, connaissance des dossiers dans leurs moindres recoins, historiques et techniques. François n'avait aucun atome crochu avec cette personne. Avec les autres, la greffe a pris facilement, mais la relation avec celui-là ne le satisfaisait pas.

Ce n'était pas la première entreprise qu'il gérait. Et il savait qu'une séparation pouvait être une solution. Mais, lorsqu'il l'envisageait, quelque chose ne sonnait pas juste. Il voulait créer une meilleure ambiance dans l'entreprise, mais il redoutait de perdre du terrain en renonçant à l'expertise de cette personne.

Les six premiers mois, avant que nous parlions de son dilemme, il s'est beaucoup préoccupé de cette situation, pesant le pour et le contre d'un départ. Ses propres arguments le faisaient tourner en rond. La solution était rêvée pour tester l'apport de la cohérence cardiaque. Se mettre en cohérence nous permet de « désensibiliser » une situation et la peur que nous y associons. En respirant avant d'explorer une option, nous neutralisons les sensations déplaisantes liées à l'inquiétude et pouvons réfléchir plus librement. L'exercice consiste à lister les différentes options. Il y en avait deux pour François : se séparer de son collaborateur ou continuer avec lui.

Il a commencé par définir que la décision devait être prise dans un délai d'un mois. En effet, il avait déjà assez de recul pour évaluer la contribution de ce collaborateur à la bonne marche de l'entreprise. Une fois la question résolue, dans un sens ou dans l'autre, il cesserait de douter.

Le premier jour, il s'est servi d'un guide respiratoire pour se mettre en cohérence cardiaque. Cinq petites minutes de respiration. Puis il s'est mis dans la peau de quelqu'un ayant pris la décision A: se séparer de son collaborateur, et en a noté tous les désagréments. La liste était fournie. Il allait devoir tisser des liens avec un réseau inconnu, mettre les mains dans un cambouis qui ne l'intéressait pas, se faire une culture historique expresse des détails administratifs, prendre en cours des négociations qu'il ne maîtrisait pas, etc. Il n'en avait vraiment pas envie.

Quatre jours plus tard, il a recommencé l'exercice en se mettant dans la peau du plan B : continuer à travailler ensemble. Cette liste-là faisait une part importante à l'émotion : ambiance médiocre, irritation, sensation d'être dépossédé des clés de la boîte, etc. Il n'en avait pas plus envie.

Le début de la semaine suivante, il a recommencé. Cinq minutes de respiration avant de réexplorer les désavantages de A. Et le jeudi d'après, idem pour B. À chaque fois, l'exercice ne lui a pas pris plus de vingt minutes. Mais il faut quand même les prévoir pour ne pas se retrouver au pied du mur.

Survoler ne désensibilise pas. C'est s'y prélasser qui nous incite à être plus réaliste et moins affolé. La nouveauté ici est double. D'abord, se mettre en condition de calme et d'ouverture avant de se confronter au pire, puis comparer les obstacles aux obstacles, pas aux qualités ni aux forces. C'est le pire contre le pire, pas le plus contre le moins – pour diminuer les peurs.

La troisième semaine, rebelote. Et François a commencé à sentir un penchant pour la solution B. Les désagréments affectifs lui semblaient plus surmontables que les charges administratives.

La quatrième semaine, ces deux listes n'avaient plus la même tonalité pour lui. Il s'est vu choisir la sécurité technique au détriment de l'atmosphère. Sauf qu'il ne voyait plus les choses sous cet angle. Avoir pris une décision l'a soulagé. Et quelques semaines plus tard, il trouvait l'atmosphère générale bien meilleure car elle dépendait de son choix à lui. Il ne se sentait plus victime des circonstances. Il avait choisi ses contraintes et prenait même du plaisir à faire évoluer les relations. Il n'en était plus victime, puisqu'il avait opté pour la situation dans laquelle il se trouvait.

Être acteur de ses progrès est notre meilleur allié. Mais cela demande toujours d'avoir pris une décision consciente, c'est-à-dire en connaissance de cause. Si nous en sommes propriétaire, nous n'allons plus nous en plaindre. Et si nous ne nous plaignons plus, nous y faisons tout de suite mieux face en améliorant ce qui peut l'être.

Cet exercice vaut pour toutes les situations ou le déplaisant se confronte au déplaisant. Celles dans lesquelles nous préférerions avoir une gomme magique pour effacer l'avenir. Mais la gomme de la vie reste toujours à inventer. Alors mieux vaut avoir consacré un peu de méthode pour faire face à nos craintes les plus profondes et avoir pris le temps de se poser pour nous éviter l'affolement. Superpouvoir tranchant.

TANT QU'IL N'EST PAS TROP TARD...

Au pire, si malgré cet outil on a pris une décision qui s'avère ne pas être la bonne, au moins nous limitons les regrets en l'ayant fait. Car quand on nous demande ce que nous regrettons le plus dans nos vies, il s'agit de choses que l'on n'a pas faites dans 75 % des cas. Par exemple, ne pas avoir assez travaillé à l'école, ne pas avoir saisi une opportunité et ne pas avoir passé assez de temps avec les uns ou les autres. Et pour les 25 % restants, il s'agit de quelque chose que l'on a fait : pris une mauvaise décision professionnelle, avoir épousé quelqu'un qu'on n'aimait pas ou avoir eu un enfant à un mauvais moment.

Pourquoi ? Parce que nous connaissons les conséquences et retombées négatives des choix que nous avons faits. La déception est identifiée et circonscrite. Nous nous remettons de tout. Mais tant qu'une envie n'a pas été assouvie, nous n'imaginons même pas qu'elle puisse nous décevoir. L'illusion de passer à côté de quelque chose est donc pire que d'en avoir fait le tour, même avec des retombées pourries.

Ne tergiversons plus : mettons nos projets à exécution ! Appelons pour proposer, fixons une date pour le prochain voyage, écrivons LA lettre, rendons visite, parlons de ce qui compte, offrons un cadeau, faisons ce bébé, remercions, déclarons-nous, planifions des moments ensemble, risquons le choix d'une nouvelle carrière ou d'une plus forte intimité, initions-nous à la méditation, allons voir ce film, ou que sais-je… Saisir des opportunités crée de la joie, les négliger entraîne des regrets.

Julien et Ariane mènent chacun des vies pleines comme des œufs. À mes yeux, ils ont en commun d'être brillants, drôles et reconnus dans leurs carrières respectives. Ils sont chacun parents et parlent plusieurs langues.

Julien m'a révélé un jour ne pas avoir son permis de conduire. Je lui ai simplement recommandé un programme intensif de code + conduite en province dont sortait victorieux mon Arthur. Julien a pris le train pour aller voir et s'y est inscrit, au milieu de jeunes pleins de gel dans les cheveux. Les débuts ont été surprenants pour lui qui avait fui la classe à seize ans. Mais plus il progressait, plus il kiffait. D'apprendre.

Un mois plus tard, l'examinateur lui a tendu son papier rose. Premier diplôme, m'a-t-il dit, excité comme tout et d'ajouter : « Je crois que tout cela m'a donné envie d'avoir le bac. » C'était à la maison, devant mon amie Ariane, qui a répondu tout de go : « Mais je ne l'ai pas non plus, je viens avec toi. »

Trois soirs par semaine, pendant toute une année scolaire, ils sont allés à l'école en plus du reste pour écouter, noter, disserter. Partiels, devoirs, révisions, cahiers et matières sont revenus en trombe dans leur vie. Une mention chacun à l'arrivée. Ça n'était pas gagné d'avance.

Il n'est jamais trop tard.

LE PENDULE

Pour explorer mon intuition, cérébrale comme je suis, je me suis lancée et me suis offert un pendule. Quelques mois de pratique plus tard, je m'y suis attachée. Et j'ai compris que je n'ai pas été le choisir pour qu'il prenne des décisions à ma place. Je l'actionne plus pour vérifier si je suis bien d'accord avec moi-même que pour déléguer ma décision à l'invisible.

C'est mon amie Katia qui a brandi le sien pour m'aider à choisir des bijoux à offrir aux nombreuses femmes de ma famille. Trop de choix pour décider rationnellement, j'ai donc laissé parler l'objet en pensant à chacune. Et il vacillait pour valider ou contester ma sélection. J'ai adoré la sorcellerie de la scène pour une tâche aussi ludique. En sortant de chez elle, j'ai foncé à la librairie ésotérique de notre quartier.

Le choix d'un pendule est déjà un acte totalement intuitif. On peut toujours le juger à sa robe, mais le plus simple reste de le prendre en main et de se poser une question fermée. Bougera ? Bougera pas ? Le premier vers lequel j'ai tendu le bras, parce qu'il me plaisait, s'est agité comme un bolide. Surprise et amusée, je l'ai adopté.

Il voyage depuis dans mon sac et je vais essayer de vous expliquer à quoi il me sert d'un point de vue rationnel – alors qu'il s'agit précisément de lâcher toute rationalité. En résumé, lorsque je l'interroge, une partie de moi a déjà décidé ce que je voudrais ou préférerais. Mon pendule me sert moins d'outil de prédiction que de validation. De *double check*, comme disent les Américains. Juste pour vérifier que mes sensations sont alignées avec ma réflexion et que je ne néglige pas quelque signe qui m'empêche de m'engager totalement dans une direction.

Prenons un exemple. Pour participer au casting d'une émission de cuisine, l'exercice consiste à réaliser une recette en apprenant aux téléspectateurs à la faire tout en racontant des histoires et en partageant un maximum d'informations. J'étais très excitée par cette perspective. Mon idole, je vous le rappelle, est Martha Stewart. J'allais donc vivre mon moment marthastewartien.

J'hésitais entre deux recettes. Une salade de quinoa ou des bocaux de pickles. J'avais déjà cuisiné dix fois la première. Je connaissais sur le bout des doigts temps de cuisson et twists personnels. Loisir total de digresser, je pouvais faire confiance à mes réflexes pour continuer le plat. Les bocaux de pickles, par contre, c'était tout nouveau. Et je n'étais pas sûre à 100 % de pouvoir me souvenir de tout. Donc, ça m'excitait plus.

Pendule en main, je me suis demandé si je devais faire les pickles. Au bout de mes doigts, il s'est agité dans le sens contraire des aiguilles d'une montre. C'était oui ! Pour la salade, il est parti dans l'autre sens. C'était non.

En fait, mon cœur allait droit dans le bocal quand ma tête ne lâchait pas le quinoa. Mon ami pendule m'a permis de confirmer mon choix profond. S'il m'avait dit non pour les pickles, ma déception m'aurait permis de savoir ce que mes tripes voulaient vraiment faire.

Comme si mon cerveau archaïque regardait tourner le truc et tranchait enfin le débat. C'est une piste que l'on peut choisir d'ignorer, mais cette contradiction ou cette confirmation ne provient de personne d'autre que soi-même.

J'ai donc cuisiné des pickles. C'était la bonne décision, puisque la chaîne a adoré. J'ai été engagée pour présenter « Mes recettes qui font du bien », ce qui me permet de faire tout ce que j'aime en même temps : parler, cuisiner, enseigner, déguisée et maquillée dans un décor multicolore. Monsieur mon pendule, merci.

RIEN DE MAGIQUE

Même si nous préférons les solutions magiques à la raison, mon pendule inclus, il faut comprendre que les seuls vecteurs dont nous disposons pour recueillir des informations sont nos cinq sens. Ce qu'on appelle l'intuition, d'un point de vue scientifique, est l'hyperperception de certaines données.

Lors d'une étude organisée en Israël, on a demandé à des hommes de renifler des bocaux contenant soit des larmes de femmes, soit du sérum physiologique. Puis on leur a montré des visages féminins en leur demandant s'ils les trouvaient attirants. Les hommes exposés aux larmes ont été moins séduits que les autres. Et lorsqu'on a analysé leurs prélèvements de salive, à la recherche de traces de testostérone, on a noté qu'ils en sécrétaient moins que les hommes de l'autre groupe. Les larmes engendraient inconsciemment un réflexe de protection et atténuaient l'excitation sexuelle. Seul notre cerveau sait intuitivement interpréter cette hyperperception. Notre nez n'en a lui même pas conscience.

De la même façon, lorsque quelqu'un perd la vue après un traumatisme cérébral, il lui est encore possible de se diriger dans une course d'obstacles ou d'identifier une émotion sur un visage. Parce que nous disposons de deux champs de vision. Un visuel et l'autre intuitif, collectant des informations qui ne passent pas par la vue.

Le tout est de laisser ces perceptions parvenir jusqu'à nos entrailles, centre de décision alternatif.

Se nourrir en conscience, par exemple, en étant à l'écoute de son corps donne de bien meilleurs résultats que les régimes restrictifs. Méthode testée sur plus de mille étudiantes à l'université d'Ohio State. Celles qui ont choisi de se montrer attentives à la sensation de faim pour définir le moment des repas, à leurs envies pour choisir les aliments et à la sensation de satiété pour les quantités, présentaient au bout de trois mois un meilleur indice de masse corporelle que celles qui ont fait un régime. Mieux encore : deux ans plus tard, elles avaient toujours une meilleure estime d'elles-mêmes et pratiquaient plus d'activité physique. Développer leurs capteurs leur a permis de mieux connaître le fonctionnement de leur corps et de ses besoins. C'est encore de l'intuition.

9

Redémarrer son disque dur

Un mois d'août, j'ai croisé Denis, le frère de Larry, rayonnant, aminci et tout guilleret. Il avait participé à un séjour « Jeûne et randonnée » deux mois plus tôt. Cinq jours de tisanes, de bouillons et de marche.

Ça fait mal ? lui ai-je demandé. Persuadée qu'une opération pareille relevait de la torture. Pas du tout, au contraire.

Un mois plus tard, je terminais un gros travail qui m'occupait depuis un an exactement. L'été avait été studieux, les rentrées de tous les miens étaient calées et je cherchais un moyen pour me récompenser de cet effort.

Jeûner a semblé être la solution. Cela supposait de partir pendant dix jours loin de mes habitudes, de mon réfrigérateur et de mes obligations. De tenter quelque chose de nouveau, aussi, parfumé à l'exceptionnel. Je ne connaissais alors que très peu de gens qui l'avaient fait. Mais s'ils y avaient survécu avant moi, je devais pouvoir y résister à mon tour.

Je n'éprouve cependant aucune fascination pour provoquer ne serait-ce qu'un peu d'inconfort. Le concept du jeûne était très abstrait. J'en riais presque. Arrêter de manger... bien sûr.

J'avais quand même pris l'avis de David, médecin de la famille, qui m'a vivement encouragée à y aller. Il connaissait les prémisses des recherches publiées sur le sujet et m'a dirigée vers l'Allemagne. C'est comme cela que j'ai passé mes premiers dix jours au centre Buchinger Wilhemi, perché au-dessus du lac de Constance. Occasion bienvenue de déterrer mon allemand scolaire, enfoui sous des années d'oubli. Je pensais qu'en distrayant ma tête, mon corps peinerait moins.

MULTI-BÉNÉFICES

L'expérience à Buchinger est physique, psychologique et pédagogique. Trois transformations d'un coup. On apprend, on découvre et on expérimente, encadrés et accompagnés. C'est très rassurant pour les débutants. Et c'est ainsi que je me suis intéressée de beaucoup plus près aux vertus du jeûne.

Sur le plan physiologique, d'abord, il est facile de comprendre que notre organisme n'a pas été conçu pour manger la même quantité et la même nature d'aliments tout au long de l'année. Aujourd'hui, grâce aux artifices modernes, notre alimentation est constante, mais ça n'est pas naturel. La première vertu d'un jeûne est donc d'offrir du repos à notre système digestif, qui consomme 70 % de l'énergie que fabrique notre organisme. Si on cesse d'absorber des produits solides pendant un temps limité, l'énergie dont nous disposons se met au service du reste de l'organisme. Les études démontrent que trois semaines de jeûne font gagner à notre corps six années biologiques, améliore la circulation sanguine, augmente la vitalité, fait perdre du poids et harmonise l'humeur. Le corps privé de nourriture a la capacité à s'autoalimenter et va se nourrir de ses propres graisses. C'est une faculté dont il est doté naturellement et dont la mémoire demeure, grâce aux variations saisonnières vécues par nos ancêtres.

Sur le plan thérapeutique, le jeûne est utilisé par des médecins en Russie et en Europe de l'Est depuis des décennies. En Allemagne, sa pratique est même remboursée par la Sécurité sociale, car il soigne certaines pathologies comme les maladies articulaires ou inflammatoires. Il a aussi fait ses preuves en psychiatrie et, depuis peu, en oncologie. De plus en plus de disciplines médicales s'y intéressent et je vous recommande vivement, pour vous faire une opinion, de découvrir l'enquête de Thierry de Lestrade dans son livre *Le Jeûne, une nouvelle thérapie* ou le documentaire du même nom.

Mais le plus excitant a été pour moi la découverte des bénéfices psychologiques du jeûne. Pendant sept jours, j'ai absorbé l'équivalent de trois cents calories par jour sous forme de consommés de légumes ou de jus de fruit. J'ai surtout bu beaucoup d'eau et de tisanes. Au programme, autant d'exercices physiques qu'on le souhaite, grandes randonnées quotidiennes, siestes, cours de cuisine et de nutrition, vue sur le lac de Constance et, à chaque fois, des rencontres intéressantes.

Une semaine avant mon départ, je me suis offert le roman d'Amélie Nothomb qui parle d'une histoire d'amour entre un soldat et ses 150 kg de trop. Je me suis soudainement demandé si j'avais assez de réserves pour tenir. La réponse est oui. Une personne de corpulence normale peut tenir jusqu'à quarante jours sans manger. Alors sept jours, ça n'est finalement pas grand-chose.

JOURNAL DE JEÛNE

Dans le train pour Uberlingen, je réalise que j'ai peur d'avoir faim, d'avoir froid, de m'ennuyer et de me sentir seule. À ce stade, je n'en sais pas plus sur le déroulement des opérations.

J+1

La journée commence par une visite chez le médecin qui me déclare apte à jeûner. Je ne viens pas pour me soigner, mais pour essayer.

Pour fêter ce lancement, on m'annonce un lavement par jour. Le repos digestif ne s'obtient que si les intestins sont libres. On va donc les aider à faire place nette. Bien ! En deux minutes c'est terminé, et ça n'est même pas désagréable.

Aujourd'hui on me déconseille d'en faire trop. Alors je me repose, je lis, je me repère, le tout très doucement. Le soir, après le dé à coudre de bouillon de légumes du jardin, on nous présente les avantages d'un jeûne :

- sauver la vie aux hommes qui ont du bidon,
- perdre quelques centimètres de tour de tout,
- parvenir à prendre des décisions,

- lutter contre les inflammations,
- jouir de sa propre discipline,
- libérer 250 m^2 de surface intestinale à l'intérieur de soi,
- rééquilibrer sa nature
- réinitialiser sa tête, ses jambes et son âme.

Ce qui me surprend le plus est que jusque-là, je n'ai PAS eu faim, même si ce soir ça gargouille.

J+2

Je n'ai pas bien dormi, je me suis levée à 5 heures ce matin, j'ai fait deux heures de gym sans manger, j'ai couru une heure sur un tapis roulant, mais je ne suis pas fatiguée.

À l'heure de la sieste obligatoire, on m'a emmaillotée avec une bouillotte, je me suis écroulée.

Pour ma première randonnée, je suis dans le groupe intermédiaire qui marche en silence le mercredi. Très vitc, nous avançons en cadence, sans un bruit, le pas décidé et coordonné.

Je sens poindre l'euphorie. Tout commence à être ++. Le cours de ce matin où on m'a fait tenir en position de chaise sans chaise était génial, celui où on m'a fait faire six cents répétitions d'haltères grandiose, le jus de pomme de midi m'a semblé être le premier que j'ai bu de ma vie et le Zeppelin qui plane au-dessus du lac mon meilleur ami.

L'autoalimentation dont est capable le corps ne passe pas par l'estomac. Je n'ai toujours pas éprouvé un seul instant de creux. Les deux premiers jours sont réputés les plus durs, mais je ne vois pas encore ce qu'il y a de difficile dans ce processus. Pour l'instant, hormis quelques maux de ventre et de tête, je n'ai à me plaindre que d'être très heureuse ici.

J+3

Au réveil, j'ai moins d'énergie, mais plus de clarté. La première raison de ma venue ici est ma fascination pour le changement. J'en ai toujours peur quand je le vois arriver, alors qu'en fait j'adore ça. Aucune mutation ne m'a encore laissé de regret. Ma nature est ainsi faite. Ici, en un temps très limité, j'ai la garantie d'assister à quelque chose d'inédit qui affecte mon corps, mon esprit, mon environnement et mes capacités linguistiques. Les exercices renouvelés chaque jour, les marches qui s'allongent, les odeurs de la nature que je perçois de plus en plus, cette place à l'intérieur de moi qui se libère et mes vêtements qui s'agrandissent.

Je suis désormais une voiture hybride dont le moteur à combustion a laissé place à sa batterie. Je n'émets plus de Co_2 et je roule sur mes réserves.

J+4

Pesée mémorable ce matin : + 200 g. Le poids n'aurait donc pas toujours à voir avec ce que l'on a mangé la veille. Ou j'ai dû forcer sur le rien.

À 11 h 44, embouteillage de boissons : un litre de thé vert pour le dynamisme, le jus de carotte pour les vitamines, une bouteille d'eau au magnésium contre les courbatures, un jus de pomme-melon pour le déjeuner et la tisane à terminer. Je suis embêtée, car le thé aux peaux de pommes arrivera très vite derrière.

De tous les besoins qui constituent ma vie, celui que je nourris avec le plus d'appétit est celui de légèreté. Seconde vraie raison de ma venue ici. La cultiver par le corps, c'est nouveau. Et même si celui-ci résiste parfois, ma machine pèse déjà moins lourd.

Je m'amuse de tout ce que je vois : des voiliers sans vent sur mon lac, de marcher plus vite en montée qu'en descente, de fantasmer sur un bretzel enduit de beurre battu, de choisir intégralement mon emploi du temps, de parler très peu, de faire juste ce qui me plaît.

Je ne fais pas vraiment rien, mais c'est déjà bien moins. On me recommande l'ennui comme accélérateur des effets du jeûne. Mais comment s'ennuie-t-on ?

J+5

Je célèbre ce matin tout ce que je n'ai pas mangé, les verres de vin que je n'ai pas bus, les excès que je n'ai pas faits, les courbatures que j'ai digérées, l'élan de marcher deux heures sous la pluie, le calme du clocher qui sonne midi, le temps de penser, l'ouverture qui germe de la nouveauté, et la bonne idée d'être venue.

La nourriture est une source de plaisir, de créativité et d'excès. Je suis fascinée par les conséquences intérieures de sa suppression. Je m'accepte sans querelle. Je n'avais pas réalisé tout le bruit qu'elle fait à l'intérieur de moi.

Je vis un voyage peu ordinaire dont le retour risque d'être aussi fort que l'aller. N'empêche, je commence à avoir l'air très reposée.

J+6

C'est aujourd'hui que j'ai eu froid et faim, que je me suis reposée, que j'ai perdu le plus de poids et que j'ai travaillé.

Demain je croque une pomme, je fais une conférence et je recommence à digérer. C'est donc une grosse journée, alors je vais me coucher, ma bouillotte dans les pieds.

J+7

Une de mes pires nuits, trop souvent réveillée : des rêves à coucher dehors, dont un morceau de pain attrapé dans un café, lancé mécaniquement dans la bouche. Son goût salé m'a réveillée. Je l'ai recraché.

Je romps le jeûne tout à l'heure. Je me sens compacte, aspirée de l'intérieur.

Après la prise de tension du matin, méditation, gym, lecture d'un *Libé* périmé derrière une vitre ensoleillée, jogging en ville, achat de cahiers d'écolier pour tout noter… Serais-je en train de retarder mes retrouvailles alimentaires ?

La compote de pommes attend mon retour dans la chambre.

Je me fais un brushing des grands jours et organise une cérémonie, nue sous le soleil de ma terrasse. Je me lance finalement. À la quatrième cuillère, je sens déjà la répétition. Tiens, une noisette. Ça craque, ça croque. C'est drôle.

Et surtout, c'est fait. Mon intestin est dépucelé. Pour la pomme crue une heure après, je m'habille en musique. Je la découpe, la regarde, lui parle, la suce, la mordille et l'avale. Ce soir, soupe de pommes de terre avec des morceaux. Je suis grisée.

J+8

La troisième vraie raison de ma venue ici était la fin de l'écriture de *3 kifs par jour*, remis à l'éditeur avant mon départ. Un an de recherches, de voyages, d'expérimentations et de travail pour en venir à bout. Ce qui viendrait après, je n'en savais rien.

Aujourd'hui, l'automne est arrivé à Überlingen, mais moi je suis re-née. La réalimentation signe la fin de la trêve intestinale. Depuis la première noisette croquée, mes bulles intérieures ont fait sauter mon bouchon. Celui de mes envies, de ma concentration et de ma vision.

Je touche cette légèreté avec mes dix doigts et mes pieds qui ne s'arrêtent plus de marcher. Les idées me traversent comme des fusées. Au pays de ma tête, c'est vraiment le printemps.

On parle de l'atterrissage d'un jeûne. Il y a vraiment de ça. Mon avion a adoré voler, mais il doit se poser. Resserrer sa ceinture et faire confiance à sa tour des contrôles.

Je n'ai jamais eu faim, j'ai parfois eu froid, j'ai adoré être seule et j'ai tout vu passer.

Ici, je me suis fait une copine. Joyeuse, pêchue, créative, volontaire, aventureuse. Elle ne se fait aucun reproche. On dirait même qu'elle s'encourage. Elle a du culot, aime tenir un stylo. Quand elle ouvre son cœur, elle touche ses voisins. Elle a la taille fine, le teint frais et aime beaucoup sa vie. Elle me dit qu'elle habite à Paris. J'espère qu'on s'y verra.

Retour à la maison

Je le vois mieux encore d'ici. Je viens de passer les dix jours les plus heureux de ma vie. En vacances réelles de moi-même et de la petite voix intérieure qui me poursuit. Je me sens comme un disque dur qui a été redémarré. Mon bureau intérieur est rangé, mes logiciels à jour et mes circuits rafraîchis. Je me suis remise à jour.

Le soir de la compote de pommes, j'ai donné ma première conférence de psychologie positive devant mes co-curistes. Nous devions être une douzaine dans la pièce. Alors que je ne voyais pas plus loin que le bout de mon estomac en arrivant en Allemagne, j'ai compris, ce soir-là, que l'appel suivant était celui-ci. De parler de ce que j'avais écrit. Et en réalité, c'est ce qui s'est passé. Mettre son corps à l'arrêt a cette vertu incroyable d'apporter une clarté totale au champ de ses idées. Les années suivantes, j'y suis retournée. Et rebelote. Ma tête s'est réorganisée. Les inquiétudes avec lesquelles je suis arrivée se sont apaisées. En repartant, je me sentais calme, rassasiée, joyeuse, présente et jolie. Impatiente de rien et contente de beaucoup. Arrêter de manger donne beaucoup de saveur et de goût à tout. C'est l'un des super-pouvoirs les plus inattendus que j'ai rencontrés.

Sur le plan pratique, il existe des dizaines de lieux en France qui proposent des programmes similaires. Certains parviennent à jeûner chez eux, mais c'est tellement difficile de tout arrêter lorsque tout continue autour de soi. Une retraite, quelle qu'elle soit, a le mérite de nous mettre face à nous-même. Dans ce cas précis, faire participer le corps à l'aventure permet de l'habiter vraiment et autrement. Alex, immense gourmand, a fini par se laisser tenter. Et en est revenu métamorphosé. Cette expérience a définitivement recentré son appétit sur ce qui lui fait du bien et je me réjouis de voir mon homme à bidon plus conscient, plus prudent et plus présent.

POWER PATATE

Les super-héros de notre enfance n'ont pas passé commande de leurs pouvoirs. Nous non plus. S'en plaignent-ils ? Se défilent-ils ? Non. Ils enfilent leur tenue et vont faire leur travail. Ils ne peuvent, en fait, s'en empêcher. L'un a été mordu par une araignée, l'autre a perdu ses parents dans son enfance, le troisième est boosté par l'oxygène de la terre. Nous aussi. Nous avons été mordus, nous perdons souvent et n'existerions pas sans air. Leurs forces et pouvoirs viennent de très profond. De leur place sur la terre, de leur histoire, de leurs blessures et de leurs renaissances. Les nôtres aussi. Ils agissent souvent seuls, car ils trouvent de meilleures solutions et se sentent plus courageux ainsi. Nous aussi.

Parmi les regrets les plus cités par les humains en fin de vie, on retrouve :

- de ne pas avoir vécu sa vie mais celle qu'on attendait de nous,
- d'avoir trop travaillé,
- de ne pas avoir dit ce que l'on ressentait vraiment,
- d'avoir perdu le contact avec ses amis,
- et de ne pas s'être autorisé à être plus heureux.

Pas nous. D'accord ? Il faut le décider, travailler pour se protéger et s'exprimer mais pas pour s'enterrer, ne jamais oublier de voir ses amis et goûter chaque instant lorsque c'est merveilleux. Nous sommes les héros d'une seule vie, la nôtre, bardés de qualités, de multipouvoirs et de maxi-compétences. Nourris aux micromoments d'amour et à l'inspiration. Chaque bouffée d'air nous permet de trouver des relations entre deux objets, entre deux personnes, entre deux événements. Nous voyons plus loin que nos yeux, nous sentons plus loin que notre nez : les humeurs, les dangers et les idées nous informent. Nous savons vivre avec moins, nous savons même vivre avec plus. Nous nous adaptons et nous nous adapterons toujours. Nous sommes des créateurs permanents.

C'est excitant. Nous devrions nous choisir chacun un nom et une tenue à enfiler pour ne pas oublier de rendre hommage à la nature et aux formidables particularités qui nous ont été confiées. Combien de fois Léon et moi avons ri en lisant *Captain Biceps*, dont tous les amis, assistants et rivaux sont des super-héros : Dentist Man, Slip Man, Biceps Boy, Le Truc, Fille-Man et Rébus-Man, alors que ce brave Elmer Rateau (le vrai nom du Captain) vit toujours chez sa mère Raymonde. On adore.

Et vous ?
Quelle est votre grâce particulière ?
Quelles sont vos forces de caractère ?
Quels talents vous décrivent ?
Quelles œuvres vous racontent ?
Quels amours vous nourrissent ?
Quelle est votre méditation ?

Où cachez-vous tous ces petits muscles qui peuvent faire de votre vie une aventure pleine de tout et pleine de vous ? Aérez-les, sortez-les et utilisez-les pour multiplier les meilleurs instants, partager les super-moments, jouir des occasions et vous remettre de toutes les émotions.

Il existe un mot inuit impossible à traduire : *iktsuarkop*. C'est l'anticipation que l'on ressent quand on pense que quelqu'un va arriver et qui nous pousse à regarder par la fenêtre.

C'est exactement ce que j'éprouve à l'idée de vous voir surgir tels que vous êtes vraiment : puissants, exprimés, créatifs, séduisants, aimants et détendus.

Je vous attends. Si vous ne le faites pas pour vous, alors faites-le pour nous.

Zorro, tu me manques et je t'aime,

Powerpatategirl

LES 9 SUPER POUVOIRS DU BONHEUR

SE DÉMASQUER

Nous sommes prêts. Prêts à créer. La peur de commencer est naturelle. L'imposture n'existe pas si on y met son cœur. La différence entre les créateurs et les autres, c'est que les créateurs se lancent. Les autres y pensent. Osons exprimer nos pouvoirs, nos forces et nos préférences. Aimons de tous nos yeux, nous sommes inimitables.

TROUVER SON ÉQUILIBRE

C'est notre sixième sens. Indispensable pour se redresser, s'élever, marcher et pouvoir voler. Tout fonctionne en balancier et complémentarité. Aimons-nous comme nous aimons les nôtres. N'ayons pas peur de nos idées. Nous sommes incomparables, personne n'est au-dessus ni en dessous de nous. Nos vulnérabilités sont à la source de tous nos pouvoirs. Qu'elles soient du passé, de maintenant ou potentielles, ce sont nos alliées.

GRIMPER AUX CLOCHERS

Méditons par terre, dessinons debout, écrivons les yeux fermés, collons nos idées sur des arbres, reposons-nous souvent et mélangeons les lettres. Moissonnons le meilleur de notre cerveau en variant, en tentant et en nous libérant. Osons plus grand, recyclons nos amours en nouveauté. Tous. Si c'est bien fait, nous connaîtrons la sensation de vivre.

TWEETER

Le lundi pour dire merci, le mardi pour activer la chance, le mercredi pour grandir, le jeudi pour sortir et le vendredi pour raconter comme nous y avons mis du cœur. La gratitude, l'entraide, les mentors, les amis et l'autocompassion sont les clés de notre bien-être. Communiquons nos émotions, soyons des relais, faisons-nous guider et encourageons-nous nous-même. Célébrer la bonne fortune des uns n'enlève rien à la nôtre. Elle multiplie notre richesse.

MOURIR

Toutes nos histoires ont une fin. C'est ce qui leur donne de la saveur et de la valeur. C'est pour prendre soin de la vie que nous nous rapprochons et que nous nous aimons. La limite nous stimule, nous motive, nous incite à construire et à grandir. Essayer nous dispense de regretter et chuchoter nous permet de mieux nous entendre.

COMPTER SES RIDES AU COIN DES YEUX

Ce sont les compteurs de nos micromoments d'amour. La jauge de nos réserves de tendresse, de rires et de douceur.

Sourions, observons, écoutons, partageons et reflétons. C'est ainsi que nous aimons.

PARTAGER SES SECRETS

Plus nous partageons ce que nous savons, plus nous donnons envie de revenir nous voir. La sagesse attire, car elle est singulière. Les secrets des uns aident les autres. Quand on échange ses idées, elles ne se cumulent pas, elles se multip lient.

AGIR SEUL

De temps en temps aussi. Nous serons de meilleurs créateurs d'un monde qui nous plaira. Et nous serons plus courageux. La responsabilité est l'activateur de nos pouvoirs.

BALANCER LES BRAS EN MARCHANT

Acquiescer avec la tête dans les conversations. Porter plus de couleurs. Utiliser « j'adore » ou « j'aimc » plutôt que « moi » ou « moi-même ». Parler un peu plus vite. Se tenir droit et serrer la main plus fort nous rendent immédiatement plus heureux.

MES SUPER HÉROS

Se promener dans les super-pouvoirs demande de suivre l'actualité scientifique, de regarder vivre les gens, d'inventer des exercices pour tester les pratiques, de se noyer sous des cascades d'information et de s'en imprégner.

Pour cette aventure, j'ai été particulièrement heureuse de profiter du travail colossal entrepris par deux auteurs en particulier et d'inscrire mes pas dans les leurs.

Richard Wiseman

Psychologue, prestidigitateur et « sceptique » britannique. C'est lui qui a entrepris les recherches sur la chance, entre autres. Il a surtout eu la patience d'éplucher toutes les recherches complémentaires et contradictoires sur le bonheur pour y mettre un peu d'ordre et raconter.

Si le sujet vous intéresse, je vous recommande chaleureusement son livre : *59 secondes pour prendre les bonnes décisions* (Marabout, 2012).

Twitter : @RichardWiseman

Facebook : Richard Wiseman
YouTube : http://www.youtube.com/user/Quirkology

Eric Barker

Journaliste, il compile sur son blog *Barking up the wrong tree* la crème des recherches publiées pour comprendre « pourquoi nous fonctionnons comme nous le faisons et nous en servir pour vivre une vie formidable ».

Blog : http://www.bakadesuyo.com
Twitter : @bakadesuyo

Ces deux gars-là sont mes idoles de l'année.

POWER RESSOURCES

SUPER-LIVRES

Barbara Frederickson, *Love 2.0, How Our Supreme Emotion Affacts Averything We Feel, Think, Do and Become*, Hudson Street Press, 2013.

Austin Kleon, *Steal Like an Artist, 10 Things Nobody Told You About Being Creative*, Workman Publishing, 2012.

Jonah Lehrer, *Imagine : How creativity Works*, Houghton Mifflin Harcourt, 2012.

Kristin Neff, S'*aimer. Comment se réconcilier avec soi-même*, Belfond, 2013.

David O'Hare, *Cohérence cardiaque 365 : guide de cohérence cardiaque jour après jour*, Thierry Souccar Éditions, 2012.

David O'Hare et Jean-Marie Field, *Intuitions : apprenez à écouter votre voix intérieure pour prendre des décisions*, Thierry Souccar, 2012.

Daniel Pink, *La Vérité sur ce qui nous motive*, Éditions Leduc, 2011.

Ken Robinson, *L'Élément : Quand trouver sa voie peut tout changer*, Play Bac, 2013.

Sharon Salzberg, *Apprentissage de la méditation : comment vivre dans la plénitude*, Belfond, 2013.

Richard Wiseman, *59 secondes pour prendre les bonnes décisions*, Marabout, 2012.

Philippe Gabilliet, *Éloge de la chance ou l'art de prendre sa vie en main*, Saint-Simon, 2012.

Philippe Gabilliet, *Éloge de l'optimisme : quand les enthousiastes font bouger le monde*, Saint-Simon, 2010.

Audrey Akoun et Isabelle Pailleau, *Apprendre autrement avec la pédagogie positive : à la maison et à l'école, (re)donnez à vos enfants le goût d'apprendre*, Eyrolles, 2013.

Zep et Tébo, toute la série des *Captain Biceps*, chez Glénat.

SUPER-SITES

- *Pour détecter ses forces de caractère :*
  http://www.viame.org
- *Illustrations des forces de caractère en photos et en anglais :*
  http://www.pinterest.com/viastrengths/
- *Le site de Barbara Frederickson sur l'amour 2.0 :*
  www.positivityresonance.com
- *Le site de Kristin Neff sur l'auto-compassion :*
  www.self-compassion.org
- *Shawn Achor sur l'heureux secret d'un meilleur travail :*
  http://www.ted.com/talks/lang/fr/shawn_achor_the_happy_secret_to_better_work.html
- *Cinq minutes de cohérence cardiaque :*
  http://www.3kifsparjour.com/2011/12/22/5-minutes-de-coherence-cardiaque/
- *Pour se former à la cohérence cardiaque :*
  http://www.essentia.fr/coherence-cardiaque/

- *Pour suivre un atelier d'inspiration au bonheur :* http://www.3kifsparjour.com/les-ateliers/
- *Le stage Aristote :* http://bit.ly/19LUALw
- *The School of Life à Paris :* www.theschooloflife.com/paris
- *Pour toutes les pratiques douces à Paris :* www.qee.com
- *Pour les outils de powerpatate :* http://www.powerpatate.com

SUPERTWITERS

- *Pour trouver du bonheur et de la science sur twitter :*
  # positive psychology, #psychologie positive, #happiness, #bonheur, #3kifs, #powerpatate
  @Flossforever (c'est moi)

FACEBOOK

- *3 kifs par jours* pour suivre l'actualité des kifs et des super-pouvoirs.
- *Center for Positive Organizations* pour suivre les publications sur des organisations positives

SUPERAPPLIS

- *GPS for the Soul :* mesure de notre état de stress et proposition d'exercices de cohérence cardiaque (en anglais).

- http://www.breathing-zone.com :
rosace pour iPhone à régler sur six respiration par minutes pour pratiquer la cohérence cardiaque
- *Symbiofi :* une jolie interface de vagues sur une plage à régler sur six respirations par minute pour se mettre en cohérence cardiaque.

SUPER MERCIS

Les superhéros, aussi futés ou puissants soient-ils sont quand même plus musclés en bande. Voici la mienne, ma troupe de super-acolytes à qui je dois cette patate achevée et mes pouvoirs révélés. La même histoire, sans eux, n'aurait juste jamais existé :

HYPERSNOOPS : a.k.a. Alex Berger, pour toutes les power tenues qu'il m'a zippées le matin sans jamais se plaindre du nouveau rythme de ma vie.

MAXIJEUNE : a.k.a. Léon, dont le sourire puissant m'insuffle le courage d'y aller et la joie d'en rentrer.

MAGICMOUSSE a.k.a. Pénélope, pour l'énergie que son absence m'a incitée à déployer et ses nombreux applaudissements.

OVERGARS : a.k.a. Arthur, mon nouveau colloc, associé, fils et cuisinier, merci d'être rentré.

CAPILLAMIA : a.k.a. Lamia, pour son soutien 24-7 à ma chevelure sculptée.

MEGALARRY : a.k.a. Laurent Chamuleau, dont la rouspétance m'incite à mieux formuler et me fait tant rigoler.

WONDERSARRAC : a.k.a. Arielle Sarraco, dont la confiance et l'entremise m'ont propulsée dans 6 nouveaux métiers en une année

BOUCLIÈRE : a.k.a. Delphine Pécoul, grâce à qui je prends la route en sachant ma maison protégée.

SMOOTHIELADY : a.k.a. Agnès-Laure, qui plie mes parachutes et y glisse de la joie.

PERLARARE : a.k.a. Perla Servan-Schreiber, qui me présente, me propulse, vante toujours mes mérites et croit plus en moi que moi-même.

MIMILORD : a.k.a. Emile Servan-Schreiber, parce que travailler avec son cousin malin n'est pas du travail, c'est du carburant.

BARACKOBAMETTE : a.k.a. Élisabeth Boyer qui m'éclaire sans juger, propose sans critiquer et met de l'ordre dans mes idées.

VERONIQUI a.k.a. Véronique Maillet-Hurnemann, pour son fluide paisible qui pousse à respirer

MONDIEU-TRE a.k.a. Stéphane Dieutre, pour sa trompette complice

EINCHÖRCHINA : a.k.a. Anne-Sophie Leroux, pour tout mais surtout les livraisons urgentes de champignons lumineux.

BOBLEPONGE : a.k.a. Clément Rostaqui, pour la digitalisation des pommes de terre aux kifs.

OH'MANAT : a.k.a. Natalie de Chalus, qui m'a montré comment se tient un manche à balai.

FORCE G : a.k.a. Geraldine Karolyi, dont le goût incarne pour moi toute la puissance de la créativité.

YEEHAAGIRL : a.k.a. Marika Michelon, super heroine des typos colorées.

MISS HÉLÈNE, LORETTE & CHARABIALALA : les fées Marabout qui ne m'obligent jamais à redescendre sur terre.

Et puis, quand même, je dois la nouveauté de cette vie et l'activation de mes pouvoirs à plusieurs entreprises qui m'ont fait ou me font confiance et m'ont donné l'occasion de me lancer de ma falaise, d'apprendre et, à chaque fois, de me perfectionner. J'ai appris cette année la différence entre les mentors et les sponsors. Un mentor vous soutient, un sponsor vous pousse dehors pour vous obliger à voler.

Voici ce qui m'a plu chez chacun d'entre eux.

AAGPL de Alpes : les plus gourmands.

Accenture : les plus télétravailleurs.

ANDRH : les plus matinaux.

Association ALP : les plus Lyon by night.

Association française de Coaching : les plus appréciatifs.

Balsamik : les plus quinquas.

Bosch : les plus patients.

Les Cafés du Mangement : les plus circulaires.

Canal + : les plus + à tout point de vue.

Champions du bonheur : les plus poétiques.

Channels : les plus renouvelés.

Charlott'lingerie : les plus girl power.

Clés : les plus de sens.

Colloquium : les plus familiaux.

Commundi : les plus sages.
Conseil général de l'Oise : les plus fonctionnants.
Cuisine + : les plus épuisants.
Dechert : les plus légaux.
Distriborg : les plus bios.
Éditions Belfond : les plus optimistes.
Femmes chef d'entreprise : les plus radieuses.
Ferrero : les plus audacieux.
Founder's Institute : les plus entreprenants.
Française AM : les plus bénéfiques.
Galva Union : les plus montagnards.
Gemo : les plus aquatiques.
Groupe Delheze : les plus centrés.
Happy Lab : les plus heureux.
HEC : les plus coachants.
Kellogs : les plus estimés.
APM : les plus diversifiés.
Lamy Lexel : les plus yogis.
Leader IA : le plus fauchonnés.
MEDEF : les plus vendéens.
Nutricia : les plus vitaminés.
Oh My food : les plus jeûneurs.
Onet : les plus enneigés.
Orange : les plus connectés.
Programme Eve : les plus libres.
Qee : les plus cool.
Prosodie : les plus interactés.
SFA : les plus Smarts.

Société générale : les premiers.
Syndicat national de la Restauration : les plus enseignés.
Synerga : les plus comptabilisés.
TEDx : les plus répétés.
Thalès Alenia Space : les plus sécurisés.
Veuve Clicquot : les plus célébrants.

Le plaisir que j'ai eu à travailler avec chaque personne qu'il m'a été donnée d'y rencontrer est indécent, même si je ne dors plus vraiment souvent.

« Notre peur la plus profonde n'est pas de ne pas être à la hauteur.

Notre peur la plus profonde est que nous sommes puissants au-delà de toute limite.

C'est notre propre lumière et non pas notre obscurité qui nous effraie le plus.

Nous nous demandons : "Qui suis-je, moi, pour être brillant, radieux, talentueux et merveilleux ?"

En fait : qui êtes-vous pour ne pas l'être ?

Vous restreindre, vivre petit ne rend pas service au monde.

L'illumination n'est pas de vous rétrécir pour éviter d'insécuriser les autres.

En nous libérant de notre propre peur, notre présence libère automatiquement les autres. »

Nelson Mandela

Pour aller plus loin, retrouvez :

L'AUTO-ATELIER

7 JOURS POUR **TROUVER** SA **POWER PATATE**

un atelier à faire chez soi pour muscler
ses super pouvoirs

en ligne sur :

3KIFSACADEMIE.COM

APPRENDRE LA PSYCHOLOGIE POSITIVE, S'ÉPANOUIR ET KIFFER !

Achevé d'imprimer en Espagne par Liberdúplex en février 2020
Pour le compte des Éditions Marabout (Hachette Livre)
58, rue Jean Bleuzen, 92178 Vanves Cedex

Dépôt légal : mai 2019
ISBN: 978-2-501-13966-3
41/5385/1 - Ed.2